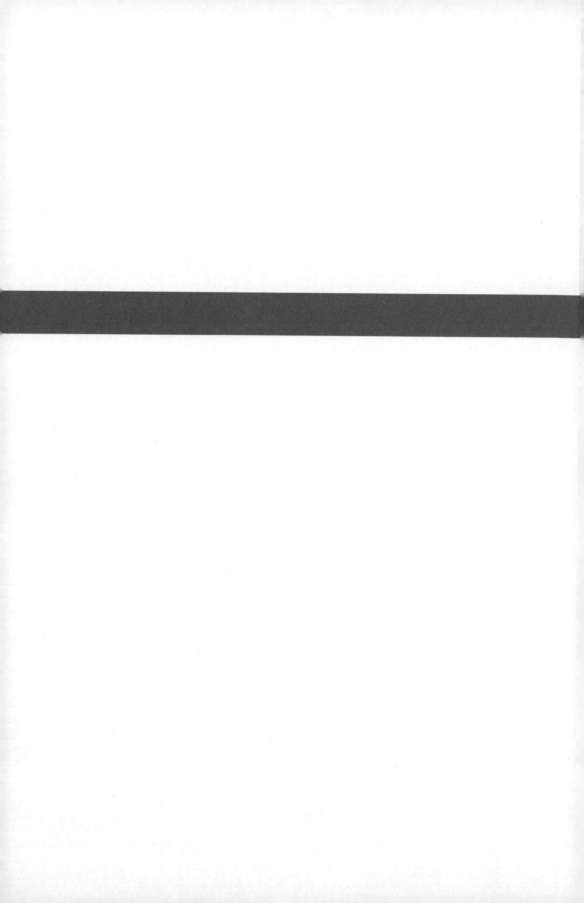

高晓雨　主　编

王梦梓　陈耿宇　副主编

数字经济

统计与测度

STATISTICS AND MEASUREMENT

DIGITAL ECONOMY

社会科学文献出版社
SOCIAL SCIENCES ACADEMIC PRESS (CHINA)

序　言

习近平总书记在主持中共中央政治局第三十四次集体学习时指出，“数字经济发展速度之快、辐射范围之广、影响程度之深前所未有，正在成为重组全球要素资源、重塑全球经济结构、改变全球竞争格局的关键力量”。特别是新冠肺炎疫情全球大流行以来，电子商务、在线教育、远程医疗、在线办公等新模式新业态快速发展，传统产业加快数字化转型步伐，数字经济正在成为我国经济持续高质量发展的强劲引擎。

在此背景下，准确测度数字经济对理解整体经济形势、制定积极的数字化战略、指导数字经济发展等方面具有重要意义。但由于数字经济以数据资源为关键要素，数据资源在企业生产经营中成为重要战略性资源，而且数字产品或数字服务通常对用户“免费”，难以估计其对 GDP 的影响，种种原因导致传统经济的统计口径、产业分类方法难以准确衡量数字经济的规模和影响，进一步限制了政府或决策者对整体经济形势的把握和相关政策的制定。

从当前的研究状况看，学界和政府部门的数字经济测度有规模测度和水平测度之分。

第一类是数字经济规模测度，认为数字经济是相关行业或部分特定指标（如增加值）的集合，在界定范围内，统计或估算出一定区域内数字经济的规模体量。例如，美国商务部经济分析局（BEA）将数字经济定义为数字基础设施（ICT 部门）、电子商务和数字媒体等行业的集合；中国信息通信研究院认为数字经济是数字产业化和产业数字化的集合。不同的机构或研究者在选择这些行业或部门时，可能因选取标准不同而导致统计口径的过窄或过宽。

第二类是数字经济水平测度，基于多个维度的指标，对不同地区间的数字经济发展情况进行对比，得到数字经济或具体领域发展的相对情况。多指标评价需要首先确定数字化转型正在发挥作用的领域，然后确定可以衡量这些领域数字化转型程度的指标，包括评价数字技术促进社会进步等方方面面的影响结果，例如，欧盟委员会的数字经济与社会指数使用基于许多关键指标的综合指数来监测数字经济的发展。这类指数可以提供数字经济的概貌，但是不能回答“数字经济产生多少附加值”或“数字经济带来多少工作岗位”等问题。

作者所在的国家工业信息安全发展研究中心在数字经济及其相关领域的规模测算和多指标评价方面均有研究：在规模测算方面，在国内首次采用“融合比”法对中国数字贸易规模做出试测度，具有开创性意义；在多指标评价方面，提出“数字经济测度工具箱”这一体系化的数字经济评价指标体系，并对全国、长三角、京津冀等不同范围内的数字经济发展水平开展评价，形成一系列具有一定行业影响力的成果产品。

《数字经济：统计与测度》一书基于作者多年研究，从规模测算和多指标评价两个角度系统概述了全球各经济体、各国际组织数字经济测度方面的最新研究进展，内容翔实，覆盖了数字经济相关的方方面面，并且易于读者理解，可以作为数字经济测度研究者的入门书或工具书，相信读者朋友们能够从中受益。

是为序。

2022 年 5 月

前　言

回顾人类社会发展史，一个基本特点是新技术催生新经济，数字经济是互联网、云计算、大数据、人工智能、区块链等新一代信息技术进步条件下形成的新型经济形态。数字经济在没有物理或地域限制的情况下对世界经济产生了巨大影响。对数字经济概念内涵的讨论已经开始从技术决定商业成败的表象分析向数字经济与经济制度、经济运行等更为本质的经济学议题转变。但是，似乎世界上大多数国家的国内生产总值（GDP）或劳动生产率增长率并没有显示出预期的由数字经济带来的提升。

在这样的背景下，数字经济规模测度以及数字经济背景下宏观经济统计研究已经引起许多国际组织、一些国家的统计机构、有关研究机构和学者的重视。综观全球，现有的数字经济统计和测度对象主要有三种。第一种以生产数字产品和服务相关产业为重点，可等同于ICT（信息与通信技术）产业规模测度，即数字产业化规模，不同国家的测算结果占GDP比重大多在4.4%~13%。第二种除ICT产业外，还涵盖了数字化赋能的经济规模，即数字产业化和产业数字化规模，测度结果占GDP比重均超过30%。第三种是数字经济指数指标体系，基于多维度指标，对不同地区间的数字经济发展情况进行对比，以更好地研判数字经济的发展趋势和着力点。

这里需要辨别“统计”和“测度”两个概念。本书中提到的“统计”是指按照国际通行的核算原则，对各种类型资料来源进行加工计算得出的，实施主体以官方统计机构为主。“测度”则是搜集、整理、分析统计资料并进行推论以探求事物本质和规律性的活动，这里数据既可以是从生产、科研、消费等源头采集的数据，也可以是各类经过处理的数据，实施主体可以是官方统计机构，也可以是社会智库、科研院所和企业。

针对第一种对象开展测度的国外机构主要包括美国商务部经济分析局、澳大利亚统计局等，国内机构主要包括国家统计局等。针对第二种对象进行测算的国外机构主要包括美国劳工组织、埃森哲等，国内机构主要包括中国信息通信研究院等。针对第三种对象进行测算的国际机构主要有经济合作与发展组织（OECD）、二十国集团（G20）、欧盟（EU）、国际电信联盟（ITU）等，国内机构主要包括国家工业信息安全发展研究中心、上海社会科学院、赛迪研究院、腾讯等。

总的来看，各方面对数字经济统计和测度的研究方法、研究内容和研究成果不尽相同。商业研究机构测算的结果往往偏高，国家官方统计机构依据现有基础统计数据的测度结果要明显低于商业研究机构。本书尽力对有关情况进行梳理，希望能够系统地把握已有的研究成果，为进一步完善我国数字经济统计和测度体系、提出促进数字经济健康发展的战略措施提供较为系统的理论和方法依据。

本书的编写和出版得到了国家工业信息安全发展研究中心赵岩主任、蒋艳书记和黄鹏总工程师的大力支持，以及殷利梅、牛玮璐、赵令锐、郑磊、王一鹤、元志林、黄梁峻等同事的全力帮助，在此表示衷心的感谢！

2022 年 5 月

目　录

第一篇　概念篇

第二篇　统计和规模测度篇

第三篇　多指标评价篇

第四篇 专题篇

第一篇　概念篇

第一章
数字经济统计和测度的理论基础

本章系统回顾国际上信息经济、网络经济、数字经济的发展历程，分析上述经济模式的特征及内涵要素，并在此基础上系统梳理国内外关于数字经济统计和测度的框架、方法。

第一节　数字经济的概念演化

基于已有研究总结，从概念演化的角度讲，数字经济的概念从总体上经历了一个从技术界定到经济界定、从附属地位到独立地位的过程。

一　从技术界定到经济界定

“数字经济”一词源于 1995 年尼古拉斯·尼葛洛庞帝（Nicholas Negroponte）的著作《数字化生存》（*Being Digital*）中数字化的讨论，尼葛洛庞帝从构成现实世界的原子与构成信息世界的“比特”（Bit）对比入手，认为有的行业数字化程度快，有的行业数字化程度慢，但总体上“从原子到比特的转变是不可避免和无法停止的”[①]。该著作更关注大众传媒和人们的社会生活数字化，更强调这种转变的基础在于存储、网络等技术的进步与

① Negroponte, N., *Being Digital*, New York, 1995: ii.

计算机的普及。这是一种忽视了现实复杂性的单一技术决定论视角。此外，该书虽然没有聚焦经济领域，没有提出“数字经济”的概念，仅是宽泛地谈及数字化对人们经济生活的影响。但作为从“数字”（即储存在计算机中的比特）视角看待人类真实生活的著作，具有一定的前瞻性与影响力。

随后，1996 年，《数字经济：网络智能时代的希望与危机》一书首次正式提出“数字经济”的概念。2015 年，该书的 20 周年纪念版《数字经济：网络智能时代的希望与危机再思考》发布，泰普斯科特（Tapscott）重新审视了全球范围内数字经济的变化。事实上，泰普斯科特有关数字经济的研究开始于 1994 年，该书是一项有关使用多媒体信息手段提升企业绩效、增加企业财富研究项目的阶段性成果。在 1996 年的首版中，泰普斯科特认为数字经济具有革命性的意义。以互联网普及为代表的信息通信革命正在形成一种基于网络智能的新经济——数字经济。在正在到来的这种经济中，个人和企业将通过把知识和网络化智能应用于农业生产、制造业生产和服务业来创造财富。在具体的界定中，泰普斯科特强调，“网络智能时代”（Age of Networked Intelligence）的经济是数字经济。虽然他对于数字经济的观点已经突破围绕技术进步进行讨论的限制，扩展至经济学讨论的范畴，涵盖人类社会的商业、教育、治理和传媒等方方面面，但其数字经济概念的界定重点依然在于体现“十大技术转变”[①] 的“网络智能时代”。

有关数字经济早期概念界定的讨论，更加突出“技术”的决定性地位，对于“经济”的重视不够。究其原因，主要有以下两点：一是大多数对于数字经济的研究主要是离技术较近的计算机科学家做的；二是早期的数字经济缺乏大量实践，很多讨论都是预测性的，是基于技术发展的合理推测。数字经济的本质还是作为后果的经济，“技术”只是驱动经济发生变化的原

① 十大技术转变：从模拟到数字，从传统半导体到微处理器技术，从主机到服务器计算，从园路带宽到信息高速公路，从笨重的接入设备到信息设备，从独立的数据、文本、语音和图像到多媒体，从专有系统到开放系统，从哑巴到智能网络，从工艺到对象计算，从图形用户界面到 MUI、MOLE、MUD、MOOS、AVATARS 和 VR。——Tapscott, D., The Digital Economy: Promise and Peril in the Age of Networked Intelligence, McGraw-Hill Education.

因。数字经济概念向经济本质的回归充分体现在泰普斯科特《数字经济：网络智能时代的希望与危机再思考》（20 周年纪念版）与诸多机构和学者对于数字经济的研究中。

在《数字经济：网络智能时代的希望与危机再思考》中，泰普斯科特重写了第一章。在 1996 年的首版第一章中，作者以唱片行业为例，主要讨论了技术进步对不同行业正面与负面可能的影响，分析停留在具体行业这一层次。2015 年，作者在第一章中增添了“反思：数字经济仍然是一种资本主义吗?”的讨论小结。此外，全书正文共出现“资本主义”25 次，相比之下 1996 年版本仅在章节引文中出现 1 次，且并不参与正式分析。泰普斯科特对于数字经济与资本主义关系的反思充分体现了数字经济概念的内核从技术决定商业成败的表象分析向数字经济与经济制度、经济运行等更为本质的经济学议题的转变。

泰普斯科特认为，数字经济本质是一种“社交经济”（social economy）。他认为我们正处在大规模转变的前期阶段，社交技术（本质上是 ICT，即信息与通信技术）的进步使社会正在形成有史以来最大的平台，人员、技能和知识等要素正在以数字经济之前无可比拟的效率汇集在一起，为经济增长、社会发展和形成一个公平可持续的世界提供必要条件。世界各地的人们正在以前所未有的方式就共同关心的问题和挑战进行合作。“协作、开放、分享、相互依存和诚信”是这种交往的主要价值观。

具体而言，“社交经济”中的“社交”（social）按泰普斯科特的分析包括两种含义，一是普罗大众的社交行为，二是商业领域的合作。前者包括人们因创造财富、接受教育、享受生活、养育子女等进行的社交活动，后者则包括集体智慧、大规模协作、众包和协同创新等商业社交行为。由于社交正在渗透到经济和社会的方方面面，因而泰普斯科特想用“社交主义”（Socialism）来作为数字经济的本质描述。但鉴于“社交主义”的英文“socialism”已经被社会主义所占用，泰普斯科特便采用“资本主义 2. 0”（Capitalism 2. 0）这一术语来表征数字经济的本质属性。

“资本主义 1. 0”指的是过去以实物与金融资本为创造财富主要依凭的

经济形态。在这一经济形态中，人们以个人财富最大化为追求目标，人们的工作模式以严格的等级组织起来。“资本主义 2.0”则有所不同，以互联网为代表的社交技术的渗透，使得财富的创造更依赖人们大脑内部的知识，人们之间的工作组织关系更具社会性和协作性。资本主义 1.0 正在受到挑战，以“创新、创造与公共财富创生”为目的的资本主义 2.0 是更高的发展阶段。

从泰普斯科特对数字经济看法的改变中我们可以看出，在这一概念提出的初期，学者们对数字经济普遍采取技术视角，强调技术进步对商业模式层面的影响，随着数字经济的发展，人们开始将视角从单一的技术进步转向生产力与生产关系探讨，开始探讨数字经济与资本主义之间的关系问题。数字经济逐渐成了一个更加具有经济学特征的概念。

数字经济在国内外学界尚未有一种达成共识的界定。2016 年 9 月，习近平总书记在 G20 杭州峰会提出了数字经济发展与合作的倡议，得到与会各国政府首脑和代表的热烈响应。该倡议作为第一个具有全球意义的数字经济合作倡议，指出数字经济是以使用数字化的知识和信息作为关键生产要素、以现代信息网络作为重要载体、以信息通信技术的有效使用作为效率提升和经济结构优化的重要推动力的一系列经济活动。之后我国开始在官方文件和重大场合采用数字经济的提法。可以说，这一定义，涵盖了数字经济从技术界定到经济界定的全部特征，囊括了从数字经济“比特”本质讨论到“生产关系”本质讨论的全部阶段。

二　从附属地位到独立地位

半个多世纪以来，国际社会围绕信息通信技术的创新、扩散、应用及带来的影响提出了知识经济、网络经济、数字经济、信息经济、互联网经济等一系列新概念，都试图描述新一代信息通信技术与经济社会变革，随着技术演进和认识深化，发展数字经济成为国际社会的共识。

1. 信息经济

信息经济的早期研究是从研究知识经济开始的，可以追溯到 20 世纪 30

年代。奥地利经济学家和信息经济学的创始人马克卢普在1933年就开始研究专利（知识）对于研究活动的影响，并于1962年发表了其开创性的著作《美国知识的生产和分配》，首次提出了“知识产业”“知识经济”的概念和从经济学的角度测度信息社会的方法。关于“信息经济正在浮现”的最著名的、被引用最多的研究成果无疑是波拉特在1977年发表的博士论文、九卷本的著作《信息经济：定义与测度》。其中，波拉特采纳了马克卢普的方法，利用美国政府的统计数据，设计了一个20世纪60年代后期的美国经济模型，将经济部门分为主要信息部门（信息产品及信息服务直接用于信息的生产、分配或处理）、次要信息部门（政府及非信息单位产生的仅供内部业务流程使用的信息服务）和非信息部门三个门类；而以主要信息部门和次要信息部门对于国内生产总值（GDP）增加值贡献的总和作为测度信息经济的一个基本指标。波拉特研究工作的重要意义在于他设法完成了信息经济重要性的量化，是一个开创性、令人印象深刻的成就。经济合作与发展组织（OECD）在1981年和1986年均采用了波拉特的定义来计算整个经济中信息经济的份额。可以看出，将信息经济划分为两个不同的范畴——非数字化的信息经济和数字化的信息经济，这对于信息经济的统计也非常重要。

2. 网络经济

“网络经济”概念的提出同20世纪90年代全球范围内互联网的兴起有着密切的联系。因此，网络经济又被称为互联网经济，是指基于互联网进行以资源的生产、分配、交换和消费为主的新形式的经济活动。在网络经济的形成与发展过程中，互联网的广泛应用及电子商务的蓬勃兴起发挥了举足轻重的作用。一方面，伴随国际互联网的发展，大量新兴行业不断涌现，资源配置得以进一步优化，构成网络经济不可缺少的一部分；另一方面，电子商务带来虚拟网络交易模式，传统交易活动演变成通过国际互联网进行的网络交易活动，构成网络经济的重要组成部分。与信息经济和数字经济相比，网络经济这一术语的区别在于它突出了互联网，并将基于国际互联网进行的电子商务看作网络经济的核心内容。

3. 数字经济

数字经济与知识经济、信息经济的"脱耦"主要源于知识与信息数字化程度逐渐提高以及人们对经济发展方向的明确把握。"无形信息"与"DIKW 金字塔"的出现是知识与信息数字化程度逐渐提高的直接体现，也是数字经济从概念上独立的必要条件。首先，无形信息是泰普斯科特提出的一种区别于旧经济信息的信息形态。他认为，在旧经济中，信息是有形的，现金、支票、发票、提单、报告、面对面的会议、模拟电话或广播电视传输、地图、照片都是有形信息的载体。而在新经济中，信息是无形的，所有形式的信息都被还原为储存在计算机中的比特，信息成为在网络上光速传播的二进制数字 1 和 0。这是信息经济不同于以往经济的客观条件，同时也是数字经济出现的前提。其次，"DIKW 金字塔"是信息科学对于信息（Information）、数据（Data）、智慧（Wisdom）和知识（Knowledge）关系的理解。在这一信息层次结构中，智慧产生于知识，知识产生于信息，信息产生于数据，智慧处于较高的层次，数据处于较低的层次。[①] 在信息论者与数据分析者眼中，DIKW 是四种不同的实体，这也是与传统经济学家如马克卢普等人的不同之处。在进行经济分析之初对信息、知识这种不做区分的分析方式有助于避免不必要的麻烦，但随着信息论的不断发展，当数据可以从信息中剥离时，数字经济与信息经济的脱耦反而体现了对现实经济更为清晰的认知。数字经济的核心是以 ICT 产业为代表的信息经济，但同时其外延包括了一切涉及数字化的产业形态、商业模式以及治理方式。借用数字经济概念诞生之初的讨论模式，数字经济这一词语随着技术进步的脱耦，愈发能反映"原子"与"比特"之间的关系。

第二节 数字经济的测度框架

围绕数字经济产生的最大分歧是缺乏对数字经济普遍理解或认可的定

① Rowley, Jennifer, "The wisdom hierarchy: representations of the dikw hierarchy", *Journal of Information Science*, 2007, 33 (2): 163-180.

义，而明确的并具有可操作性的数字经济定义是衡量数字经济的先决条件。[①] 国际货币基金组织（IMF）强调了对数字经济共同定义的必要性，IMF 指出，“缺乏对‘数字经济’或‘数字部门’的普遍认可定义，同时对于互联网平台和相关行业或产品分类标准的空缺，这些是衡量数字经济的障碍”。联合国贸易和发展会议（UNCTAD）指出，在衡量数字经济以及相关价值创造方面充满困难，首先是数字经济尚缺乏广泛接受的定义，其次是缺乏对于数字经济关键组成部分的可靠统计数据。

一　从统计实践的角度

在探讨数字经济范畴方面，从有利于统计实践的角度来看，针对数字经济的界定要具有可操作性。全球范围内，绝大多数国家或地区在产业分类中采用或参照联合国统计司颁布的《国际标准产业分类》（ISIC）制定本国或地区的分类，并且针对本国或地区生产活动进行核算。《国际标准产业分类》为各国制定国家或地区活动分类提供了指导，成为在国际层面比较经济活动的重要统计框架。我国于 2002 年 10 月实施的《国民经济行业分类》（GB/T 4754-2002）参照 ISIC Rev. 4 版本，该标准规定了全社会经济活动的分类与代码。以健康产业为例，为了满足新形势对健康产业发展的需求，国家统计局同国家发展改革委、国家卫生健康委共同研制《健康产业统计分类（2019）》。该分类以《国民经济行业分类》（GB/T 4754-2017）为基础，针对符合健康产业特征的相关活动进行再分类。可见，对于新兴产业部门而言，相关的研究和针对性测度注重与现有产业分类进行协调是完善基础统计数据的重要步骤。

这里面比较有代表性的包括中国国家统计局于 2021 年 6 月发布的《数字经济及其核心产业统计分类（2021）》，该文件对数字经济界定为：“以数据资源作为关键生产要素、以现代信息网络作为重要载体、以信息通信技

① 李洁、张天顶：《投入产出分析与中国数字经济规模的测量》，《当代经济管理》2021 年第 10 期。

术的有效使用作为效率提升和经济结构优化的重要推动力的一系列经济活动”；基于数字经济的上述界定，数字经济的产业范围界定为数字产品制造业、数字产品服务业、数字技术应用业、数据要素驱动业和数字化效率提升业等 5 个大类，以及 32 个中类和 156 个小类。并且该文件明确：前 4 个大类是数字产业化部分，是数字经济核心产业；第 5 个大类是产业数字化部分。值得强调的是，国家统计局对数字经济分类所涉及的国民经济行业分类与《国民经济行业分类》（GB/T 4754-2017）相一致。在编制原则上，也强调了与二十国集团（G20）杭州峰会提出的《二十国集团数字经济发展与合作倡议》等国际倡议之间的一致性。与《国民经济行业分类》（GB/T 4754-2017）进行对接，为数字经济统计测算提供了基础保障；而与国际机构或主要国家测算相协调，又保障针对中国数字经济测算以及产业发展具有横向可比性。

事实上，2021 年 3 月，《中华人民共和国国民经济和社会发展第十四个五年规划和 2035 年远景目标纲要》（以下简称“‘十四五’规划纲要”）将“加快数字化发展　建设数字中国”单列成篇，并已经基于国家统计局的测算方法，首次提出数字经济核心产业增加值占 GDP 比重这一新经济指标，明确要求我国数字经济核心产业增加值占 GDP 的比重要由 2020 年的 7.8%提升至 2025 年的 10%。

此外，还有以美国、加拿大、澳大利亚等国家统计机构为代表，在与联合国统计部门所采用标准以及经济合作与发展组织保持一致的前提下，构建本国的数字经济卫星账户，并进行规模统计。比如，美国商务部经济分析局（BEA）于 2018 年 3 月首次构建了该国的数字经济卫星账户，之后多次修正，逐步将其范围从“以数字化为主”的商品和服务扩展到包括“部分数字化”的商品和服务。根据 2021 年 6 月的标准，美国把数字经济分成 3 个大类（基础设施、电子商务、收费数字服务）和 10 个小类，对应着北美产业分类系统（NAICS）中的 292 个行业。2019 年 5 月，加拿大统计局在借鉴 OECD（2017）和 BEA（2018）做法的基础上，把数字经济分成 3 个大类（数字使能基础设施、数字订购交易、数字交付产品），对应着 70 个供应和使用产品码（SUPC）行业，其中有 36 个属于全部数字化产品，34 个属于部分数字化产品。总的来看，各国统计机构发布的数字经济规模由于来自现有的国民经济统计行业标准，因此往往只包括或者大部分包括数字产业化部分，对于产业数字化部分的测算一直在不断地更新迭代中。

二 从规模测度的角度

在探讨数字经济范畴方面，从有利于规模测度的角度来看，所面临的主要挑战是要在广泛的政治讨论和精准的经济测度之间进行权衡。针对数字经济的现有研究包含不同方式的设想和分析，而且不同情境下研究者都能够提供全新的视角以及界定。全球范围内，比较有代表性的是 OECD。OECD 聚集了国际货币基金组织、欧盟以及主要国家统计部门的研究力量，开展了持续性研究。2014 年，OECD 公开出版了《衡量数字经济：一个新的视角》，重点探讨了 ICT 部门和互联网在经济社会发展中的作用，该研究报告从多个维度探讨了数字经济的影响作用。2018 年，OECD 对外公开发布《测量数字经济框架》，该报告通过主体、产品、交易等多个维度对数字经济进行界定，并针对数字经济卫星账户展开探讨。在报告中，OECD 强调指出数字经济典型特征包括数字化订购、交易平台以及数字化提供，针对上述典型特征只要符合一项就被视为数字经济。

2020 年，OECD 为 G20 数字经济工作组编写研究报告《衡量数字经济的通用框架路线图》，提出了针对数字经济的通用定义和分层框架（见图 1-1），将数字经济分为四层，分别是核心层、狭义层、广义层和“数字经济+”。核心层包括基本的数字产品和服务。狭义层包括核心层和“数字赋能经济”，即依赖于数字技术和信息的企业所生产的产品和服务。广义层包括“数字强化经济”，既包括狭义层，也包括使用数字技术和信息显著提升生产率的企业所制造的产品和服务。“数字经济+”，既包括广义层，也包括未被统计在 GDP 内的其他数字化交易和活动，如免费的数字服务。OECD 表示，前述定义方法是以“产品”（production）为基础来描绘数字经济的。

除此之外，OECD 还提出了另一种数字经济测度思路，即以“交易”

（transaction）为基础来定义的“数字交易经济”（digitally transacted economy）。数字交易经济可以包括前述定义中的核心层、狭义层和广义层。相比于数字化产品，这一定义方式更关注数字化订购和数字化交付，OECD 将其作为衡量数字经济的另一种备选方式。①

<table>
<tr><td colspan="4">数字经济+</td></tr>
<tr><td colspan="3">广义层</td><td rowspan="5">数字社会</td></tr>
<tr><td colspan="2">狭义层</td><td rowspan="3">数字强化经济</td></tr>
<tr><td>核心层</td><td rowspan="2">数字赋能经济</td></tr>
<tr><td>数字产品和服务</td></tr>
<tr><td colspan="3">数字交易经济</td></tr>
</table>

图 1-1　OECD 提出的数字经济分层定义的框架

资料来源：G20 数字经济测度路线图（A G20 Roadmap toward a Common Framework for Measuring the Digital Economy）。

在国内，中国信息通信研究院（CAICT，简称“中国信通院”）连续七年发布《中国数字经济发展白皮书》，该机构的研究框架和测算方法被纳入 G20（阿根廷）《数字经济测算工具箱》，并产生了广泛的影响。结合白皮书的进展，CAICT 针对数字经济的界定大体上可以划分如下几个阶段：其一，注重强调数字产业化和产业数字化的“两化”阶段；其二，注重数字产业化、产业数字化和数字化治理的“三化”阶段；其三，突出强调数据价值化、数字产业化、产业数字化、数字化治理的“四化”阶段。虽然从数字经济内涵上，CAICT 给出的“四化”界定具有广阔前景，但是受制于具体测量的困难与障碍，CAICT 针对数字经济规模主要还是测量“数字产业化”和“产业数字化”两个部分。

数字产业化是以数据要素为核心，围绕数据采集、传输、处理、开发、服务等开展的经济活动，衍生了新的产业，是做增量。例如，在大数据领

① 高晓雨：《2020 年二十国集团沙特会议关于数字经济测度议题的讨论》，《中国信息化》2020 年第 12 期。

域，数据标注产业快速发展，注册企业数量急剧增加，目前，我国在该领域的就业人数已经超过10万人，数据标注产业成为许多欠发达地区发展大数据产业的选择。数字产业化，具体来看，包括数字基础设施、人工智能、大数据、区块链、云计算、网络安全等新兴产业，也包括电子信息制造业、信息通信业、软件和信息技术服务业等传统信息产业提升带来的增值。

产业数字化是指传统产业应用数字技术所带来的生产质量和效率提升，是做存量优化；包括但不限于工业互联网、两化融合、智能制造、车联网等融合型新产业新模式新业态；是数字经济发展的主阵地，为数字经济发展提供了广阔的空间。例如，中车四方搭建“制造+协同+服务”工业互联网平台，将轨道交通高端装备领域的机理模型、行业经验等沉淀为平台应用，加速全流程数字化改造，使产品研发周期缩短了22.3%、生产效率提高了20%、运营成本降低了2.4%。产业数字化，具体来看，包括推进新一代信息技术与制造业深度融合，建设若干具有国际水准的工业互联网平台和数字化转型促进中心，打造世界先进制造业集群，培育发展融合发展新模式新业态，推进服务业数字化转型，扩大升级信息消费，发展智慧农业，等等。

三 从多指标评价角度

除了数字经济的统计和测算，还有很多研究机构将关注点放在数字经济指数指标体系的研究上。基于多维度指标，对不同地区间的数字经济发展情况进行对比，以更好地研判数字经济的发展趋势和着力点。OECD、G20、欧盟、国际电信联盟等国际机构以及我国科研智库机构等均发布过数字经济指数指标体系，国际、国内各指标体系各有所长、各具特色。

从国际来看，OECD是数字经济研究起步较早的机构，它在2014年发布的《衡量数字经济：一个新的视角》报告中从投资智能化基础设施、赋权社会、创新能力和ICT促进经济增长与增加就业4个方面，采用对比法，构建的数字经济指标体系涵盖具有国际可比较性的38个指标，但是并未选取固定的样本国家进行全面的数据采集，也没有汇集成总的指标，没对世界各国的数字经济发展情况做出对比和评价，但它详细罗列的数字经济的关键领域和采分点可供参考。2019 年 3 月，OECD 进一步完善指标体系，发布《衡量数字化转型：未来路线图》，从增强访问、增加有效应用、释放创新、确保就业、促进社会繁荣、加强信任、促进市场开放 7 个领域 36 个指标衡量数字经济发展情况。

G20 于 2018 年发布《数字经济测度工具箱》，从基础设施、赋权社会、创新和技术的采用、就业与增长 4 个维度对各国数字经济进行评价比较，报告未选取固定的样本国家进行全面的数据采集，也未对世界各国数字经济发展总体情况进行排名，仅详细罗列出数字经济关键领域和具体指标以供参考。2020 年，G20 数字经济任务组在沙特阿拉伯轮值期间，推出《G20 迈向数字经济测度共同框架路线图》，提出了数字经济的分层定义：数字经济的核心层包括数字内容、信息与通信技术（简称“ICT”）商品和服务的经济活动；数字经济的狭义层包括核心层以及所有依赖于数字投入的经济活动；数字经济的广义层包括前两种范围以及所有被数字投入显著驱动的经济活动。在细化数字经济定义后，进一步完善指标体系，一级指标包括就业、技能、增长，基础设施，赋能社会，创新和技术应用 4 项。

欧盟历来重视数字经济的发展与统计，从 2014 年起发布了《数字经济与社会指数报告》和数字经济与社会指数（简称“DESI”）。DESI 是刻画欧盟各国数字经济发展程度的合成指数，该指数由欧盟根据各国宽带接入、人力资本、互联网应用、数字技术应用和数字化公共服务程度等 5 个主要方面的 31 项二级指标计算得出。该指标的合成方法参照了 OECD《建立复合指数：方法论与用户说明手册》，具有较高的理论水平、较强的科学性和可延续性。

从国内来看，上海社会科学院自 2017 年以来连续发布《全球数字经济竞争力发展报告》（首次发布名为《全球数字经济竞争力指数（2017）》），报告将数字经济分为主体产业部分和融合应用部分，通过大规模采集和分析全球 120 多个国家的数字经济发展数据，形成综合性及多维度的评价报告。该报告构建了由数字设施、数字产业、数字创新、数字治理等 4 个维度构成的全球数字经济竞争力分析模型，其中数字设施、数字产业和数字创新是一国数字经济竞争力的三大支柱，数字治理则是这一体系健康运行的保障。

国家工业信息安全发展研究中心推出“数字经济测度工具箱”，积极对标 OECD、G20 等国际机构高标准、高水平数字经济评估指标体系，结合我国数字经济发展特色，以数字基础设施、数字产业、产业数字化转型、公共服务数字化变革和数字经济生态环境 5 个方面为分析视角，坚持科学性、导向性、可比性和可操作性原则，形成一组有机关联的指标体系，利用逐级加权方法计算和评价城市数字经济发展水平。通过设置基础性指标和前瞻性指标，准确把握数字技术高速迭代的特点，既能全面评估数字经济发展水平，又能引导数字经济下一步优先发展领域。国家工业信息安全发展研究中心基于“数字经济测度工具箱”，2020 年发布《2020 年我国数字经济发展报告》，对我国 31 个省（自治区、直辖市）的数字经济发展水平进行测评；自 2019 年起连续三年发布《长三角数字经济发展报告》，对长三角 27 个城市的数字经济发展水平进行定量测评。

赛迪顾问自 2017 年起陆续发布《中国数字经济指数（DEDI）》白皮书，2017 年首期《中国数字经济指数（DEDI）》白皮书在对数字经济的发展演变和特点进行分析的基础上，将数字经济指数划分为基础型、资源型、技术型、融合型和服务型 5 个维度指数，邀请行业专家对 2016 年全国 31 个省级行政区域数字经济发展水平进行测算，并对各级指标的重要性进行打分，通过使用层次分析法计算指标权重，并最终得出报告结果。DEDI 兼顾全国各省（自治区、直辖市）的测评和 5 个维度数字经济分指数的评估，并运用了互联网企业的用户数据，反映数字经济在服务领域的渗透情况，具有一定的创新性。

第三节　数字经济规模的测度方法

进行数字经济规模测算，也就是测算数字经济产值（增加值）主要使用投入产出法、非参方法、评价方法等。国外主要有马克卢普、波拉特、麦肯锡、埃森哲、波士顿咨询等学者和咨询机构，国内主要是中国信通院和中国社会科学院数量经济与技术经济研究所在开展这方面研究。

一 马克卢普研究

马克卢普提出知识产业内容核算体系，将教育、研究与发展、传播媒介、信息设备、信息服务等 5 个产业及其相关下辖各部门划归知识产业。马克卢普同样采用支出法核算知识产业规模，通过加总个人对知识产品的消费、政府对知识产品的消费、全社会总投资以及知识产品的出口净额，得到知识产业的总规模。基于以上方法，马克卢普计算出 1958 年美国知识产业产出为 1364.36 亿美元，占当年国民生产总值的 28.5%。

二 波拉特研究

波拉特构建信息经济产出测算体系，对美国信息经济进行全面测算。他将美国信息部门分为一级信息部门与二级信息部门，主要由知识生产和发明、信息流动和通信、风险经营、调查和协调性、信息处理和传递服务、信息产品产业、部分政府活动、信息基础设施等 8 个行业组成。一级信息部门分别用支出法与收入法进行产值核算。

二级信息部门包括经济领域中行使计划、决策、管理职能的机关，在二级信息部门中，信息包含在非信息产品和服务中，无明显的交换形式，一般指非信息部门中的信息经济活动。在核算中，波拉特把不向市场出售的信息服务的价值看作是由提供这种服务所消耗的劳动力以及资本这两种资源的价值所构成的，核算方法如下：

$$\text{二级信息部门增加值} = \text{二级信息部门信息从业人数} \times (\text{二级信息部门劳动者平均工资} + \text{二级信息部门人均固定资产折旧额})$$

波拉特利用支出法计算，1967 年美国 GNP 的 21.9%来源于一级信息部门，3.4%来源于二级信息部门；利用增值法计算，1967 年美国 GNP 的 24.9%来源于一级信息部门，21.1%来源于二级信息部门，即 1967 年美国 GNP 的 46%是由信息活动创造的。

三 麦肯锡研究

麦肯锡用 iGDP 指标衡量“互联网经济”的规模。麦肯锡采用支出法计算 iGDP，关注四个要素：私人消费、公共支出、私人投资和贸易差额。该方法加总了创造、使用互联网网络和服务的所有活动：个人消费（包括软硬件、互联网访问和电子商务）、公共支出（包括基础建设）、互联网技术的商业投资，以及一国在互联网相关商品和服务上的贸易余额。

研究表明，2010 年，中国的 iGDP 为 3.3%，落后于大多数发达国家。而到了 2013 年，中国的 iGDP 指数升至 4.4%，已经达到全球领先国家的水平。

四　中国信息通信研究院

中国信通院认为，数字经济是指以使用数字化的知识和信息作为关键生产要素，以现代信息网络作为重要载体，以网络信息技术的有效使用作为效率提升、经济结构优化、组织变革的重要推动力的高级经济形态。数字经济包括数字产业化和产业数字化。其中，数字产业化是指 ICT 产业；产业数字化是指其他行业利用网络信息技术带来的产出增加和效率提升。数字经济包括数字产业化部分和产业数字化部分。两部分的口径均为增加值，经过去重处理，相加之后与 GDP 可比。数字经济规模是增量而不是存量的概念，和 GDP 是一致的，即每年新增的部分。

数字经济总规模=数字经济的数字产业化规模+数字经济的产业数字化规模

（一）数字产业化部分计算方法

数字产业化部分为信息通信产业增加值。其中，信息产业分为电信和互联网服务业、软件及信息技术服务业和电子信息制造业三个部分。

计算方法：分行业增加值=行业总收入×增加值率。其中，行业总收入数据为工信部官方数据，增加值率来源于国家统计局发布的投入产出表。

（二）产业数字化部分计算方法

产业数字化部分为信息产品在其他领域应用的边际贡献。该部分通过计量经济学方法计算。

1. 计算思路

经济产出（可近似理解为 GDP）是经济投入的结果，经济投入包括资本投入、劳动力投入、中间产品投入、自然资源投入等。其中，将资本投入分为 ICT 资本投入和非 ICT 资本投入两大部分。每种投入对产出有一定比例的贡献。如某一行业在保持其他投入不变的前提下，每增加一单位的信息产品投入，产出会增加相应的份额。加总全部行业 ICT 投入的边际贡献，就可以得到一个国家或地区产业数字化部分的规模。

2. 计算方法

参照联合国、OECD、IMF、世界银行等组织测算信息经济、数字经济、信息化贡献等相关方法，实证研究主要有三种方法：增长测算法、指数法和生产前沿模型法。

（1）增长测算法是指通过适当的函数形式表示出经济体的投入产出关系，并根据要素投入、生产率增长与产出增长之间的数量关系来推算出边际产出。

（2）指数法是分析各种经济变量变化最常用的方法，计算信息通信技术和信息资本存量边际产出同样也不例外。数字经济的数字产业化部分指数是指一个数字经济的生产单元（企业、行业、国家或地区），在一定时期内生产的总产出和总投入之比。经常使用的总量指数主要有 Laspeyres 指数、Passche 指数和 Fisher 指数，而在数字经济的数字产业化部分指数的计算中，可主要采用 Tornqvist 指数。

（3）生产前沿模型法的代表性方法是数据包络分析法（Data Envelopment Analysis，简称 DEA 法），它是以相对效率概念为基础发展起来的一种效率评价方法，特别适用于多投入、多产出的边界生产函数的研究，因而被广泛应用在边际产出的研究中。

测算的主要目的是通过不同国家细分地区或行业的面板数据对数字经济的产业数字化部分的规模进行测算。对于指数法，其关于扰动项的只是假设它服从非负断尾正态分析，对于其真正分布形式却无法识别，这会直接影响到技术效率和边际产出的计算结果。而生产前沿模型法一是没有考虑测量误差和噪声的影响，二是其观察值到前沿面的偏差都当作无效率的结果，完全忽略了测度的误差，三是其效率得分仅仅是样本量相对于最好厂商的得分。对于目前中国数字技术处于剧烈变化期的特征事实，以及我们的测算目的，这两种分析方法显然不太适用。因此，我们对于数字经济的产业数字化部分的测算采用增长核算方法。通过采集不同国家、不同行业、不同地区的面板数据，根据要素投入、生产率增长与产出增长之间的数量关系来推算出边际产出，对各国或各行业的非信息产业部门边际产出加总，即得到数字经济的产业数字化部分规模总量。

五　中国社会科学院数量经济与技术经济研究所

中国社会科学院数量经济与技术经济研究所蔡跃洲基于数字技术/ICT 渗透性、替代效应、协同性特征，厘清“替代效应”“协同效应”等数字经济价值创造机制，将数字经济划分为“数字产业化”“产业数字化”两部分，使用国民经济核算、增长核算和计量分析等工具，测算中国数字经济增加值规模并分析其结构特征。和中国信通院相比，基本方法大致相同，但是在“ICT 替代效应增加值”和“ICT 协同效应增加值”的测算方面进行了创新（见图 1-2）。

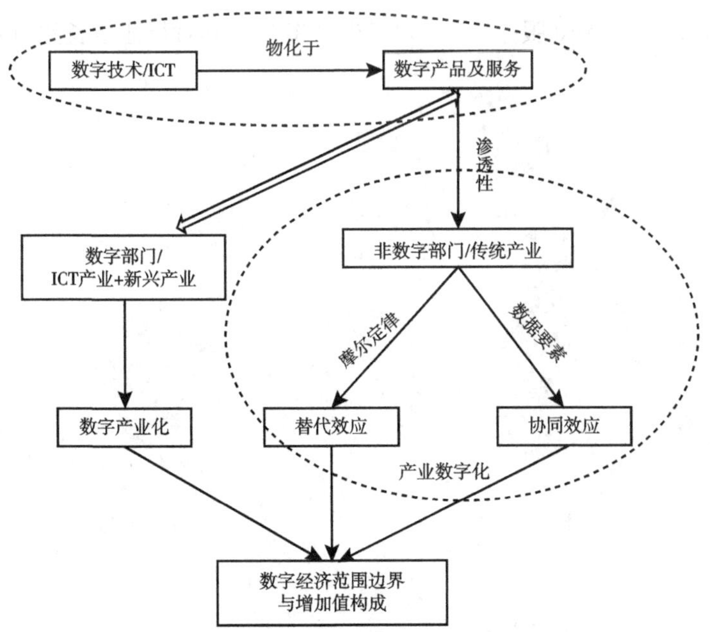

图 1-2　数字经济范围边界与价值创造机制示意

资料来源：蔡跃洲、牛新星《中国数字经济增加值规模测算及结构分析》，《中国社会科学》2021 年第 11 期。

具体而言，“数字部门增加值”将结合国家统计局《国民经济行业分类（2017）》和《新产业新业态新商业模式统计分类》，选取直接提供 ICT 产品及服务的行业，在各 ICT 产业部门增加值收集或估算的基础上即可得到。“ICT 替代效应增加值”和“ICT 协同效应增加值”的测算则较为复杂。按照“先增量后总量、先贡献度后规模”的顺序，在增长核算及全要素生产率指数测算的基础上展开。

（1）在国家统计局《国民经济行业分类（2017）》和三新统计分类的基础上，结合数据可获得性，将国民经济细分为包括前述 ICT 产业部门（数字部门）在内的若干行业。

（2）按照 OECD 的操作标准，对 20 世纪 90 年代以来各行业历年的资本存量进行估算，并将资本存量分为“ICT 资本”和“非 ICT 资本”。

（3）在 Jorgenson-Griliches 增长核算框架下，参照 OECD 的具体规范要求，对各行业的增长来源进行分解，估算出历年来“ICT 资本服务”“非 ICT 资本服务”“劳动服务”“全要素生产率”及其对行业增长的贡献度。

第二章
数字经济统计和测度的重点、难点

当前，数字经济已经成为全球经济增长的重要驱动力，新业态、新商业模式不断涌现，给相关统计工作和政策制定带来挑战，科学、全面、客观、准确地衡量数字经济的需求越来越迫切。近年来，各国政府、国际组织、智库等机构致力于研究数字经济发展水平的评估和测度，取得重大进展，OECD 于 2019 年 3 月推出衡量数字化转型的未来路线图①，G20 于 2018 年 11 月发布数字经济测度工具箱②，均为各国衡量数字经济提供了优秀范例。尽管如此，数字经济测度领域依然存在一系列重点、难点问题亟待解决，例如，数据价值的认识有待深化，平台就业难以统计，数字福利易被忽略，网络安全环境尚不清楚等，针对这些细分领域，近年来，OECD、国际电信联盟（ITU）、美国商务部经济分析局（BEA）、布鲁金斯学会等机构进行了深入全面的研究，对我国数字经济测度统计具有重要参考价值。

第一节　衡量数字基础设施

国际电信联盟 2021 年 11 月发布《衡量数字化发展：事实与数据 2021》

① Measuring the Digital Transformation：A Roadmap for the Future，Organisation for Economic Co-operation and Development，2019 年 3 月。

② Toolkit for Measuring the Digital Economy，Group of Twenty，2018 年 11 月。

（Measuring digital development：Facts and figures 2021）[1]，这是国际电信联盟“衡量数字化发展”系列的第三份报告，该报告数据估计，2021 年有 49 亿人使用互联网，约占全球人口的 63%（见图 2-1），与 2019 年相比增长了 17%，其中非洲、亚洲、太平洋地区，以及联合国划定的最不发达经济体的互联网普及率平均增长了 20%以上。

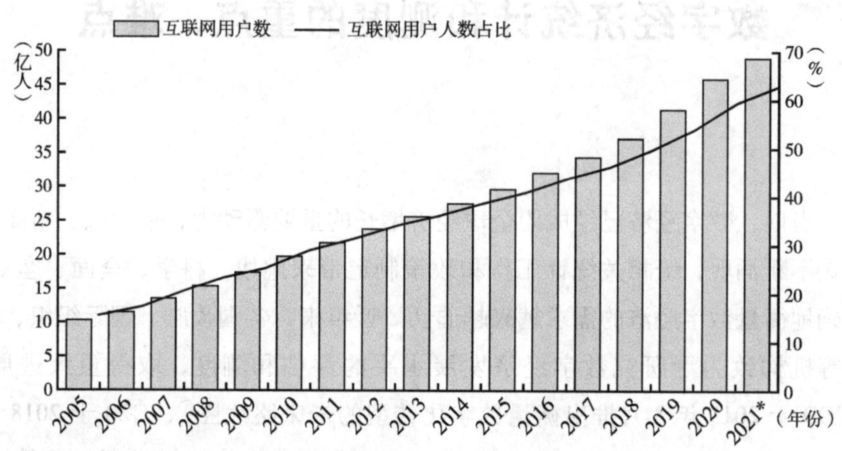

图 2-1　2005~2021 年互联网用户数量和用户占比

注：＊2021 年为预测值。

资料来源：ITU。

一　全球仍有37%的人口处于离线状态

国际电信联盟估计，2021 年将有 49 亿人使用互联网，同时也应该看到，世界上仍有 29 亿人处于离线状态，其中 96%生活在发展中经济体，约 3. 9 亿人没有被移动宽带信号覆盖。2020 年是新冠肺炎疫情全球大流行第一年，互联网成为人们工作、学习、获得基本服务和保持联系的必需品，2020 年互联网用户数量增长了 10%以上，是十年以来的最大增幅，到 2021 年，

① ITU，Measuring digital development：Facts and figures 2021，https：//www. itu. int/myitu/-/media/Publications/2021-Publications/Facts-and-figures-2021. pdf.

增长率恢复到 5.8%，回落至疫情前的增长水平。

2019~2021 年，非洲和亚太地区的互联网使用量分别增长了 23%和 24%，发达经济体的互联网覆盖率达到 90%，已经几乎普及，增长率也较低。发达经济体与最不发达经济体互联网普及率之间的差距也有略微缩小，从 2017 年的 66 个百分点下降到 2021 年的 63 个百分点（见图 2-2）。

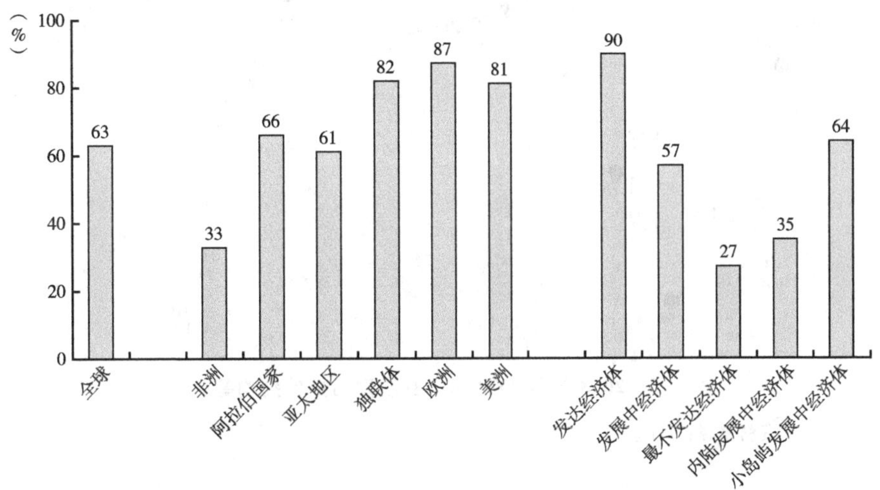

图 2-2 按地区和发展状况划分的使用互联网人口比例（2021 年）

资料来源：ITU。

二 应用互联网的性别鸿沟正在缩小

2020 年，62%的男性使用互联网，而女性的这一比例为 57%，当性别均等分数（定义为女性百分比除于男性百分比）介于 0.98~1.02，就认为实现了性别均等。近年来，所有地区的互联网性别鸿沟都在缩小，全球性别均等分数从 2018 年的 0.89 提高到 2020 年的 0.92。在发达经济体和美洲地区已经实现了男女平等，在独立国家联合体（独联体）地区、小岛屿发展中经济体和欧洲接近于实现平等（得分在 0.94~0.97），但是最不发达经济体只有 19%的女性使用互联网（比男性低 12 个百分点），男女差距仍然很大（见图 2-3）。

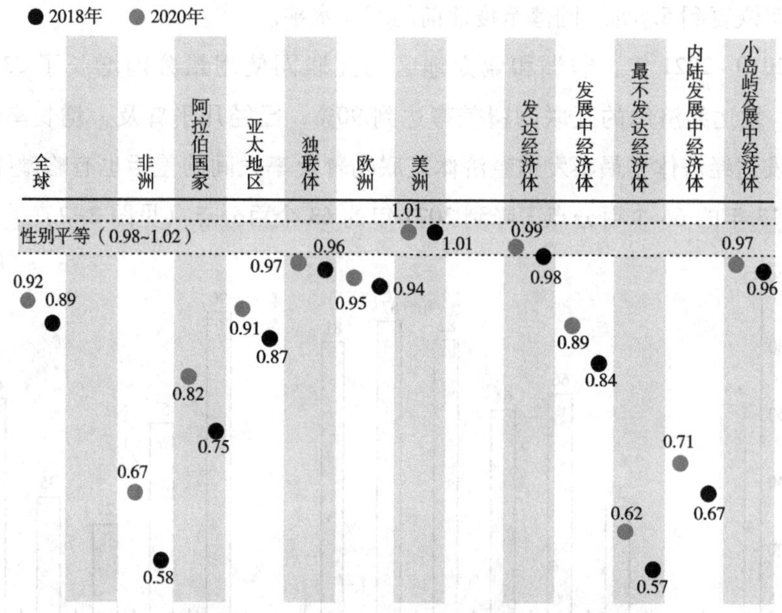

图 2-3　2018 年和 2020 年的互联网用户性别均等分数

资料来源：ITU。

三　国际带宽持续快速增长

2021 年，全球国际带宽使用量达到 932Tbit/s，高于 2020 年的 719Tbit/s，增长了 30%。国际带宽使用率最高的地区是亚太地区，超过 400Tbit/s，其次是欧洲（204Tbit/s）和美洲（180Tbit/s）。从人均用量来看，欧洲每名互联网用户大概为 340kbit/s，其次是美洲 214kbit/s 和阿拉伯国家 174kbit/s。最不发达经济体的国家带宽使用的每名互联网用户大概为 34kbit/s，相比之下，发展中经济体为 144kbit/s，发达经济体为 296kbit/s。

四　发展中经济体的互联网连接成本仍然较高

联合国宽带可持续发展委员会目标是到 2025 年让发展中经济体负担得起宽带价格，负担能力的定义是宽带接入的价格为地区人均国民总收入的 2%。到 2021 年底，距离实现该目标仅剩 4 年时间，全球许多地区的互联网接入价格仍然高得令人望而却步（见图 2-4）。距 ITU 统计，在 2020 年收集到数据的经济体中，移动宽带价格达到该目标的经济体不足一半（195 个经济体中 84 个经济体达到目标），固定宽带达到这一目标的经济体超过半数（约为 56%）。

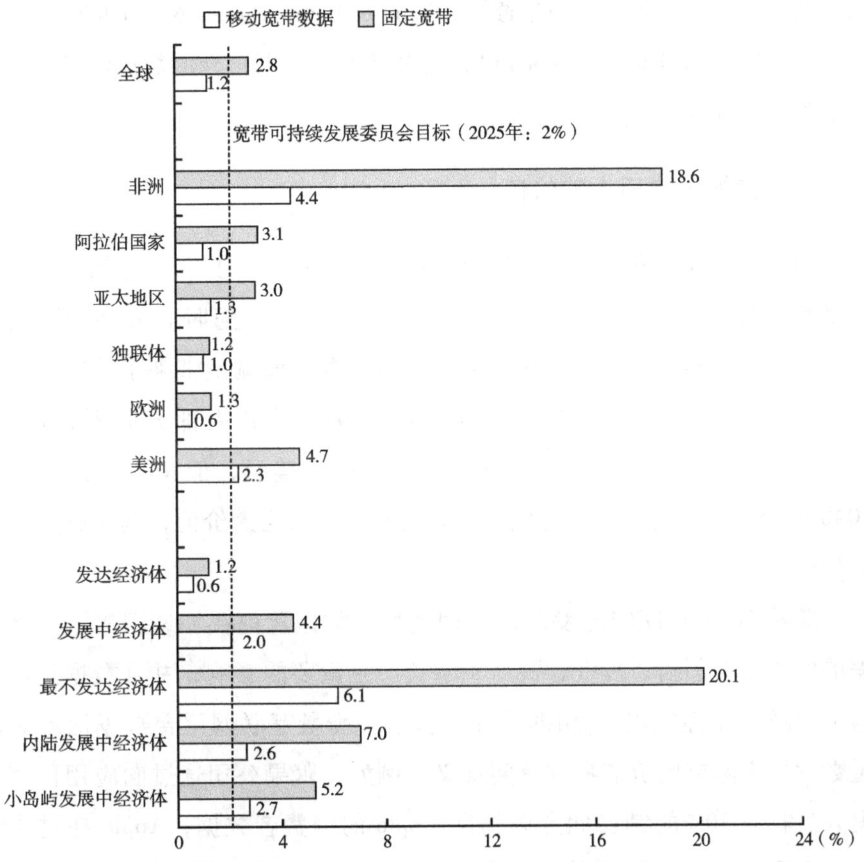

图 2-4　固定宽带和移动宽带一揽子价格占人均国民总收入的百分比（2020 年）

资料来源：ITU。

第二节　衡量数据的价值

2018 年 3 月发生的 Facebook 数据丑闻事件让我们明白在数字世界中没

有免费的午餐。互联网平台公司用“免费”数字产品和服务交换消费者数据，通过货币化数字可以获取潜在的重大经济利益。“免费”数字产品和服务的泛滥，不仅为决策者带来挑战，也为需要了解如何评估数字价值的公司和投资者带来挑战。2019 年 2 月，美国商务部经济分析局发布《数据的价值：数字经济中没有免费的午餐》（Value of Data：There's No Such Thing as a Free Lunch in the Digital Economy），对各类型互联网平台的数据流动、价值创造和获利进行了深入探讨。

一　数据蕴含巨大的价值

通过监测互联网平台在数据价值链的垂直整合程度上的变化情况可以衡量其数据货币化路径和收益大小。与传统产品会随时间或磨损贬值不同，数据可以通过融合产生新的价值，为数据价值测量带来了前所未有的挑战。互联网平台通过创造数据的价值获得了其大部分收益，例如，Facebook 在 2011 年上市时总资产价值为 63 亿美元，但其市场估值高达 1040 亿美元，二者之间的差值意味着无形资产的巨大价值，其中就包括数据的价值。

随着 5G 和互联网的发展，数据类型和数据量都在加速积累，衡量数据的价值将对创新、投资、贸易和增长产生重要的影响，并且数据正在成为 AI 控制算法整体能力和准确性的核心，衡量互联网平台数据活动对衡量数据的实际市场价值具有重要意义。例如，苹果公司通过向应用程序开发人员收取 30%的销售佣金以访问 Apple 的消费者数据，Apple 在过去十年中实现了 428 亿美元的收入[①]。另一个例子是 ITA Software 与 Farecast，ITA Software 是一个大型的机票预订网络，用于收集美国机票的详细交易数据。当 Farecast 是一家独立公司时，它从 ITA Software 购买数据并进行分析以预测机票价格。Farecast 在 2006 年被微软以 1.1 亿美元的价格收购。但是，数据所有者 ITA Software 在两年后被 Google 以 7 亿美元的价格收购。

① Frier, S., Is Apple Really Your Privacy Hero? Bloomberg Businessweek, 2018. August 8th.

两家公司之间的收购价格差异意味着数据可能比分析功能更有价值。此外，公司如何利用数据分析获利取决于其业务模型。Google 购买 ITA Software 时，可能已经有一项业务计划可以通过数据获利。在购买 ITA Software 三年后，Google 推出 Google Flights，该网站已成为美国最受欢迎的航班搜索在线平台[①]。

数据价值的衡量不仅可以为公共政策（如数字贸易和国家数据政策）制定提供重要信息，而且还可以为公司战略（如数据中的投资和外包决策以及数据驱动的决策过程）制定提供重要信息。此外，在数据驱动的经济时代，此类信息对于投资者了解公司的基本面并促进向创新型公司的资本流动也很重要。

二　互联网平台数据流动、价值创造和收益

该报告分析了 7 种互联网平台的数据流动、价值创造和收益情况，这 7 种平台包括电子商务平台、在线共享平台、金融科技平台、在线社交网络服务平台、在线婚介平台、在线众包平台和在线搜索平台。每个类型均选择了一家最具代表性的平台公司举例，以电子商务平台亚马逊为例，亚马逊从消费者那里收集点击量、购买、评论和位置数据，然后进行数据分析并向第三方卖家提供针对数据的服务。例如，基于消费者的地理位置数据和需求预测，可以为第三方卖家提供物流咨询服务（例如，在何处建立仓库）。有分析称，亚马逊为企业客户提供了高级数据服务，其中包括需求和趋势预测，而此类高级数据服务的价格每年为 10 万美元起[②]。此外，亚马逊还通过使用第三方产品的折扣数据来收集消费者价格敏感性信息。结合此价格敏感性数据和其他数据，亚马逊可以对每个消费者进行详细分析，并为第三方卖家提供数据驱动的定价策略服务（见图 2-5）。

① Whitmore, G., How Google Travel is Changing the Game with Google Flights, Google Trips, and More, Forbes, 2018. February 20th.

② Bond, S., Amazon's Ever-increasing Power Unnerves Vendors, Financial Times, 2018. September 21st.

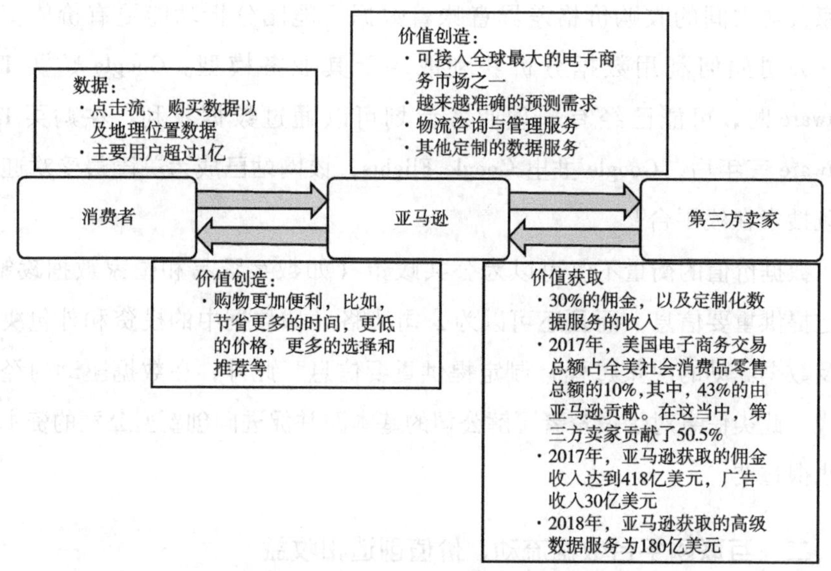

图 2-5　亚马逊数据驱动模型

2017 年，美国电子商务交易总额占美国社会消费品零售额的 10%，亚马逊拥有美国电子商务市场份额的 43%①，此外，亚马逊电子商务销售额的 50.5%是通过亚马逊第三方卖家获得的②。根据 2017 年亚马逊市场的销售额（1395 亿美元）和向第三方卖家收取的 30%佣金费用，亚马逊估计每年的佣金收入为 418 亿美元（亚马逊 10K 报告）。在快速增长的同时，亚马逊 2017 年针对数据的广告收入仅为 30 亿美元，仅占当年总收入的 2.2%。与 Facebook 和 Google 相比，亚马逊不依赖广告收入。

三　互联网平台数据价值创造模型及其供应链、价值链

基于七类互联网平台数据价值创造的研究，报告总结了平台公司创造数据价值的一般模型，即互联网平台公司从用户和第三方收集数据，并使用两

① Molla, R., Amazon Could Be Responsible for Nearly Half of U.S. E-commerce Sales in 2017, Recode, 2017. October 24th.

② Statista. Percentage of Paid Units Sold by Third-pa rty Sellers on Amazon Platform as of 2nd Quarter 2018.

种方式将数据货币化：一种是将数据的访问许可授予客户（如数据分析公司）；另一种是向客户（如第三方卖家）提供基于数据的服务。依靠数据融合、分析以及专业知识，互联网平台公司可以提供各种基于数据的服务并从中获益（见图 2-6）。

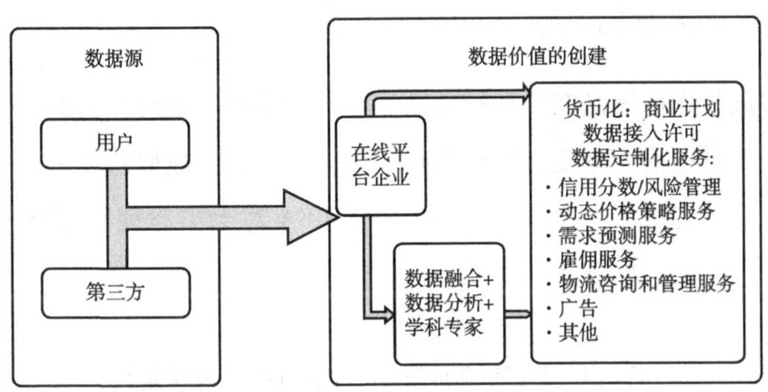

图 2-6 数据的价值创造

互联网平台公司在数据货币化供应链上的每个环节都有外包选择。例如，在设备阶段，Google 为获得 iPhone、iPad 和 Mac 设备上 Safari Web 浏览器的默认搜索引擎的权利，向 Apple 支付了流量获取成本（TAC）。互联网平台公司将数据存储外包给云服务提供商，可以节省成本，获得时间和容量的高度灵活性优势。此外，互联网平台公司还可以将客户关系管理外包给 Salesforce 等公司，将用户支持管理外包给 ZenDesk 等公司。

数据价值链由四阶段组成：数据收集、数据存储、数据分析和数据驱动商业模型（见图 2-7）。这四个阶段并没有平等地促进数据价值的创造。数据收集和存储仅产生少量价值，互联网平台公司可以通过许可使用数据来获利，但是拥有数据驱动的业务模式可以带来最大的回报。例如，ITA Software 在被 Google 收购之前，其业务重点放在数据价值链的前两个阶段，并向 Farecast 等公司授权使用数据。Farecast 通过为消费者提供数据驱动的机票价格预测服务，将业务集中在最后两个阶段。Google 收购 ITA Software 之后，在该数据价值链中实现了最高程度的垂直整合。

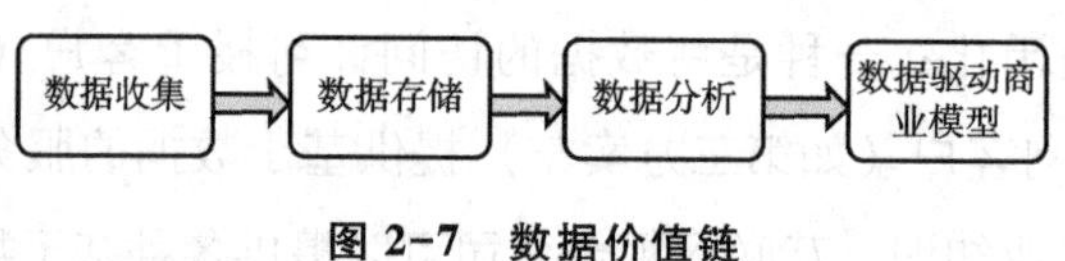

图 2-7 数据价值链

四 衡量数据的价值

大多数数据价值是在公司拥有数据驱动的业务模型时产生的，因此，其投资的一部分在很大程度上依赖在线平台公司对业务模型的投资，这可以通过对组织资本的投资来衡量。按该方法，BEA 对七类典型的互联网平台公司数据进行估价，如表 2-1 所示。

表 2-1 数据价值的测量：案例分析（2019 年）

在线平台公司的类别	企业	会员或授权访问数据	基于数据驱动的商业模式价值	合并或收购价格
电子商务	亚马逊(Amazon)	会费:418 亿美元(2017 年) 额外数据服务收入:180 亿美元	1250 亿美元,年增长率 35%	
在线分享	缤客(Booking)	118 亿美元(2017 年)	157 亿美元,年增长率为 40%	—
金融科技	蚂蚁金服(Ant Financial)	没有公开的金融信息	—	—
社交网络服务	领英(LinkedIn)	29.9 亿美元(2015 年)	—	微软花费 264 亿美元收购领英(2016 年)
搭桥	易贝(eBay)	—	160 亿美元,年增长率为 30%	—
众包	位置(Waze)	没有公开的金融信息	—	谷歌花费 13 亿美元收购位置(2013 年)
搜索引擎	谷歌(Google)	—	482 亿美元,年增长率为 21.8%	—

互联网平台公司在数据价值链上垂直整合程度差异决定了它们如何利用数据获利以及可以获取多少经济利益。具有内部数据分析功能和货币化策略的在线平台公司可以产生比外包数据分析工作更大的数据价值。并且数据正在成为 AI 竞赛中的关键差异因素，AI 与数据之间的良性循环可以加强业务[①]，垂直整合程度更高的平台公司可以从数据中受益更多。

目前，数据量每三年翻一番[②]，5G 和互联网的发展正在加速数据类型和数据量的积累。衡量数据的价值在公司和国家层面都非常重要。在公司层面，对数据进行正确的评估可以帮助公司做出重要的数据投资和外包决策，决定如何通过数据货币化以及通过数据获得竞争优势；在国家层面，将数据作为新资产纳入 GDP 和生产率增长的计算非常重要，且各国数据政策的差异将影响贸易，鉴于 AI 与数据之间的良性循环，国家数据政策的开放程度可能会影响国内和国外公司之间的相对竞争力，数据评估将为贸易和增长提供重要的政策含义。

第三节　衡量数字时代的就业

数字技术的进步使在线平台工作成为可能，智能手机的地理位置功能、评价功能等提高了工作者与客户的匹配效率，这些新工作形式可以促进就业，提高劳动者灵活性，引起政策制定者的广泛关注，这些平台工作者可能遭受工资低、工作质量差、职业发展前景欠佳、劳动力市场保护不足等问题，因此，统计平台工作者的相关数据，特别是跨地区、跨时间以及与现有劳动力具有可比性的数据对规范平台工作至关重要。OECD 于 2019 年 4 月发布《衡量平台工作者》（Measuring Platform Mediated Workers），通过给出平台工作者[③]定义，介绍了一些私人及官方机构在衡量平台工作者方面所做

---

① Lee, K. F., AI Superpowers: China, Silicon Valley, and the New World Order. Houghton Mifflin Harcourt. 2018. September 25th.

② Mayer-Schönberger, V. & Cukier, K., Big Data. Mariner Books: Boston and New York. 2014.

③ 平台工作者是指使用应用程序或网站与客户进行匹配，通过提供服务以换取金钱的工作者。

的尝试，提出利用统计数据可以对平台工作者进行更深入的了解，并针对今后相关工作给出意见建议。

一　非官方机构和官方机构调查是各国衡量平台工作者的主要手段

非官方机构主要通过调查估计平台工作者数量，由于不同的调查机构的抽样方法、样本量、调查参考时间等的差异，得到的估值差异较大。麦肯锡全球研究所（McKinsey Global Institute）、欧洲晴雨表（Eurobarometer）和欧洲委员会（European Commission）等机构还针对平台工作者数量进行了跨国研究，由于概念和定义上的差异，调查结果之间缺乏可比性（见表2-2）。

表 2-2　非官方机构调查结果（2019 年）

国家或地区	调查时间	平台工作者定义	抽样或调查方法	调查结果
大不列颠（包括英格兰、苏格兰和威尔士）	2016 年 10 月至 2017 年 1 月	使用网站或者手机进行有偿工作	面对面	3.17%的受访者表示曾经有此经历，2.17%的受访者目前正在从事这类工作
欧盟 28 国	2016 年 3 月	协作平台是一种基于互联网的工具，能够让提供和使用服务的人之间得以交易	电话调查	32%的受访者表示曾经访问过协作平台，这当中有 32%的受访者提供了服务
美国	2016 年 7 月 12 日至 8 月 8 日	在网站上填写个人履历，以获得有偿工作	在线调查及通过邮件调查	8%的受访者表示曾经从事此类工作
德国	2017 年	通过平台或者 App 获取有偿工作任务	调查了约 1 万人	当前约 3.1%的受访者正在从事此类工作，另外还有 2.9%的受访者表示曾经从事此类工作

资料来源：OECD，Measuring Platform Medium Workers。

官方机构的调查结果也存在可比性差的问题。美国、加拿大等国家官方机构在进行互联网使用调查时都涉及了参与者是否参与了平台工作，受访者对平台工作有一定的了解是调查结果准确的前提条件。调查机构采取不同的方法来帮助受访者理解平台工作。美国劳工统计局在调查时对平台工作进行了详细描述，但这种方法适用于专门的调查，如果是定期常规调查（如季度劳动力调查）可能会很麻烦。大多数统计机构则给出了平台工作人员的定义，并提供平台实例或将问题限制在较小范围的平台。除了平台工作者的人数，还有机构研究了平台工作时间，美国劳工统计局询问了被访者是否在上周进行了平台工作，加拿大、丹麦、芬兰等的调查则是针对过去一年的平台工作情况（见表 2-3）。

表 2-3　官方机构调查结果

国家	调查时间	平台工作者定义	抽样或调查方法	调查结果
加拿大	2015 年 11 月至 2016 年 10 月	提供便利服务	10 万名左右	大约 0.2%(只包括 P2P 的服务提供)
	2018 年	提供基于平台的点对点的服务或在线自由职业者	10 万名左右	结果尚未公布
丹麦	2017 年 1~3 月	通过网站或者 App 找到工作机会	18000 名左右	1.0%左右(通过网站或者 App 找到工作机会)
法国	2017 年	通过平台或者第三方业务联系客户的自营职业者	3700 名	大约 7%的自由职业者以及 0.8%的就业人员正在使用平台
美国	2017 年 5 月(美国劳工统计局关于临时工作的调查)	使用在线平台找工作	6 万户家庭	问卷调查的结果是 3.3%
	2017 年 11 月	美国劳工统计局当前人口调查部门(CPS)所做的补充调查	大约 10.6 万名年龄在 15 周岁以上的人群	6%
	2017 年 11 月和 12 月	美联储关于美国家庭经济状况的调查	12246 名成员	4%(完全依靠在线工作获取收入),2%(使用拼车程序提供驾驶服务)

资料来源：OECD，Measuring Platform Medium Workers。

二　行政数据、平台数据、网络抓取数据等是衡量平台工作者的有益补充

统计机构的调查是估计平台工作者总数的最佳方法，但是由于平台工作者总数相对较小，这意味着样本量较小，可能无法提供统计上的有效信息，通过利用行政数据、平台数据、网络抓取数据等作为补充数据，可以修正从调查数据中获得的信息。例如，爱沙尼亚税务与海关总署（ETCB）和两个乘车共享平台达成协议，使其与 ETCB 共享其数据，但是驾驶员必须首先同意共享其数据，这可能会导致选择偏见。墨西哥税务局（SAT）与共享平台达成协议，驾驶员必须获得正式认证才能在平台上注册。法国从 2019 年开始，平台必须向税务机关报告民众个人在平台上获得的年度总收入。牛津互联网学院的 iLabour 项目研究了劳动力市场向平台转变对社会、组织和政策的影响，构建了在线劳动力指数（OLI）[①]，衡量了各个国家和职业在一段时间内在线劳动力平台的使用情况，尽管没有给出在线工作者绝对人数的估计，但确实捕捉了趋势。

第四节　衡量其他数字经济细分领域

一　衡量数字经济福利：利用“消费者剩余”评价 GDP 之外的数字福利

在过去的 40 年里，信息产业增加值在 GDP 中所占的比例一直徘徊在 4%~5%（2018 年达到 5.5%高点），原因是 GDP 取决于人们购买商品和服务的费用，所以如果某物的价格为零，那么它在 GDP 中的权重也为零。经济学家、政策制定者会将 GDP 作为衡量幸福感变化的指标，但 GDP 衡量的是经济体中所有最终产品的货币价值，并不衡量实际福利。数字产品和服务通常对用户免费，因此它们对福利的贡献被排除在 GDP 之外，如果要评估

① http://ilabour.oii.ox.ac.uk/online-labour-index/.

数字经济的价值，需要采用更好的方法来衡量这些免费产品和服务带来的福利。

2020 年 1 月，布鲁金斯学会的 Hutchins Center on Fiscal and Monetary Policy 发布《如何测度数字经济价值?》(How Should We Measure the Digital Economy?)，提出将“消费者剩余”① 作为衡量数字经济的指标，从一个全新角度评价数字产品和服务对人类带来的经济福利。例如，Facebook 产生的消费者剩余，主要通过调查选定的用户样本放弃使用 Facebook 一个月所需要的经济补偿计算。结果表明，美国用户放弃使用 Facebook 一个月平均需要 48 美元，估计自 Facebook 2004 年创立至 2017 年，消费者平均每年从 Facebook 获得 160 亿美元的价值，但这些价值都没有体现在 GDP 统计中。通过衡量消费者剩余表明数字产品已经为公众创造了大量经济福利，这与直观感受一致，世界各地皆在享受数字革命带来的实际收益。

应用报告中提到的消费者剩余来评估不同种类的数字产品价值，结果表明，2020 年，在美国搜索引擎是最有价值的商品类别，每年的估值超过 1.75 万美元，其次是电子邮件（0.84 万美元）和地图（0.36 万美元），这些类别在工作和日常生活中必不可少，没有离线替代品，因此估值较高。视频和电子商务也受到消费者的高度评价。社交媒体、音乐、即时消息等估值较低（见图 2-8），用户需要支付一定的费用才能访问其中一些服务，但是这些服务的消费者剩余仍远高于用户支付的费用，约为支付费用的 5~10 倍。

将消费者剩余作为补充 GDP 的方式，可以衡量新的数字产品和免费数字产品带来的福利收益。当政策制定者希望关注消费者福利时可以考虑跟踪消费者剩余的变化情况。报告同时指出，数字时代还会带来负面影响（如网瘾），关于互联网和智能手机的使用会对公众幸福感和心理健康产生的影响仍存在广泛争论，消费者剩余仅体现与数字革命相关的经济私人利益，而非衡量主观幸福感的方法。

---

① 消费者剩余（consumer surplus）指人们愿意为一件商品支付的价格和必须支付的价格之间的差异。

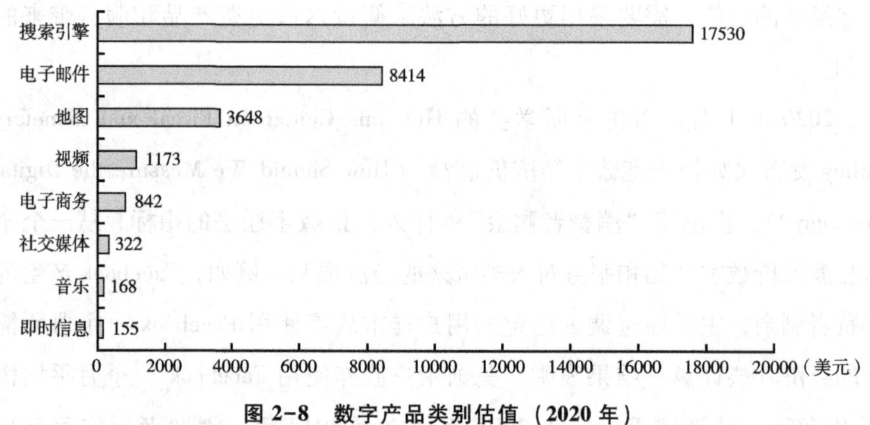

图 2-8　数字产品类别估值（2020 年）

二　衡量数字经济下消费者通胀：总体消费通货膨胀对数字产品价格测量误差的敏感性下降

OECD 于 2019 年 2 月发布报告《衡量数字经济下消费者通胀》(Measuring consumer Inflation in A Digital Economy)，针对 GDP 估值是否可以很好地衡量数字化经济的增长这一颇具争议的问题，OECD 研究了在衡量家庭消费的价格和数量涉及数字产品时可能产生的误差。

在 OECD 国家中，家庭消费支出是计算 GDP 的重要组成部分（平均占比在 60%以上），也是衡量通货膨胀率的关键指标。报告将数字经济导致家庭消费支出误估的潜在因素分为三类：①现有的数字产品产生变化（a. 现有数字产品的新品种；b. 替代非数字产品的新数字产品；c. 数字和非数字产品的品种选择）；②新的数字产品迟滞引入价格指数而忽略了福利收益或成本节省；③免费数字产品带来的福利收益被忽略。

假设这些类别的价格指数都存在偏差，根据 OECD 国家家庭消费权重结构的详细数据计算出的平均权重，结果表明：数字产品在 2005 年约占家庭消费支出的 35%左右，到 2015 年该比例下降到 32%。2015 年对消费紧缩指数增长率的总体影响小于 0.6 个百分点，2005 年低于 0.7 个百分点，表明总体消费通货膨胀对数字产品价格测量误差的敏感性下降。

三　衡量企业数字安全：评估企业数字安全风险管理实践框架有待完善

数字安全事件可能会影响企业及其合作伙伴的公众形象、财务、运营和实物资产。它们会破坏业务竞争力、创新能力和市场地位。有效的数字安全风险管理对于企业而言至关重要，它们能够最大限度地减少这些事件的发生频率和负面影响，从而充分利用并推动数字化转型。

2019 年 6 月，OECD 发布《衡量企业数字安全风险管理实践》（Measuring Digital Security Risk Management Practices in Businesses），在充分借鉴《2015 年经济和社会繁荣的数字安全风险管理理事会建议》（2015 Recommendation of the Council on Digital Security Risk Management for Economic and Social Prosperity）的基础上，建立了评估企业数字安全风险管理实践的框架，该衡量框架包括 6 个模块和 18 个相关指标（见表 2-4）。

表 2-4　企业数字安全风险管理实践评估框架（2019 年）

模块	指标
A. 企业特点	A1. 企业地理位置分布
	A2. 不同规模的企业比例
	A3. 不同经济活动的企业比例
	A4. 不同营业额的企业比例
	A5. 不同数字化强度的企业比例
B. 数字安全风险治理	B1. 负责数字安全风险企业已分配给组织内特定角色的比例
	B2. 已制定政策来管理数字安全风险的企业比例
	B3. 具有监控和审查数字安全风险管理流程的企业比例
	B4. 具有适当结构或流程以实现合作并报告企业内部数字安全风险管理的企业比例
C. 数字安全风险评估实践	C1. 在整个企业风险管理中评估数字安全风险的企业比例
	C2. 在数字安全风险评估中定期采取特定行动的企业比例
D. 数字安全风险降低实践	D1. 采取降低风险措施的企业比例
	D2. 共享有关威胁、漏洞、事件和风险管理实践或安全措施信息的企业的比例

续表

模块	指标
E. 数字安全风险转移举措	E1. 使用保险转移数字安全风险的企业比例
	E2. 因不采用原因未购买保险的企业比例
	E3. 按转移风险类型划分的通过保险单转移数字安全风险的企业比例
	E4. 采用其他风险转移做法的企业比例
F. 数字安全风险意识和培训	F1. 采用关于数字安全风险管理的提高认识和培训做法的企业比例

通过分发试点调查，最后在所有国家或地区仅收到 80 份完整回复，总体答复率仅为 3%。报告分析了答复率低的原因可能是分发试点调查的时间在假期期间，调查持续的时间较短，而且一些国家或地区的样本选择范围狭窄，并提出未来的改进措施，包括：①提高未来调查的回复率，简化“关键”指标列表，添加或删除问题或答案选项，针对非专业受访者简化语言；②从衡量实践转变为成熟度模型；③发展深度测量，评估企业内部特定实践的复杂性；④收集有关受访者企业发生的数字安全事件的频率和类型以及对经济影响的估计的数据，衡量事件及其经济影响。

四　衡量 ICT 间接投资：ICT 间接投资在 ICT 总投资中占比可观

近年来，数字技术的机遇与日俱增，但 ICT 投资却呈现减少的趋势。针对这一问题，OECD 于 2019 年 2 月发布《衡量 ICT 间接投资》（Measuring Indirect Investment in ICT），报告提出了导致该现象的一种假设：官方统计数字可能掩盖了 ICT 投资的真正贡献，因为非 ICT 资本资产中体现的中间 ICT 支出没有被视为 ICT 投资。例如，微处理器之类的 ICT 部件可能未被记录为 ICT 资本产品。OECD 深入探讨了 12 个 OECD 国家对 ICT 间接投资的评估，即非 ICT 投资中体现的 ICT 资本的价值。

为计算 ICT 间接投资，报告提出的方法基于五个假设，即①资本资产和最终消费的比例与 ICT 中间体与产出的比例相同；②对于每种产品，国内产出与进口有相同的 ICT 密集程度；③ICT 中间体不在生产过程中消耗，而是“转移”到最终产出中；④产品是由同一行业生产的，没有进行二次生产；⑤分配利润和投资支出的税收可以忽略不计。

基于这五个假设，得到的结果表明，如果将间接 ICT 投资考虑在内，OECD 国家 ICT 投资平均增幅为 35%，包括软件在内的 ICT 间接投资，大大改变了各国投资 ICT 强度的相对地位。在报告考察的 12 个 OECD 国家中，以色列 ICT 直接投资在总投资中所占份额排名倒数第四，为 4.2%，但如果将 ICT 间接投资考虑在内，在 ICT 总投资中所占份额高达 8.2%，与捷克并列排名第一。同样，新西兰和加拿大所占份额分别从 5.2%升至 7.8%和从 4.8%升至 6.7%。丹麦 ICT 间接投资使 ICT 总投资份额从 5.2%上升到 6.4%（见图 2-9）。包含软件进一步增加了 ICT 间接投资，但增幅小于 ICT 资本货物，例如，加拿大的 ICT 投资提高了 2.4 个百分点，美国和德国的 ICT 投资提高了 1.7 个百分点，澳大利亚的 ICT 投资提高了 0.9 个百分点。

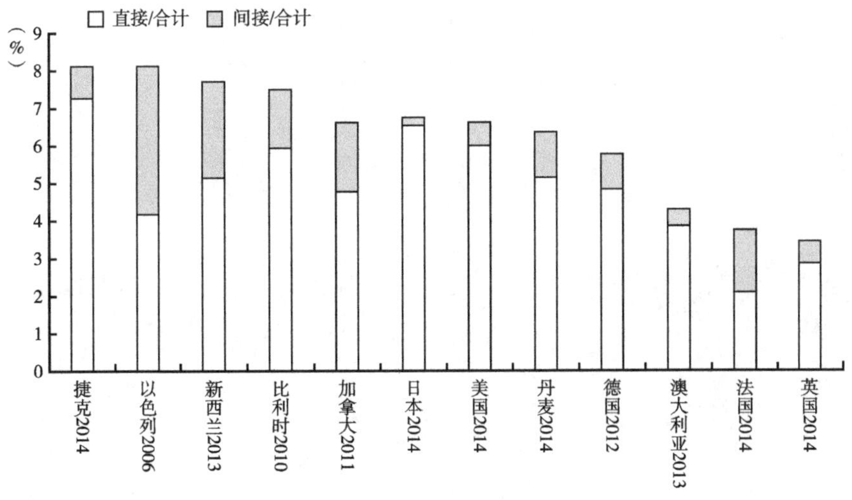

图 2-9　按国家分类的直接和间接 ICT 投资（不包括软件）占比情况（2019 年）

注：图中国家后跟的年份表示该数据为该国在该年份的数据。

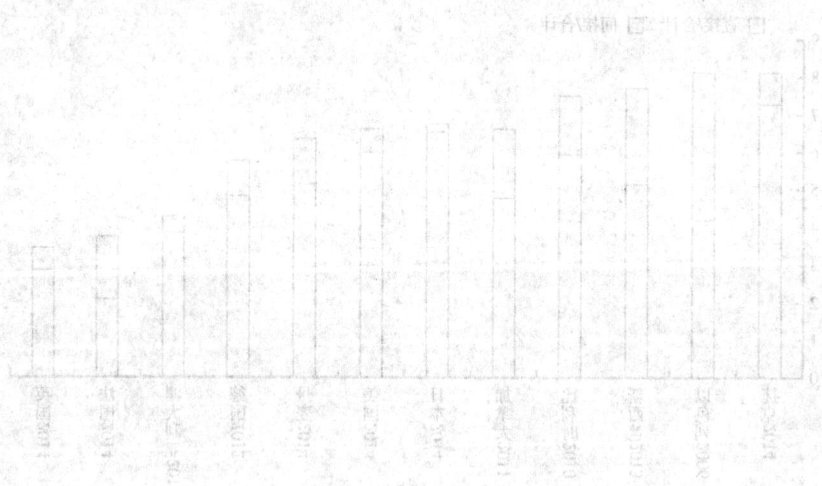

第二篇　统计和规模测度篇

第三章
美国数字经济测度

随着互联网在20世纪90年代中期的快速发展，数字已经扩展和改变了企业运作方式以及消费者与企业或企业与企业彼此之间进行交易的方式。计算机现在无处不在，经济对数字和互联网技术的依赖甚至是几年前的人们也无法预料的。根据美国国家电信和信息管理局（NTIA）的报告，2015年使用互联网的美国人为75%，而这个数字在2000年仅为44%。这些技术不断改变人们工作、交流、购买商品和服务、完成每天日常任务的方式。数字技术在美国商业中的重要性及其在促进国家经济增长和培育竞争力方面的作用是毋庸置疑的。考虑到企业和消费者对数字产品和服务的依赖程度越来越高，衡量数字经济的影响对了解整体经济也就至关重要。

研究数字化对经济的影响并不是一个新的想法。美国商务部经济分析局、商务部的其他机构，以及其他组织一直在研究和发表相关报告来衡量近20年来“数字经济”、“互联网经济”或“新经济”的影响。经济和统计管理局（ESA）报告了自1998年初以来对新兴数字经济的测量结果。2001年，美国人口普查局发布了一份报告，使用了当今数字经济测量倡导者所使用的相同原理。2016年，美国商务部设立首届数字经济顾问委员会（DEBA），该委员会由工业界和学术界的杰出人士构成。DEBA成员带来了关于数字经济以及它与企业、经济政策关系的广泛经验和知识。在它们的第一份报告中，DEBA介绍了一些方法，用来衡量数字化对经济指标（如GDP

和生产率）的影响以及数字化对各经济领域的影响程度。

这份报告提供了 BEA 在国民经济核算框架内第一次对数字经济的估算。这些新的统计数据有利于人们对数字经济的规模和经济重要性的更深入了解，以便政策制定者、企业和其他利益相关者能够做出明智的决定。它们识别并突出了目前嵌入 BEA 国内生产总值统计数据的数字活动。数据可以被企业、研究人员和其他人使用。这份报告的发布代表了 BEA 发展数字经济卫星账户的一个重要步骤。

第一节　美国数字经济发展现状

凭借技术和产业优势，美国的数字技术、数字产业、产业数字化等领域均走在全球前列，2021 年 6 月，BEA 发布的《更新的数字经济估算》报告显示，2019 年美国数字经济规模近 2.1 万亿美元，占 GDP 的比重为 9.6%，在全球处于绝对领先地位。本节重点分析美国在顶层设计、数字基础设施、数字技术、产业数字化转型、数字规则方面的发展特点与现状，有助于理解美国数字经济测度数据背后的经济真相。

一　数字经济顶层设计全面领先

美国是最早布局数字经济的国家，早在 1998 年就发布了《浮现中的数字经济》系列报告。美国商务部是美国数字经济的主要推动者，每年发布年度数字经济报告对早期数字经济理念的普及起到非常大的促进作用。2010 年，美国商务部提出“数字国家”（Digital Nation）概念，国家电信和信息管理局联合经济和统计管理局（ESA）围绕基础设施、互联网、移动互联网等方面进行统计和分析并连续发布 6 份“数字国家”报告。2016 年，商务部部长佩尼普里兹克宣布启动“数字专员”（Digital Attaché）项目，为美国企业提供支持和援助，帮助美国企业成功降低其在外国市场遭受的数字政策和监管问题所带来的不利影响，确保美国企业能够顺利参与全球数字经济，打开全球市场。2018 年，特朗普政府颁布了《国家网络战略》等国家战略规划，明确了对未来数字经济发展的愿景，即维持美国在科技生态系统与网络空间发展中的影响力，使其成为经济增长和创新的开放引擎。2021 年 1 月，美国信息技术与创新基金会发布《美国的全球数字经济大战略》报告，提出为保持美国在全球科技领域的领导地位，美国政府必须制定一项全面的宏大战略来指导美国的 IT 和数字政策，战略首要目标应是限制中国在 IT 和数字领域的全球主导地位。

二 不断强化5G 数字基础设施建设

美国十分注重强化数字基础设施建设。2018 年美国发布《美国重建基础设施立法纲要》，为美国未来 10 年经济发展设计基础设施建设方案，提出重点投资现代交通、新能源、5G 通信基站、智能电网、宽带网络和大数据等领域，为数字经济快速发展奠定基础。2017 年和 2019 年两年发布“数据中心优化计划”，以财政政策支持数据中心集约化发展，为数字经济提供了算力保障，目前，美国拥有全球最多的超大规模数据中心。2020 年公布《国家 5G 安全战略》推动 5G 部署，目前美国移动运营商已经能够为美国 75%的人口提供 5G 信号覆盖，5G 应用场景乐观。2021 年 2 月，美国国家标准与技术研究院（NIST）发布了《5G 网络安全实践指南》草案，帮助使用 5G 网络的组织以及网络运营商和设备供应商提高安全能力。3 月，美国国际战略研究中心（CSIS）发布《加速美国 5G 发展》报告，提出完善电信法规以消除监管障碍、与盟国建立网络安全合作机制等 11 项具体建议。目前，北美有 143 家运营商投资 5G 网络，31 家运营商开通 5G 商用网络，美国的 5G 网络达到 45%的人口覆盖率。

三 抢占全球数字技术制高点

2020 年 10 月，美国发布《关键与新兴技术国家战略》，要成为关键和新兴技术的世界领导者，并构建技术同盟，实现技术风险管理，其中包括通信及网络技术、数据科学及存储、区块链技术、人机交互等。美国非常重视前沿性、前瞻性研究，积极推进 6G、人工智能、半导体芯片、量子计算、区块链和加密货币等数字技术研发。在 6G 领域，美国力求以“跨越式发展”超过中国华为在 5G 领域的优势，试图利用自己在航天、人工智能和毫米波领域的技术优势，直接发展天地一体的 6G 移动通信，实现跨代超越。美国电信行业解决方案联盟集结高通、三星、爱立信、苹果等全球数十家科技巨头，成立“Next G”联盟，为北美掌握 6G 领导力奠定基础。在半导体芯片领域，美国是毋庸置疑的半导体研发强国，平均每年超过 40%的顶会论文是由美国组织或机构撰写或合作完成的。近 30 年来，美国半导体公司控制着全球芯片市场的半壁江山。2021 年 5 月，美国、欧洲、日本、韩国、中国台湾等地区的 64 家企业宣布成立美国半导体联盟（Semiconductors in America Coalition，SIAC），几乎覆盖整个半导体产业链，这个联盟由美国科技和半导体行业主导，展现了美国对全球半导体供应链的影响力。2022 年 3 月，美国参议院批准了向美国半导体芯片制造商补贴 520 亿美元的法案，这将给美国半导体的研究注入更多资金，美国芯片的垄断地位将进一步加固。在量子技术领域，美国将量子技术视作确保未来国家影响力的战略性关键技术，不吝投入大量资源开展研究，美国政府是美国量子研究最大的资助者，近年来，量子信息科学的研发投入稳定增长 20%左右，2021 年量子信息科学研发投入高达 7.1 亿美元。过去 10 年，美国有超过 1500 个机构共发表超过 1 万篇论文，主要集中在量子计算，其次是量子通信以及量子测量。在区块链和加密货币领域，2022 年 3 月 9 日，拜登就数字资产和加密货币风险签署了一项行政命令，一改此前对数字美元的审慎态度，明确表示美国要保持在数字资产这一领域的技术领导地位。3 月 28 日，美国政府问责局（GAO）提出了四项政策，以帮助政策制定者（国会、联邦机构、州和地方政府、学术和研究机构）实施区块链技术。

四 互联网巨头全球影响力巨大

截至 2021 年底，全球市值最大的 10 家公司当中，有 8 家为美国公司，[①]

① 《万亿美元俱乐部：全球市值最高 10 家公司 8 家来自美国》，《北美晨报》2022 年 1 月 3 日。

其中 5 家为美国互联网公司，分别为苹果、微软、Alphabet（Google）、亚马逊和 Meta（前 Facebook），除 Meta 以外，其余公司市值均超过 1 万亿美元，苹果和微软的市值更是超过 2 万亿美元。谷歌搜索引擎是全球第一大搜索引擎，全球市场份额超过 90%，谷歌的安卓系统是全球第一大手机操作系统，此外，谷歌在地图、光纤互联网、智能家居、无人机领域也有着令人瞩目的成就。微软占据全球 90%以上的 PC 端操作系统和办公软件，市场地位难以撼动。亚马逊在电子商务领域占据主导地位，世界上大部分地区的货物都可以在亚马逊平台上交易，PYMYNS 统计数据显示，2021 年亚马逊在美国在线销售中的份额增长到 56.7%，创历史新高，在服装配饰、体育用品、音乐、书籍、电子、电器等领域占据优势地位。

五 以信息技术带动高端制造业创新发展

美国拥有全球领先的信息技术和世界知名的数字科技企业，同时拥有健全的国家创新生态系统，并多年占据制造业等产业的价值链高端。美国相信发展前沿技术和先进制造业，可以帮助美国重塑制造业竞争力，引领世界制造业发展潮流。聚焦大数据和人工智能，美国先后发布《联邦大数据研发战略计划》《国家人工智能研究和发展战略计划》《为人工智能的未来做好准备》《美国机器智能国家战略》等，为传统产业数字化转型奠定基础。2012 年 2 月，美国发布《先进制造业国家战略计划》，提出加快中小企业投资、提高劳动力技能、建立健全伙伴关系、调整优化政府投资、加大研发投资力度。2018 年 10 月，美国国家科学技术委员会发布《先进制造业美国领导力战略》报告，提出三大目标，包括开发和转化新的制造技术，教育、培训和集聚制造业劳动力，提升国内制造供应链的能力。该战略的着力点在于开发和转化新的制造技术，包括未来智能制造系统、先进材料和加工技术、美国制造的医疗产品、领先集成电路设计与制造、粮食与农业制造业。2021 年 6 月，美国工业互联网联盟发布工业物联网全球行业标准白皮书，8 月改名为“美国工业物联网联盟”，并提出未来将瞄准 IT、网络、制造等领域，开辟工业物联网应用新市场。

表 3-1 美国制造业数字化转型相关政策

序号	发布时间	文件名称	发布机构
1	20 世纪 90 年代	《"实施敏捷制造的技术"五年计划(1994—1999 年)》	美国能源部
2	2008 年 3 月	《信息物理系统概要》	CPS 研究指导小组
3	2009 年 12 月	《重振美国制造业框架》	美国总统行政办公室
4	2009 年	《美国机器人技术路线图》	美国国家科学基金会
5	2010 年 8 月	《制造业促进法案》	美国国会
6	2010 年 12 月	《数字未来设计》	美国总统科技顾问委员会
7	2011 年	《制造业复兴:经济发展的四个目标》	
8	2011 年 6 月	《确保美国在高端制造业的领先地位》	美国总统科技顾问委员会
9	2011 年	《先进制造业伙伴关系计划》(AMP1.0)	白宫科技政策办公室下属总统科技顾问委员会
10	2011 年	《国家机器人技术研究计划》	美国国家科学基金会、美国国家航空航天局、农业部、国家卫生研究院
11	2012 年 2 月	《先进制造业国家战略计划》	白宫科技政策办公室下属美国国家科学技术委员会
12	2012 年 3 月	《大数据研究和发展倡议》	白宫科技政策办公室
13	2012 年 3 月	《国家制造业创新网络计划战略规划》	
14	2013 年 1 月	《国家制造创新网络的初步设计》	美国总统行政办公室
15	2013 年	《美国机器人技术路线图 2013 版》	美国国家科学基金会
16	2014 年 10 月	《加速美国先进制造业发展》(AMP2.0)	白宫科技政策办公室下属总统科技顾问委员会
17	2014 年 11 月	《振兴美国制造业和创新法案》	美国众议院
18	2016 年 2 月	《国家制造创新网络(NNMI)年度报告》	美国商务部、总统行政办公室、国家科学技术委员会、先进制造国家项目办公室

续表

序号	发布时间	文件名称	发布机构
19	2016 年 2 月	《智能制造系统现行标准体系》	美国商务部
20	2016 年 2 月	《国家制造创新网络战略计划》	美国商务部、总统行政办公室、国家科学技术委员会、先进制造国家项目办公室
21	2016 年 5 月	《信息物理系统框架》	美国商务部
22	2016 年 5 月	《联邦大数据研发战略计划》	总统行政办公室、国家科学技术委员会(NSTC)
23	2016 年 8 月	《美国机器人技术路线图 2016 版》	美国国家科学基金会
24	2016 年 10 月	《为人工智能的未来做好准备》	美国白宫科技政策办公室
25	2016 年 10 月	《国家人工智能研究和发展战略计划》	美国白宫科技政策办公室
26	2016 年 12 月	《人工智能、自动化和经济》白皮书	美国白宫科技政策办公室
27	2016 年	《21 世纪 CPS 教育》	美国国家科学院、工程院、医学院
28	2017 年 1 月	《国家机器人技术研究计划 2.0》	美国国家科学基金会联合美国国防部等政府机构
29	2017 年 12 月	《人工智能未来法案》	美国国会
30	2018 年 10 月	《先进制造业美国领导力战略》	美国国家科学技术委员会
31	2019 年 11 月	《国家人工智能战略》	美国国会研究服务处
32	2019 年 12 月	《联邦数据战略与 2020 年行动计划》	美国白宫行政管理和预算办公室
33	2020 年 2 月	《美国人工智能行动:第一年度报告》	美国白宫科技政策办公室
34	2020 年 9 月	《机器人路线图:从互联网到机器人》	美国计算机社区联盟
35	2021 年 5 月	《2021 年创新与竞争法案》	美国参议院

资料来源：国家工业信息安全发展研究中心。

六　通过规则和标准争夺数字经济全球话语权

规则方面，拜登通过美欧峰会、G7 峰会、美日印澳四方联盟（Quad）等多边机制塑造符合美国利益的数字与科技政策。2021 年 6 月，拜登提出主要民主国家应该提供“一个替代中国的高标准方案，升级更具弹性和支持全球发展的有形、数字和卫生基础设施”。同月，拜登在《华盛顿邮报》上发表评论文章称，美欧可以在全球挑战上密切合作，应该由民主国家而不是中国制定全球贸易和技术规则。标准方面，大西洋理事会在 2021 年 10 月发布的一份报告中称，美国在 39 个技术标准组织中保持着主导地位，在 11 个组织中拥有超过 50%的选票，反映其标准制定话语权仍然强大。2022 年 3 月，英特尔、AMD、高通、三星、台积电、Meta 和微软等 IT 行业巨头宣布成立小芯片联盟，并推出通用芯片互联标准“通用小芯片快连”（UCle），中国大陆企业被排除在规则制定之外。

第二节　2006~2016年美国数字经济规模测度情况

经过多年的研究和积累，2018 年 3 月，BEA 发布了《定义和测度数字经济》研究报告，首次公布了数字经济分类方案，并利用供给使用表对 2006~2016 年美国的数字经济规模进行了测算研究。此后连续三年进行更新，分别在 2019 年将测算周期拓展至 1997~2017 年，2020 年测算周期为 2005~2018 年，2021 年 6 月更新至 2005~2019 年。①

一　方法论

BEA 在供应-使用框架内编制了一些统计数据，遵循的是用于生产其他

① 刘伟、许宪春、熊泽良：《数字经济分类的国际进展与中国探索》，《财贸经济》2021 年第 7 期；许宪春、张美慧：《中国数字经济规模测算研究——基于国际比较的视角》，《中国工业经济》2020 年第 5 期；清华大学金融科技研究院：《数据解读——2015~2018 年美国数字经济的发展现状》，2020 年 12 月。

BEA 卫星账户的方法，包括旅行和旅游、艺术和文化生产以及户外娱乐。

估算过程包括三个主要步骤。

- 发展一个关于数字经济的概念定义。
- 识别与在第一步中定义的数字经济相关的供应-使用框架内的商品和服务。
- 使用供应-使用框架来识别供应这些商品和服务的行业，并估计与此活动相关的产出、增值、就业、补偿和其他变量。

在这个过程的第二个步骤中，BEA 在供应-使用框架中明确了详细的商品和服务类别，以识别属于数字经济的那些商品和服务。一些商品和服务类别包括数字和非数字商品和服务的混合品。例如，电子类玩具和游戏，包括家用电子游戏（不包括墨盒、磁盘和磁带），既包括数字视频游戏，也包括非数字的电子玩具。

从概念上讲，数字经济的措施应该包括数字视频游戏；然而，由于数据和资源的限制，这里提出的估计包括的是 BEA 认为的主要数字商品和服务类别。

（一）界定数字经济

测量数字经济的理念已经存在了很多年，其测量所面临的挑战也是如此。最根本的挑战之一是缺乏精确和通用的定义用于阐明在测量数字经济时应该包括哪些活动。使数字经济难以定义的部分原因是技术的快速变化。当企业和消费者采用新技术来执行任务和进行交流时，原本相关联的东西可能会过时。在理想情况下，数字经济的定义将包括其随时间变化的性质。

在本报告中，BEA 主要是在互联网和相关的信息和通信技术范围内定义数字经济。为了开发一个定义，BEA 依靠了分析师的专业知识和现有的数字经济有关的文献和统计数据。BEA 的 ICT 部门为 BEA 对数字经济的定义提供了一个基础。虽然并非所有的 ICT 商品和服务都在范围内，但是 ICT 部门和数字经济在很大程度上是重叠的。本报告的估计包括 BEA 的 ICT 部门，以及确定在数字经济范围内的附加商品和服务。与过去 BEA 对 ICT 部门进行统计时一样，BEA 依然引用的是经济合作与发展组织的数字经济计量文献。BEA 在其定义中包括：①计算机网络存在和运行所需的数字基础设施；②使用这个系统（“电子商务”）所发生的数字交易；③数字经济用户创造和访问（“数字媒体”）的内容。

1. 数字基础设施

计算机网络，如互联网，是数字经济的基础。数字基础设施包括支持计算机网络和数字经济存在和使用的基本物理材料和建筑物，包括如下方面。

• 计算机硬件：构成计算机系统的物理元件，包括但不限于监视器、硬盘驱动器、半导体、无线通信产品和视听设备产品。

• 软件：由个人计算机和商业服务器等设备所使用的程序和其他操作信息，包括商业软件和由公司自行开发使用的软件。

• 电信设备和服务：电缆、电报、电话、广播或卫星远程传输信息所需的设备和服务。

• 建筑物：包括数字经济制造者创造数字经济产品或提供数字经济服务的建筑物。建筑物类别还包括为数字产品提供支持服务的建筑物。这包括数据中心、半导体制造厂、光缆设备、交换机、中继器等的建设。

• 物联网（IOT）：互联网设备，如嵌入硬件的电器、机器和汽车，使得它们可以相互通信并连接到互联网。

• 支持服务：数字基础设施发挥功能所必需的服务，如数字咨询服务和计算机维修服务。

2. 电子商务

BEA 使用术语“电子商务”来概括性地描述所有在计算机网络上发生的商品和服务的购买和销售。电子商务反映了商品或服务的交易性质。BEA 认为电子商务包括数字命令的、数字运输的或借助平台的交易。这些交易包括如下方面。

• 企业对企业（B2B）电子商务：利用互联网或其他电子手段进行商品和服务交易的电子商务。制造商、批发商及其他行业从事企业之间以及企业内部的电子商务，来生产最终消费品和服务。

• 企业对消费者（B2C）电子商务：企业利用互联网或其他电子手段，对消费者或零售电商销售商品和服务的电子商务。

• 伙伴对伙伴（P2P）电子商务：“共享”经济，也被称为平台化电子商务，通过数字应用促进消费者彼此之间交换商品和服务。这些措施包括但不限于出行调度、住宿租金、配送和快递服务、园林绿化、食品加工、消费品租赁、洗衣服务、清洁服务。

3. 数字媒体

数字经济的第三个组成部分是数字媒体。越来越多的消费者放弃购买或租赁书籍、报纸、音乐和视频等产品，而选择以数字格式在线访问这些产品。BEA 将数字媒体定义为人们在数字设备上创建、访问、存储或查看的内容，具体来说，如下。

• 直接销售数字媒体：商家可以直接向消费者销售数字产品，以一个项目或一个订阅服务来交换费用。

• 免费数字媒体：一些公司免费为消费者提供数字媒体，例如 YouTube 或脸谱网。通常，提供这些服务的商家通过在数字产品的边际上出售广告空间来赚取收入，类似于许多印刷媒体或广播电视频道的广告模式。此外，一些消费者为 P2P 消费创建原始的在线内容，称为 P2P 数字媒体。

• 大数据：一些公司将大型数据集作为其正常运转的一部分。这也可以包括使用数字媒体作为收集消费者行为或偏好的信息的机制。这些公司可以通过出售这些信息赚取收入，或者以其他方式加以利用，这有时被称为“大数据”。

（二）识别数字经济商品和服务

使用上述定义和来自供应-使用表的详细数据，BEA 在初始数字经济估计中确定包含其中的商品和服务。BEA 使用 NAICS 基础框架对供应-使用表的数据进行分类，该框架包括约 5000 种商品和服务类别。BEA 依靠分析专家的专业知识和外部研究，选择超过 200 个商品和服务类别，将其包含在本报告提到的初始估计中。本节讨论了数字经济概念性定义中的商品和服务与 BEA 初始估计所包含的商品和服务之间的差异。

正如引言中指出的，一些 NAICS 基础商品和服务类别包括数字商品和服务以及非数字商品和服务。虽然 BEA 对数字经济的概念性定义包括所有数字商品和服务，但BEA没有试图在初始估计时包括那些既包含数字成分又包含非数字成分的商品和服务类别中的数字部分，而是选择研究那些仅限于专门的或主要是数字成分的商品或服务类别。如果要将“部分数字”的产品分为数字部分和非数字部分，就需要额外的数据源和其他资源，才能准确识别在数字经济范围的比例，这将在本报告的最后部分进行讨论。

遵循这一方法，BEA对数字经济基础设施部分的初始估计包括一个近乎全面的清单：数字经济硬件、软件、支持服务、电信产品和服务。BEA没有在初始估计中加上建筑物和物联网基础设施，这是因为要确定这些类别在数字和非数字成分的合理比例，是很困难的。

对于建筑物和物联网基础设施，BEA没有可用的数据可以将数字经济活动与所有其他活动分开。物联网基础设施更是提出了额外的挑战。例如，互联网冰箱的连通性允许所有者在食物不足时记录并购买食物，或者记录器具的使用。然而，冰箱的主要功能是保持食物的冷鲜，BEA不会将其归类为数字经济的一部分。

电子商务产品通常被评估为“数字命令”的商品和服务的批发或零售贸易边际，这都是通过互联网或其他电子市场销售的。边际等于从网上销售获得的总收入减去商品和服务的生产成本。在本报告中，BEA在估计中包括电子商务市场中B2B批发和B2C零售交易的利润率。BEA还包括一些非边际产出，其主要形式是连接买家和卖家的经纪人的费用。BEA并没有明确包括P2P或“平台”交易的价值，因为缺乏对这些交易价值的数据。BEA在供应-使用表中获得了诸如出行调度、共享住宿等P2P活动的价值，但不清楚这些活动的哪部分价值应该归因于数字经济。测量P2P交易的更多的信息挑战将在本报告对未来研究领域的部分体现。

如上所述，数字媒体是数字经济用户创造和获取的内容。从这个类别来看，本报告中包括数据流服务、互联网出版和互联网广播。流媒体和下载服务都包括基于订阅的服务，这些服务允许对数字内容的无限访问或者对内容的一次性购买，例如，租用和传输单个电影或购买一首歌曲以供下载。网络出版收取费用，让消费者可以获取诸如在线报纸或杂志之类的数字内容。互联网广播收取费用，让消费者可以订阅互联网广播、网络广播或大型电视台在互联网上同时播出的“联播”。估算还包括互联网发布和广播许可，这是发布者通过许可使用他们的内容到其他平台所获得的收入。例如，网站可以播放另一个出版商的内容。主办网站可能需要支付许可费给原始出版商，以获得播放内容的权利。

其他网站向消费者提供免费的数字媒体，但通过广告获得收入。虽然BEA的国民账户确实包括广告收入，但这份报告的估算并不包括这一收入。BEA目前没有识别广告收入与这些网站相关部分所需的数据。

（三）确定数字经济产业，为结论做准备

BEA估算不同行业下数字经济的名义增值、产出、补偿和就业。在识别包含在数字经济中的商品和服务之后，BEA利用供应表来识别制造这些商品和服务的行业。不同行业的数字经济总产值代表了所有行业在所有数字经济产品和服务中所产生的总产出的总价值。数字经济的附加值来源于数字经济行业产出与总行业产出之间的关系。这意味着与数字经济行业产出相关的中间消费的比例被假定为与行业中间消费总额与总行业产出的比例相同。数字经济的补偿和就业是通过与增值一样的过程来实现的。具体而言，一个行业的数字经济产出与总产出的比例被应用于行业的总就业和补偿。

BEA制定了数字经济总量和增值的三个价格和数量指标。第一，总产出指标是来自折算了行业内每个数字商品和服务，在供应表中属于其总产出的一部分。第二，BEA对中间投入的指标是折算了使用表中的所有商品，这些商品在该行业中是作为数字商品和服务生产过程中的中间投入所消耗的。利用进口比例、可比性和假设，分别对国内外的中间投入资源进行压缩。第三，BEA使用双折算方法计算行业增加值的指标，其中实际增加值被计算为Fisher指数框架内实际总产出与实际中间投入之间的差额。

二 结论

GDP衡量的是国家所生产的商品和服务的价值，而不是生产中使用的商品和服务的价值。按行业增加值计算的GDP是衡量一个行业对GDP贡献的指标。根据最初的估计，数字经济是 GDP 增长的引擎。2016 年，美国数字经济占现价美元 GDP 的 6.5%（12092 亿美元）。与美国传统产业或部门相比，数字经济位列第七，排在专业、科学和技术服务之后（见图 3-1）。数据显示，数字经济一直是美国经济的亮点，2006~2016 年以年均 5.6% 的速度增长，而美国整体经济增长率为 1.5%。

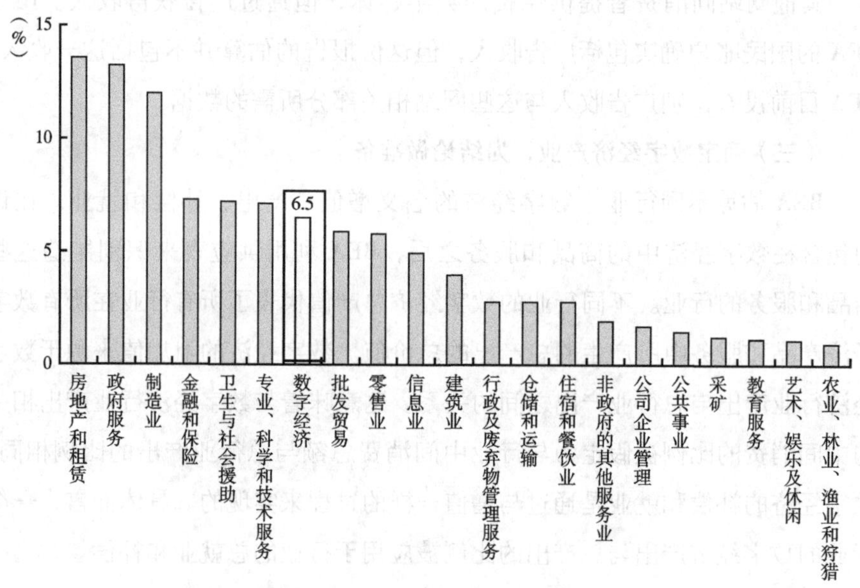

图 3-1　2016 年美国数字经济及其他行业增加值占 GDP 份额

资料来源：美国商务部经济分析局（BEA）。

同年，数字经济支持了 590 万个就业岗位，占总数的 3.9%（见图 3-2）。数字经济行业员工的平均年薪为 114275 美元，而在美国整个经济中，工人的平均年薪为 66498 美元。

2006~2016 年，数字经济一直是美国 GDP 增长的引擎。2016 年，数字经济实际（经通胀调整后）的增加值为 13022 亿美元，比 2005 年增长了 82.2%。2006~2016 年，数字经济年增速均超过经济整体增速，而且缓解了 2008~2009 年经济衰退期间的经济下行压力。2015 年和 2016 年这两年，数字经济增速超过 6%（见图 3-3）。

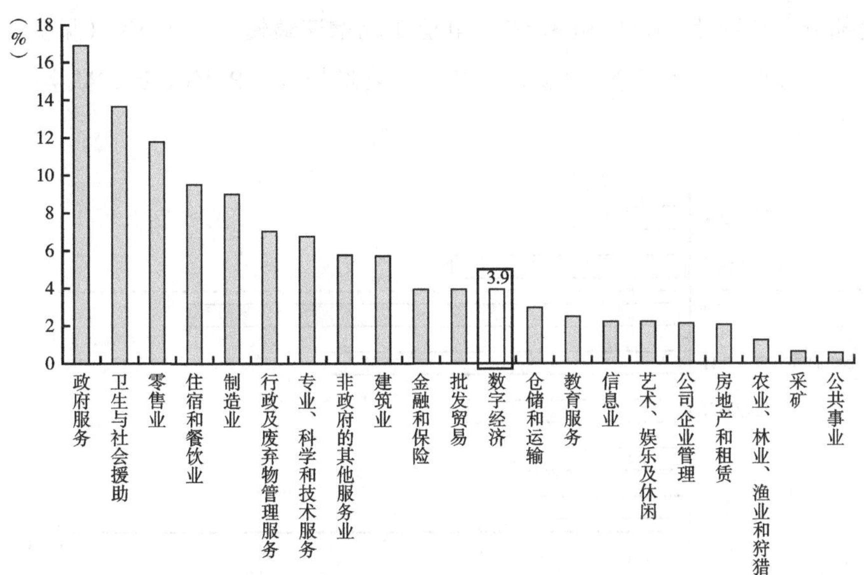

图 3-2 2016 年美国数字经济及其他行业就业人数占就业总人数的比重

资料来源：美国商务部经济分析局（BEA）。

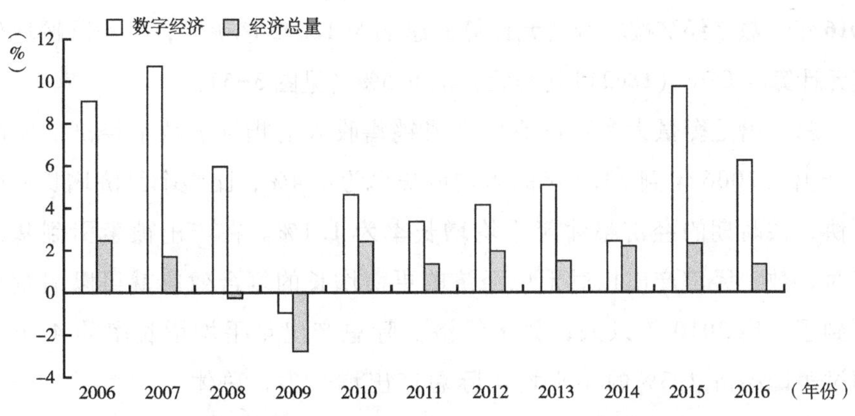

图 3-3 2006~2016 年数字经济增速和国内生产总值增速

资料来源：美国商务部经济分析局（BEA）。

2006~2016 年，数字经济年均增长率为 5.6%，实际 GDP 增长率仅为 1.5%。在数字经济分类中，硬件、电子商务与数字媒体的年均增速超过其他部分，分别为 11.8%和 8.6%。电信年均增速最慢，为 3.6%（见图 3-4）。总体而言，数字商品实际增加值的年均增长率为 9.1%，超过数字服务的 5.0%。

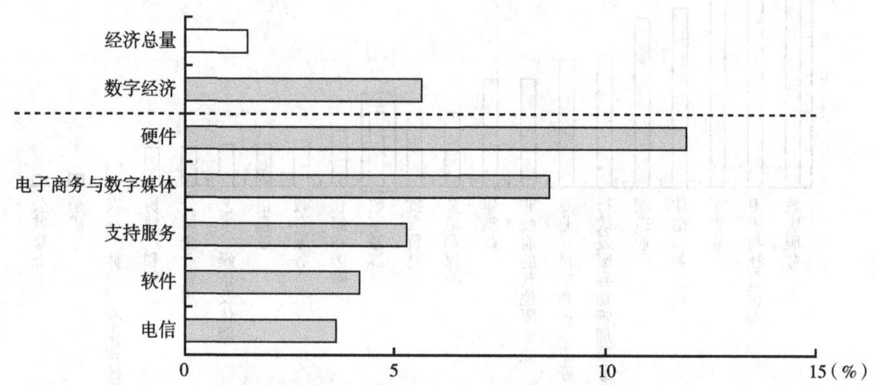

图 3-4　2006~2016 年数字经济不同组成部分实际增加值年均增长率

资料来源：美国商务部经济分析局（BEA）。

2005~2016 年，数字经济现价美元增加值占 GDP 比重平均达到 6.2%。2016 年，数字经济按现价美元计算的总额为 12092 亿美元，占美国按现价美元计算的 GDP（186245 亿美元）的 6.5%（见图 3-5）。

总产出是衡量大多数行业生产或销售收入的指标。数字经济的实际总产出从 2006 年到 2016 年的年均增长率为 4.4%，比整个经济增长速度更快，该时期的经济整体年平均增长率为 1.1%。在产出被索引到基准年时，数字经济产出相对于总经济的更快增长的复合效应就可以清楚地看到了。自 2010 年以来，数字经济实际总产出年平均增长率为 4.9%，超过美国经济 2.3%的年平均实际总产出增长率，总体上扩大了总产出指数之间的距离（见图 3-6）。

2016 年，数字经济相关从业人员达到 590 万人，占总就业人数的 3.9%。在所有数字经济从业者中，88.2%的人员在服务行业工作，比如，从事计算机系统设计和相关服务的达到 187 万人，从事电子商务的达到 98.4 万人，在广播和电信领域工作的人员有 86.9 万人。而在商品

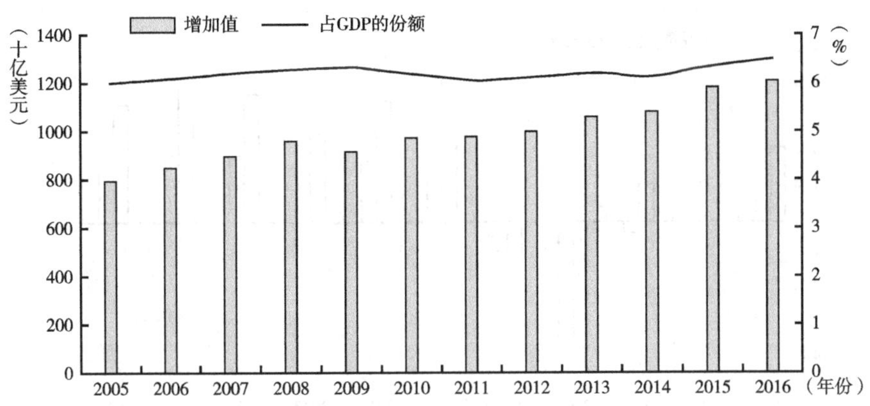

图 3-5　2005~2016 年数字经济现价美元增加值和占 GDP 比重

资料来源：美国商务部经济分析局（BEA）。

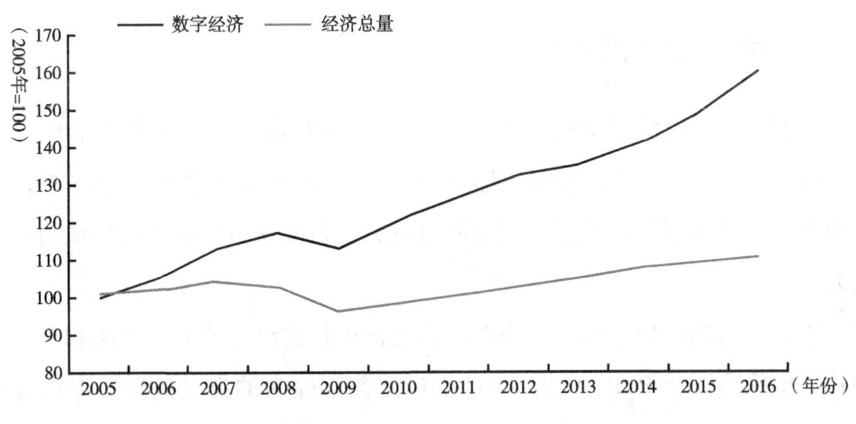

图 3-6　2005~2016 年实际总产出指数

资料来源：美国商务部经济分析局（BEA）。

生产制造方面，计算机和电子产品制造业领域的工作岗位最多，达到 57.2 万个。2011~2016 年，数字经济就业年均增长 3.7%，整体经济就业岗位年均增长仅 1.7%（见图 3-7）。2016 年，数字经济从业人员平均年薪为 114275 美元，而在整个美国经济中，工人的平均年薪为 66498 美元。

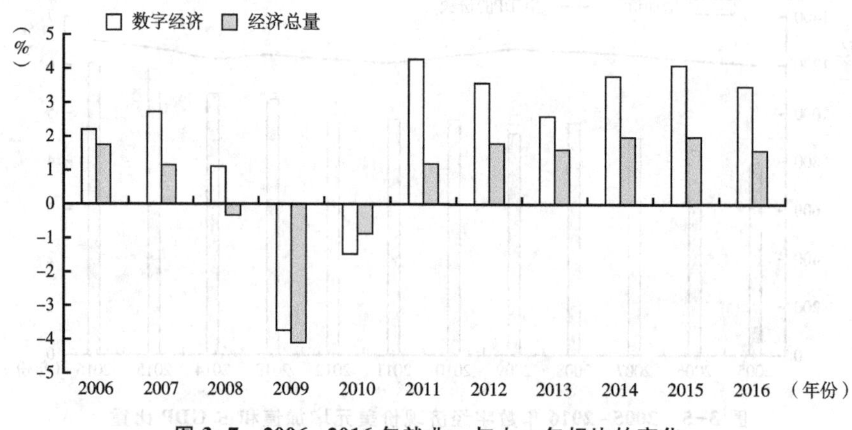

图 3-7　2006~2016 年就业：与上一年相比的变化

资料来源：美国商务部经济分析局（BEA）。

三　未来研究的潜在领域

当前的数字经济估算有助于了解数字经济对整个美国经济的影响。然而，BEA 有机会将这些统计数据扩展成一个全面的数字经济卫星账户，以更全面地反映数字经济对经济增长的贡献。现将未来研究的潜在领域简要讨论如下。

①包括附加的数字商品和服务；②结合更新的统计分类、方法和来源数据；③精确地测量 P2P 交易；④对生产的数字输入的会计处理；⑤估计与数字经济相关的消费者剩余。

（一）包括附加的数字商品和服务

BEA 希望进一步扩大估算，把那些包括数字和非数字成分的商品和服务类别的价值也包括在数字经济中。对于某些类别来说，由于缺少源数据或对于评估一个商品或服务的连接性或其他数字特征尚没有足够的研究证明，所有将产品划分为数字和非数字可能是特别具有挑战性的。BEA 也可能需要数据来划分商品和服务类别在不同数字经济范畴之间的价值。此外，由于数字经济的技术进步速度很快，一些商品和服务种类的权重可能每年都不同。

（二）结合更新的统计分类、方法和来源数据

数字技术的快速发展也带来了其他挑战。数字经济的发展速度比美国和国际上的统计分类标准、方法和来源数据发展得更快。例如，在本报告中使用的2007年基准表的估计和2007年NAICS分类系统，这意味着BEA的估算可能不能完全反映数字经济的状况。随着技术的不断进步，这一挑战可能会加剧。

此外，技术变革的步伐对数字经济产品和服务定价提出了挑战。统计界对数字产品的价格变化问题进行了广泛的评论和研究。BEA积极参与了这一主题的研究，并继续探索新的数据源，以准确测量价格变化，应用于数字经济估算的其他BEA措施中。BEA将继续使用可用的、资源许可的新的分类、方法和数据，用来更新估算。

（三）精确地测量P2P交易

除了难以分离出可归因于数字经济的价值外，适当地测量P2P电子商务对经济的贡献还存在其他挑战。在分享经济中，消费者将自己的私人物品和服务出租给其他消费者。消费者租赁其他人的私人物品，如出行调度的驾车服务和家庭住宿，这就提出了一个问题，BEA应该如何看待某些耐用消费品以及是否将它们认定为严格的最终使用的消费品。P2P交易模糊了生产者和消费者之间的边界问题，并带来了如何将产出与标准NAICS行业中的数字经济区分开来的问题。

此外，业务中间商与相关商品和服务提供者之间的收入共享可能会带来测量误差。根据Airbnb，其收益低至全部交易额的3%，这意味着大多数的总产出流向了私人。这就提出了两个潜在的测量问题：①业务中介机构可能在其收入报告中存在不同（总收入与净收入）；②家庭的运营成本和/或收入可能会误报或不可用。这两个问题的存在将使P2P电子商务的测量工作变得复杂化。

（四）对生产的数字输入的会计处理

数字化已经彻底改变了企业生产、营销、销售、运输商品和服务的方式。越来越多的企业使用数字输入来驱动关键生产活动，包括中间投入的在线采购、物流系统管理、在线广告、内部通信系统（互联网协议语音或VoIP、在线通信、电视会议等），以及财务、业务和客户管理软件。在未来，BEA可能在现有的KLEMS生产框架下，针对生产的数字输入开发一个新的输入类型（K——资本、L——劳动、E——能量、M——材料、S——购买的服务）。针对生产的数字输入的商业使用信息可能对BEA有用，可以用来对包括数字和非数字成分的商品和服务类别进行加权。

（五）估计与数字经济相关的消费者剩余

本报告没有衡量与数字经济产品和服务消费有关的消费者剩余变化。GDP衡量一个时期国内所生产的产品、服务等的市场价值。也就是说，它衡量家庭、企业和政府在最终商品和服务上所花费的金额。这些账户不测量消费者剩余，或者消费者愿意和能够为一种商品或服务支付的价格与他们实际支付价格之间的差额。

在当今社会，过去需要购买的许多服务现在可以在互联网上免费使用。例如，消费者可以使用旅行网站和应用程序快速而轻松地比较机票或住宿的价格，而不是打电话给旅行社或花时间打电话给每家航空公司和酒店。甚至有些商品现在也变成服务。现在不用购买CD或DVD，数字媒体以免费或收费的方式，允许消费者访问或下载内容。维基百科和谷歌改变了人们了解世界和搜索信息的方式。另外，单个智能手机取代了以前消费者单独购买的各种商品，例如照相机、音乐播放器、视频游戏控制台等。数字经济利益相关者在确定这些变化的影响方面非常感兴趣。未来，BEA可能会探讨如何衡量数字经济对消费者福利的影响。

第三节　1997~2017年美国数字经济规模测度情况

2019年，BEA再次发布报告《衡量数字经济：更新2018年产业经济账户基础数据》（Measuring the Digital Economy: An Update Incorporating Data from the 2018 Comprehensive Update of the Industry Economic Accounts），基于

2018 年公布的数字经济测算方法，将美国数字经济规模的测算时间扩展至 1997~2017 年，结果显示，数字经济一直是美国经济增长的亮点。1998~2017 年，数字经济实际增加值年均增长率为 9.9%，整体经济增长率仅为 2.3%。2017 年，数字经济增加值占美国国内生产总值（194854 亿美元）的 6.9%，高于 1997 年的 5.9%。与美国传统行业相比，数字经济排名略低于专业、科学和技术服务，略高于批发贸易（见图 3-8）。

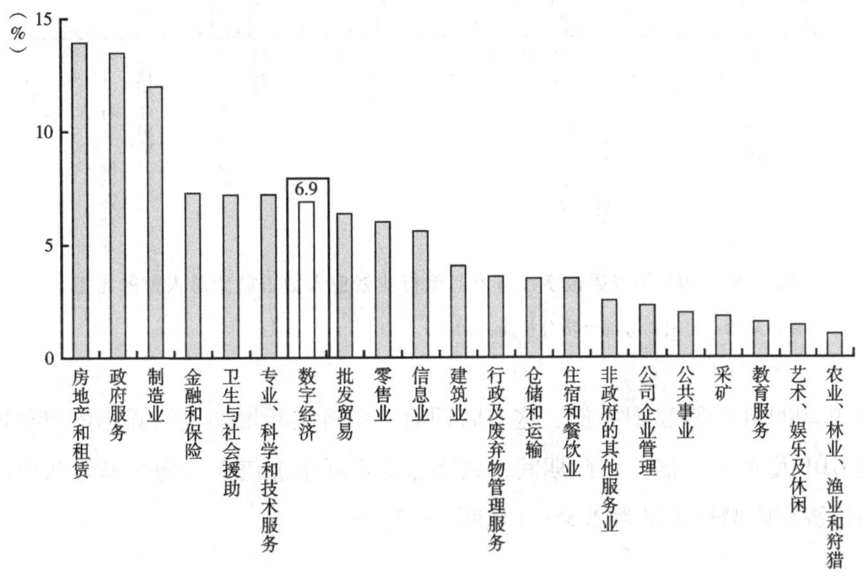

图 3-8 2017 年美国数字经济及其他行业增加值占 GDP 份额

资料来源：美国商务部经济分析局（BEA）。

2017 年，数字经济支持的就业岗位达到 510 万个，占就业总数的 3.3%（见图 3-9）（美国全国就业总数为 1.52 亿人），可与仓储和运输行业相媲美。数字经济领域员工的人均年薪达到 13.22 万美元，远高于全行业人均年薪水平（6.85 万美元）。

1998~2017 年，数字经济是 GDP 的增长引擎。2017 年，数字经济实际增加值总计达到 14835 亿美元，数字经济的增速超过整体经济增速（见图 3-10），并缓解了 2008 年和 2009 年经济衰退期间的下滑。如果不计算 2008

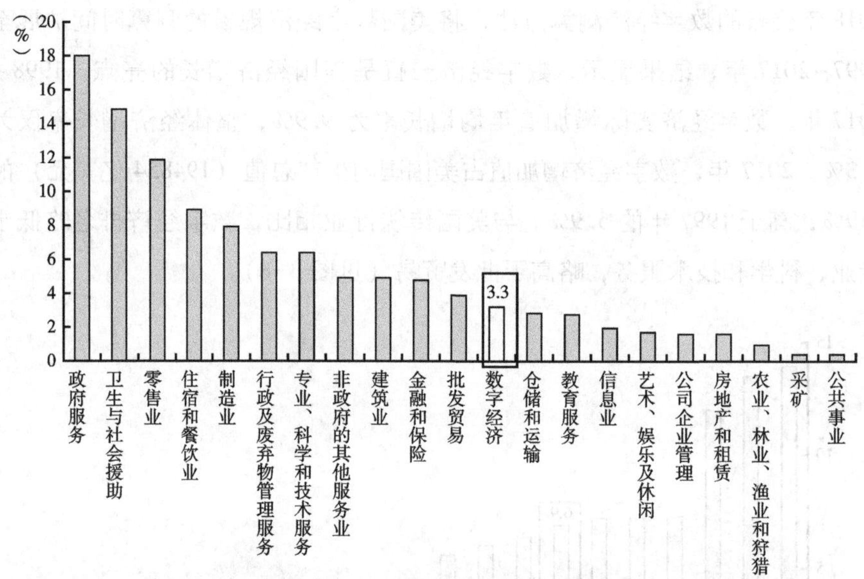

图 3-9　2017 年美国数字经济及其他行业就业人数占就业总人数的比重

资料来源：美国商务部经济分析局（BEA）。

年和 2009 年经济衰退年份，这一时期数字经济实际增加值的同比增速平均是 GDP 增速的 4 倍。在此期间，数字经济实际增加值年均增长率为 9.9%，而经济整体增长率仅为 2.3%（见图 3-11）。

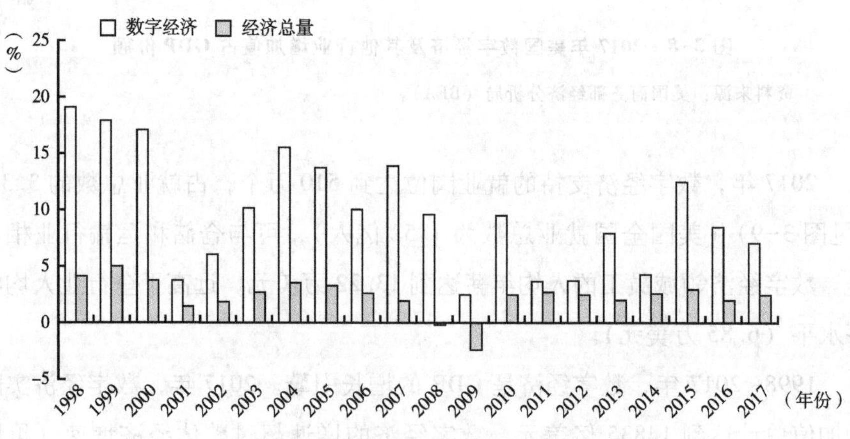

图 3-10　1998~2017 年数字经济增速和国内生产总值增速

资料来源：美国商务部经济分析局（BEA）。

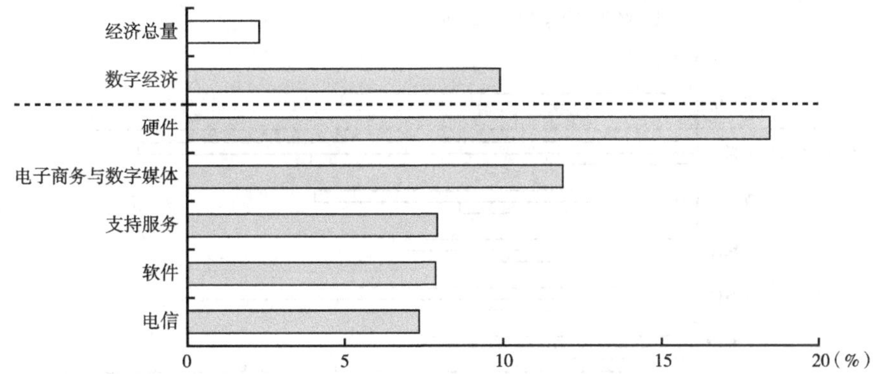

图 3-11　1998～2017 年数字经济不同组成部分实际增加值年均增长率

资料来源：美国商务部经济分析局（BEA）。

在数字经济中，硬件规模增长速度最快，1998～2007 年的年均增长率为 33.6%，2008～2017 年的年均增长率为 5.0%。相较而言，软件和电信业的年均增长幅度较小。软件方面，年均增长率从 1998～2007 年的 9.9%下降至 2008～2017 年的 5.8%，同期，电信业则从 9.4%下降到 5.2%。电子商务与数字媒体的年均增长率更为稳定（1998～2007 年为 12.2%，2008～2017 年为 11.1%）。支持服务是这一时期唯一增长较快的部分，1998～2007 年的年均增长率为 7.0%，2008～2017 年为 8.8%。

2018 年，BEA 公布的 2006～2016 年美国数字经济和整体经济的年均增长率分别为 5.6%和 1.5%，此次修订后，BEA 估计的数字经济实际增加值年均增长率在此期间为 7.8%，估计年均 GDP 增长率仍为 1.5%（见图 3-12）。

1997～2017 年，数字经济现价美元增加值占美国现价美元 GDP 比重年均为 6.1%。数字经济现价美元增加值占 GDP 比重总体呈上升趋势，2017 年为 6.9%，为同期最高。2001 年数字经济增加值下降，这是该期间数字经济增加值唯一同比增长为负（见图 3-13）。1998～2001 年，数字经济增加值价格指数急速下降。2000～2001 年增加值价格指数下降 7.3%。其中，硬件价格指数下降 33.9%，计算机硬件质量快速提高。

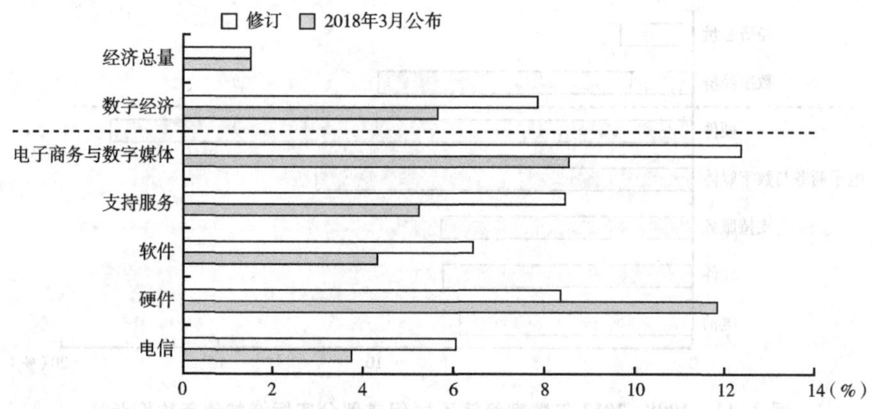

图 3-12　2006~2016 年数字经济不同组成部分实际增加值年均增长率

资料来源：美国商务部经济分析局（BEA）。

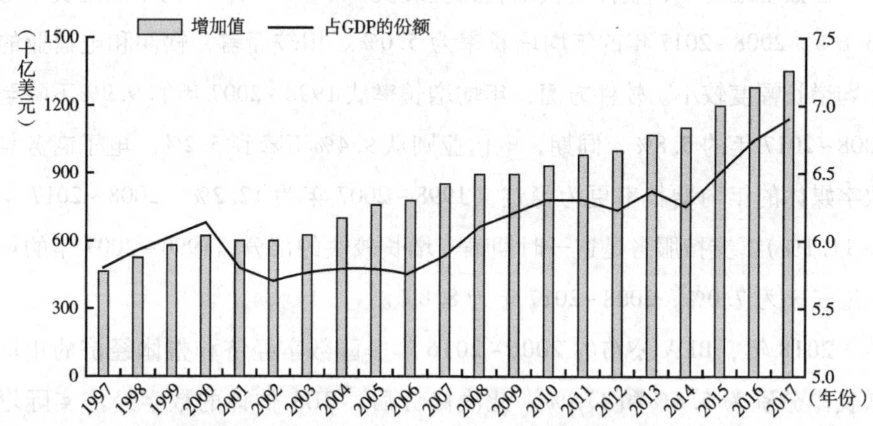

图 3-13　1997~2017 年数字经济现价美元增加值和占 GDP 比重

资料来源：美国商务部经济分析局（BEA）。

1997 年，数字基础设施，或者说硬件、软件和电信业，以及其他支持服务决定了数字经济的体量，这些领域占数字经济现价美元总增加值（5053 亿美元）的 95%（4801 亿美元）。2017 年，数字基础设施增加值为 11434 亿美元，占数字经济现价美元增加值的 84.6%。电子商务与数字媒体从一开始仅占 5%（252 亿美元），经过 20 年的时间，占到 15.4%（2078 亿美元）。

尽管电子商务与数字媒体占到数字经济现价美元增加值的更大份额，但数字基础设施的组成部分也发生了变化。1997 年，电信业占数字经济美元增加值的 40. 7%（也就是 2055 亿美元）。到 2017 年，尽管电信业美元增加值增至 3396 亿美元，但其在整体数字经济中的份额已降至 25. 1%。同样地，硬件的总价值和对数字经济美元增加值的贡献也在不断下降，从 1997 年占总价值的 19. 8%（1003 亿美元）下降至 2017 年仅占 7. 1%（963 亿美元）。支持服务和软件，作为数字基础设施另外两个组成部分，与 1997 年相比，2017 年对数字经济美元增加值的贡献更大，支持服务增长至 34. 7%，软件增长至 17. 7%（见图 3-14）。

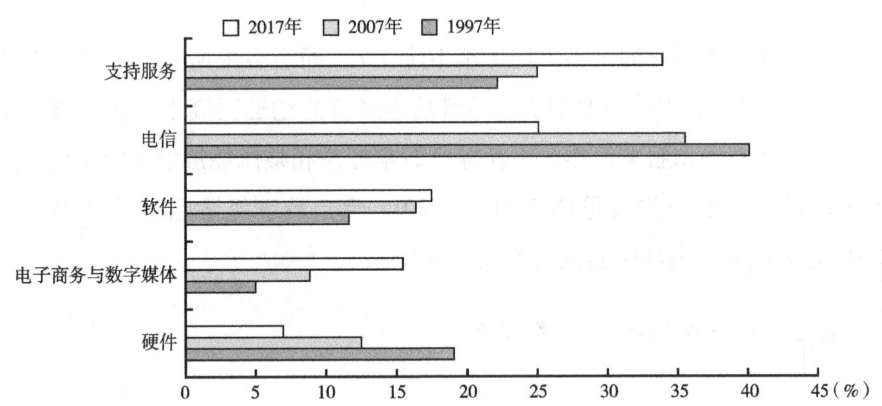

图 3-14　数字经济分领域现价美元增加值和占数字经济美元增加值比重

资料来源：美国商务部经济分析局（BEA）。

总产出是衡量大多数行业销售或生产收入的指标。1997～2017 年，数字经济实际总产值年均增长 6. 3%，高于经济总量 2. 1%的年均增速。当产出与基年挂钩的时候，可以清楚地看出数字经济相对于整体经济的产出增长更快。在经历了 2008～2009 年的经济衰退后，数字经济总产出的增长速度继续超过整体经济（见图 3-15）。自 2010 年以来，数字经济实际总产值年均增长 2. 5%，超过美国整体经济实际总产值的年均增长率（1%）。

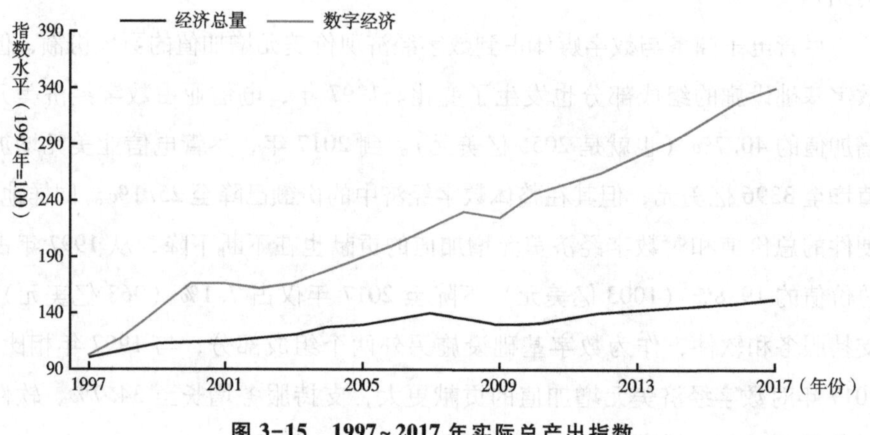

图 3-15　1997~2017 年实际总产出指数

资料来源：美国商务部经济分析局（BEA）。

数字商品和服务的价格平均每年下降 1%，而经济中所有商品和服务的价格均以 1.6%的年均速度增长。尽管数字经济的增速要高于整体经济的增速，但数字商品和服务价格的下跌导致数字经济和整体经济中现价美元的总产出增长更接近一些（见图 3-16）。2017 年，数字经济名义总产出达到 2.05 万亿美元，占美国名义总产出的 6.0%。

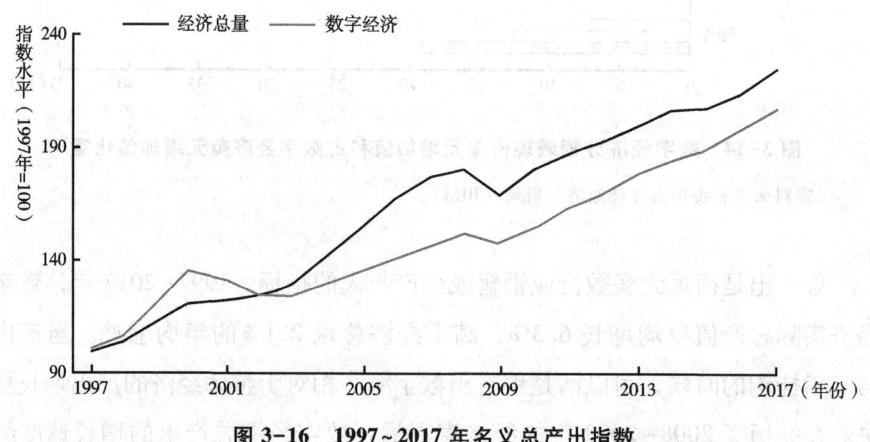

图 3-16　1997~2017 年名义总产出指数

资料来源：美国商务部经济分析局（BEA）。

第四节　2005~2018年美国数字经济规模测度情况

2020年8月，BEA再次发表了《新数字经济估算》（New Digital Economy Estimates），对2018年的测算方法进行了更新，因为2018年的方法没有计算“部分数字化”的商品和服务，即数字和非数字混合的商品和服务。此次新报告扩大了对数字经济估算的覆盖范围，包括零售和批发电子商务项目，并介绍了如何测量云服务。基于最新的方法，BEA重新揭示了2005~2018年美国数字经济的发展状况。

此次报告，BEA对数字经济的组成部分进行了新的界定：①计算机网络存在和运行所需的数字化基础设施；②进行数字交易所使用的系统（电子商务）；③数字经济用户创建和访问的内容（数字服务，包括数字媒体和云服务）。

此次统计结果显示，数字经济增长依然强劲，是经济增长的主导力量之一。与美国传统产业或部门相比，数字经济在国民经济中的地位比较靠前。2018年，数字经济增加值占现价美元GDP的9.0%（18493亿美元）。与美国传统产业或部门相比，数字经济增加值占GDP的比重排在制造业之后，制造业增加值占现价美元GDP的11.3%（23212亿美元），数字经济略高于金融和保险业，后者占现价美元GDP的7.6%（15673亿美元）（见图3-17）。

数字经济的规模不断扩大，在经济中占据越来越重要的地位。2006~2018年，数字经济从9484亿美元增长到1.8493万亿美元，数字经济增加值占GDP的比重也从7.3%上升至9.0%（见图3-18）。最近几年来，数字经济增长相对强劲。2006~2018年，数字经济实际增加值年均增长6.8%，超过整体经济增长率。从实际总产出指数看，从2005年到2018年，数字经济的实际产出年增长率为5.2%，高于经济总量年平均增长率1.5%。

2018年，数字经济支持了880万个就业岗位，占美国就业总量（1.547

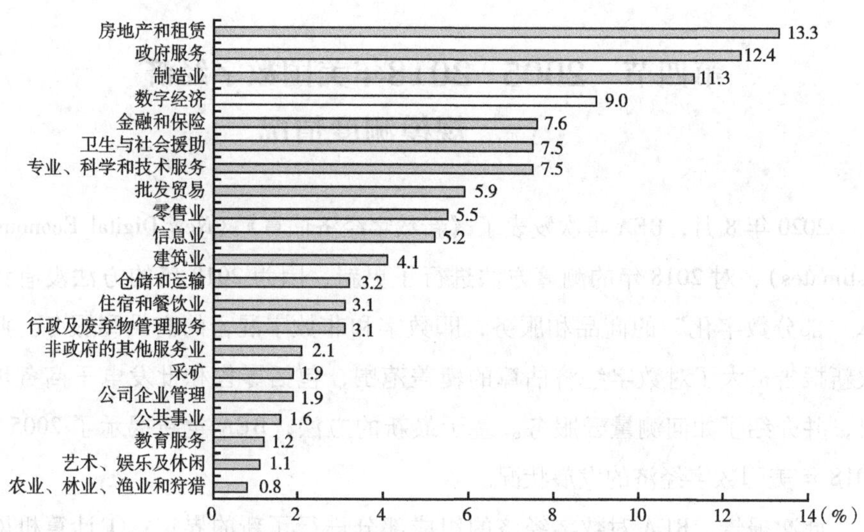

图 3-17　2018 年美国数字经济及其他行业增加值占 GDP 份额

资料来源：美国商务部经济分析局（BEA）。

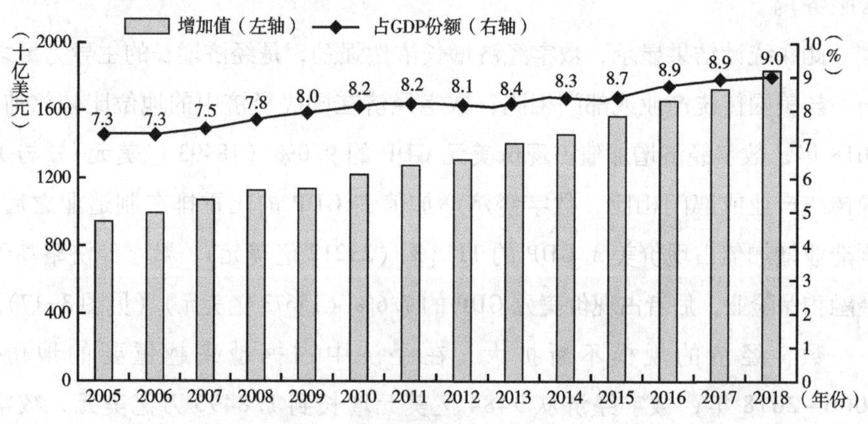

图 3-18　2005~2018 年美国数字经济增加值及占 GDP 份额

资料来源：美国商务部经济分析局（BEA）。

亿个就业岗位）的 5.7%。数字经济支持的就业岗位比建筑业和非政府的其他服务业还要多（见图 3-19）。在数字经济领域工作的员工平均年薪为 105473 美元，而在整个美国经济中，员工的平均年薪为 70858 美元。

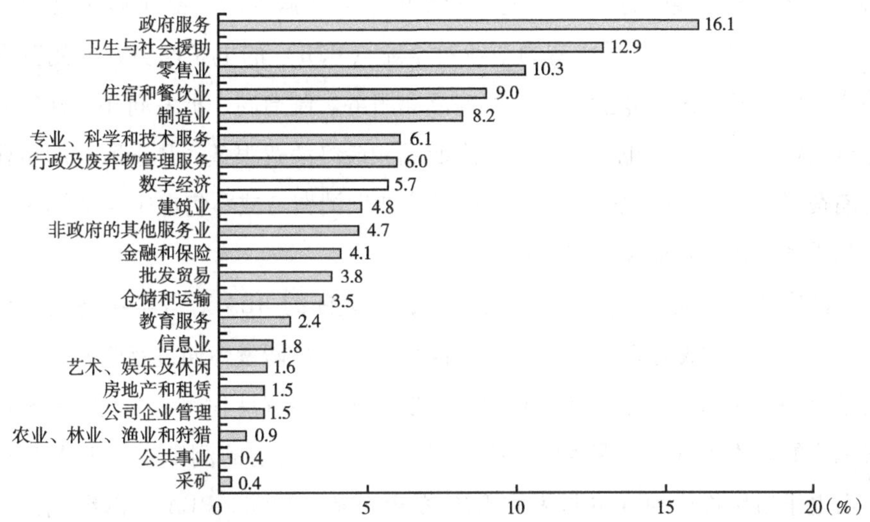

图 3-19　2018 年美国数字经济及其他行业就业人数占就业总人数的比重

资料来源：美国商务部经济分析局（BEA）。

为进一步促进测算的可比性，BEA 修改了数字经济测算的结构，虽然数字经济总体范围及其定义与 2018 年 3 月最早发布的报告相比没有改变。但 BEA 正在不断扩大数字经济测算的覆盖范围，旨在更准确地反映数字经济的规模。具体每个组成部分的情况如下。

• 基础设施：由支持计算机网络和数字经济存在和使用的基本物理材料和组织安排组成，主要是 ICT 产品和服务。目前的测算几乎全面包含硬件，也就是构成计算机系统的制造物理元件（包括但不限于显示器、硬盘驱动器和半导体），还包括通信产品和视听设备产品；几乎全面包含软件，也就是个人计算机和商业服务器等设备使用的程序和其他操作信息，既包括商业软件和开发的软件，也包括企业内部自用的软件；但尚未包含建筑物，也就是创造数字经济商品或提供数字经济服务的建筑物，建筑物还包括为数字产品提供支持服务的建筑物，比如数据中心、半导体制造厂、光缆、交换机、中继器设施等。

• 电子商务：一种远程销售产品、货物或服务的模式，通过在计算机网络上发起订单和接受订单而实现。通过电子商务购买的产品也被称为“数字订购”。具体包括几乎所有的企业对企业（B2B）的电子商务，使用互联网或其他电子方式在企业之间购买商品和服务。制造商、批发商和其他行业通过企业间和企业内电子商务来生产商品和最终消费服务。几乎所有的企业对消费者（B2C）的电子商务，也就是企业向消费者或零售电子商务销售商品和服务，使用互联网或其他电子方式。

此次统计扩大了电子商务的覆盖面，在之前的 BEA 对数字经济的统计中，电子商务的覆盖范围有限。电子商务产出通常衡量为通过互联网或其他电子市场销售的数字订购商品和服务的批发或零售贸易利润率。利润等于在线销售的总收入减去商品和服务的生产成本。在之前的测算中，BEA 包括来自电子市场机构的 B2B 批发和 B2C 零售交易的利润。BEA 还以经纪人费用的形式包括一些非保证金产出，以连接买卖双方的经纪人。BEA 使用美国人口普查局的调查数据，通过将 B2C 和 B2B 电子商务在整个美国经济中的价值包括在内，在最新的一组估计中扩大了电子商务的覆盖范围。

BEA 使用年度零售贸易调查（ARTS）数据来扩大 B2C 电子商务在数字经济估计中的覆盖范围，以包括经济中所有类型的网点或商店的零售电子商务。BEA 使用了三位 NAICS 级别的零售电子商务销售额和零售总额的 ARTS 数据来计算电子商务销售额的份额。这些比例适用于来自 BEA 行业账户的所有网点类型的零售贸易保证金项目的价值。

对于 B2B 电子商务，BEA 使用了年度批发贸易调查（AWTS）的数据。AWTS 测算了商户批发贸易电子商务销售额和商户批发贸易总销售额。使用与计算 B2C 电子商务相同的方法，BEA 计算了所有可用数据年份的 NAICS 级别的三位数批发贸易电子商务销售额份额。这些比例适用于所有批发活动的 BEA 行业账户的批发贸易利润产出。

此前，BEA 发布了对电子商务和数字媒体作为数字经济组成部分的测算。在 2019 年 4 月发布的先前结果中，BEA 估计 2017 年电子商务与数字媒体的现价美元总产出为 3156 亿美元。回想一下，这两个类别的覆盖范围是有限的。随着使用 ARTS 和 AWTS 数据扩大覆盖范围，BEA 现在估计 2017

年 B2C 电子商务的现价美元总产值为 2315 亿美元，B2B 电子商务的现价美元总产值为 5523 亿美元；这些加在一起是之前对电子商务与数字媒体的测算两倍多。

此外，这次更新还对有价数字服务部分进行了测算。有价数字服务与计算和通信有关，并且向消费者收取费用。此外，此类别还包括支持数字经济的服务，例如计算机维修服务和数字咨询服务。BEA 的定价数字服务部分主要包括如下几个。

• 云服务（定价）：基于一组计算资源的计算服务，可以灵活、弹性、按需的方式访问，管理工作量低，包括远程和分布式托管、存储、计算和安全服务。此次测算已经几乎将云服务定价情况全面包括在内，使用了其他的数据来源，比如经济普查中的数据，以及 Statista 数据库中的技术市场展望（Technology Market Outlook）板块中的数据。

• 数字中介服务（有价）：通过数字平台提供交易的两个独立方的信息并成功匹配的服务，以换取明确的费用。这些平台的输出通常包括生产者和（或）消费者支付的费用。这部分还没有单独计算出来，正在进行相关工作。

• 所有其他定价的数字服务：所有其他购买的数字服务（不包括云计算和数字中介服务），几乎全面包含。

为了测算云服务的价值，BEA 使用了经济普查产品线的数据（见表 3-2）、Statista 对云服务收入的估算以及 BEA 的数据。云服务分布在多个 BEA 项目代码中，其中还包括非云服务。为了准确测算云服务的价值，BEA 需要确定要包含的每个相关项目代码的部分。经济普查按行业发布各种产品线的总收入。

表 3-2 付费云服务的经济普查产品线

产品线	描述
34930	应用服务提供,有或者没有相关服务的集成
36120	网站托管服务,集成或不集成相关服务
36130	搭配服务
36140	数据存储服务

续表

产品线	描述
36150	数据管理服务
36160	视频和音频流服务
36170	其他数据处理或 IT 基础设施配置服务
35220	信息和文件转换服务

经济普查每 5 年进行一次，2012 年的数据是目前可获得的最新数据。BEA 确定了在 2002 年、2007 年和 2012 年经济普查数据中选定产品线提供收入的行业（见表 3-3）。云服务产品线的收入按与 BEA 商品项目列表相对应的最精细的详细级别为每个行业进行汇总。

表 3-3　经济普查中有云服务收入的行业

NAICS 代码	行业名称
511210	软件发行商
518210	数据处理、托管和相关服务
5191301	互联网出版与广播
5191302	网络搜索门户
5414	专业设计服务
541511	定制计算机编程服务
541512	计算机系统设计服务
541513	电脑设施管理服务
541519	其他计算机相关服务

在具体计算过程中，2002～2007 年的经济普查年以及 2007 年和 2012 年人口普查年期间，BEA 进行了插值计算法以填充按行业划分的云服务收入和按行业划分的总收入的值。从 2013 年到 2019 年，BEA 使用 Statista 的技术市场展望中关于美国云服务市场收入的数据来推断根据 2012 年经济普查估计的云服务收入。然后，BEA 计算了云服务收入占所有拥有云服务收入的行业的总收入的比例，并将该比例计算为 BEA 的总产出。

BEA 测算，以现价美元计算的云服务总产出在 2018 年为 1100 亿美元（见图 3-20），在 2005～2018 年年均增长率为 9.8%。

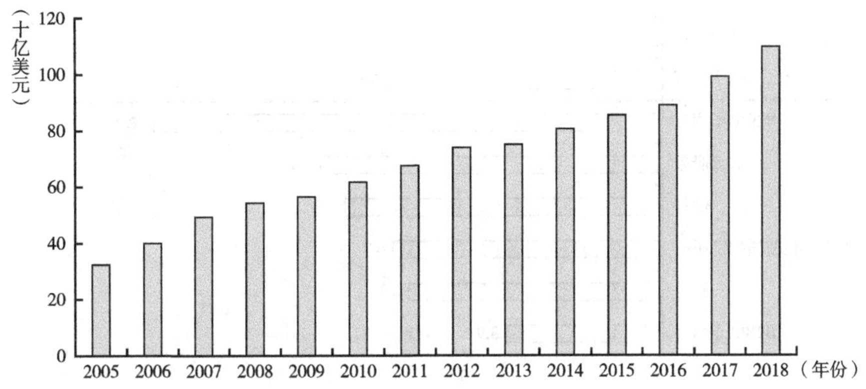

图 3-20 2005~2018 年美国云服务支付额（按现价美元货币计价）

资料来源：美国商务部经济分析局（BEA）。

2018 年，包括云服务（3.7%）和所有其他收费数字服务（47.5%）在内的数字定价服务增加值占数字经济增加值的一半以上。电子商务由 B2B 电子商务（16.8%）和 B2C 电子商务（8.3%）组成，约占数字经济的 1/4，而由软件（13.4%）和硬件（10.1%）组成的基础设施则占了其余部分（见图 3-21）。

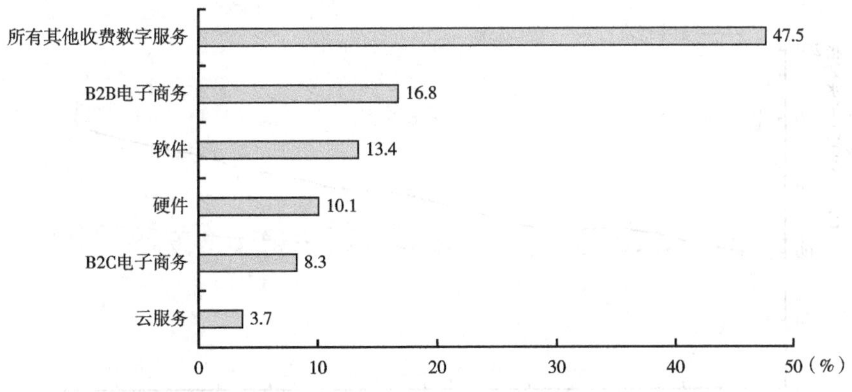

图 3-21 2018 年数字经济的组成部分（按现价美元增加值）

资料来源：美国商务部经济分析局（BEA）。

从增长率来看，2006~2018 年，B2C 电子商务的年均增长率最高，为 12.7%，其次是云服务（8.5%）和硬件（7.9%），B2B 电子商务增长得最慢，为 3.9%。在此期间，数字经济的所有组成部分的增长率都快于整体经济增长率（见图 3-22）。

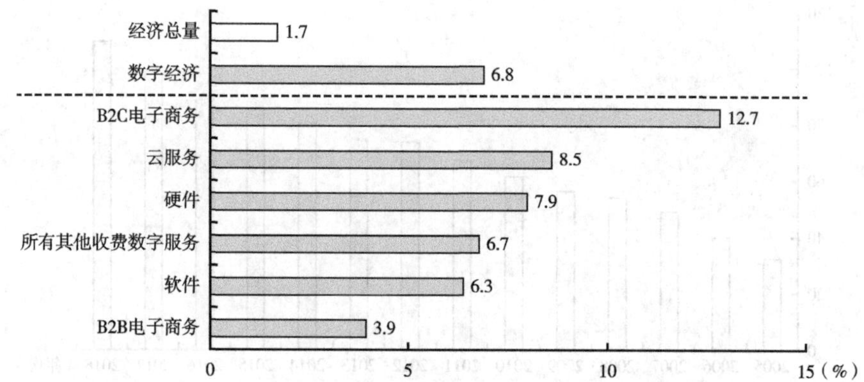

图 3-22　2006~2018 年数字经济的组成部分实际增加值年均增长率

资料来源：美国商务部经济分析局（BEA）。

就总产出指数而言，总产出是衡量大多数行业销售或生产收入的指标。2005~2018 年，数字经济实际总产值年均增长 5.2%，高于经济总量 1.5% 的年均增速。当产出以基年为指数时，数字经济相对于整体经济的更快产出增长的复合效应从图 3-23 中两条线的背离中可以清楚地看出。

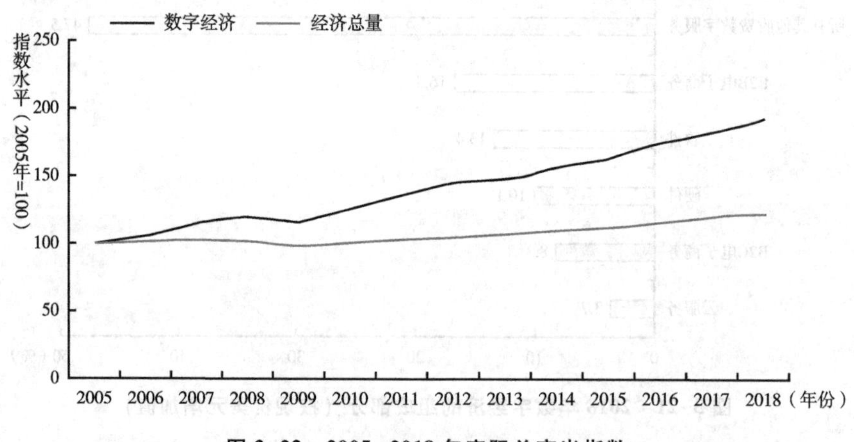

图 3-23　2005~2018 年实际总产出指数

资料来源：美国商务部经济分析局（BEA）。

基于 BEA 的最新估算方法，美国数字经济在 2005~2018 年增长相对强劲，在国民经济中占据越来越重要的位置。

第五节　2005~2019年美国数字经济规模测度情况

2021 年 6 月，美国商务部经济分析局发布《更新的数字经济估算》报告。本报告将评估时间扩展到 2019 年，并纳入美国人口普查局用于估计电子商务和云服务的最新基础数据。此外，还为定价数字服务提供了更多详细信息，以使数据用户更深入地了解构成此数字经济类别的服务。数字经济第一次以购买者的价格而不是生产者的价格来估价。

报告显示，2019 年美国数字经济规模近 2.1 万亿美元，占 GDP 的比重为 9.6%，同比增长 5.2%，远高于 GDP 的增速（2.2%）。2005~2019 年，美国数字经济年均增长 6.5%，远高于 GDP 年均增速（1.8%）。与美国传统行业或部门相比，数字经济增加值占 GDP 比重略低于制造业的 10.9%（23458 亿美元），高于金融和保险业的 7.8%（16658 亿美元）（见图 3-24）。

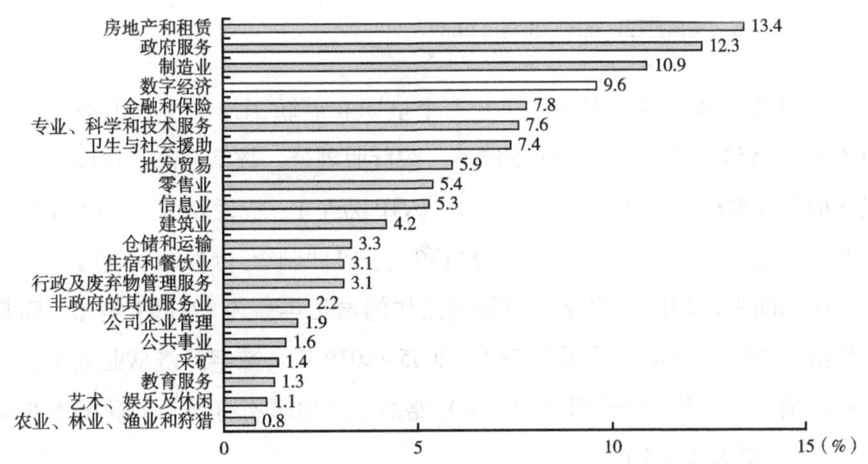

图 3-24　2019 年美国数字经济及其他行业增加值占 GDP 份额

资料来源：美国商务部经济分析局（BEA）。

2005~2019 年，数字经济在经济总量中的份额不断扩大。2005 年，数字经济占整体经济的比重为 7.8%（按现价计算为 10158 亿美元）。2005~2019

年，数字经济的实际增加值（调整通货膨胀后的美国国内生产总值）的年均增长率为 6.5%，而整体经济增长率为 1.8%。这一趋势在 2019 年延续，数字经济的实际增加值增长 5.2%，而整体经济增长 2.2%（见图 3-25）。

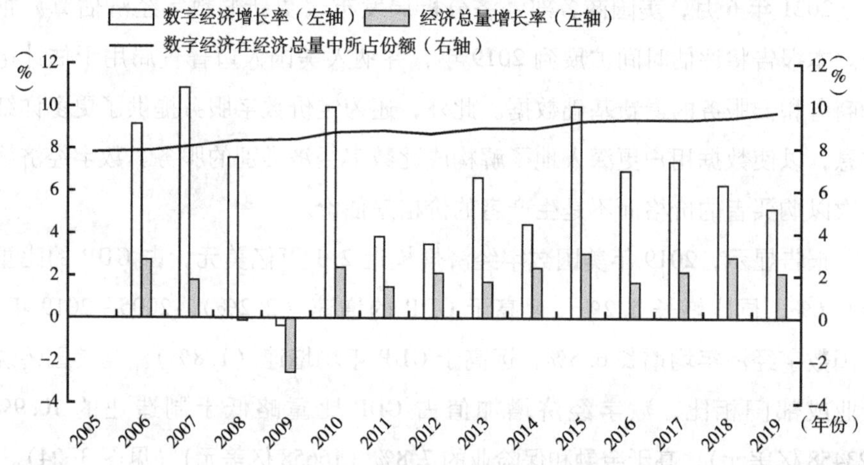

图 3-25　2005~2019 年美国数字经济增长率及占 GDP 的份额

资料来源：美国商务部经济分析局（BEA）。

2019 年，数字经济支持了 770 万个全职和兼职工作岗位，占美国总就业人数（1552 亿个工作岗位）的 5%。按行业划分，数字经济工作岗位数量最多的是计算机系统设计和相关服务（210 万个）、批发贸易（180 万个）、广播和电信（74.3 万个）以及计算机和电子零件制造（68.3 万个）。

平均而言，2019 年数字经济领域工作的员工年薪为 131609 美元，而整体经济为 73665 美元（见图 3-26）。2005~2019 年，数字经济从业人员的平均薪酬增长率（年均增长率为 3.1%）略高于该地区所有员工的薪酬增长率（年均增长率为 2.7%）。

正如预期的一样，硬件和电信服务增加值占数字经济的份额随着时间的推移而下降，主要是因为这些项目的价格随着技术变革而下降，并且随着依赖新技术的其他数字经济组件的增长而下降。2005 年，电信服务增加值占所有数字经济现价美元增加值的近 1/3。到 2019 年，这一比例稳步下降至 20.2%。而软件、电子商务、互联网和数据服务的总体趋势显示，这一比例

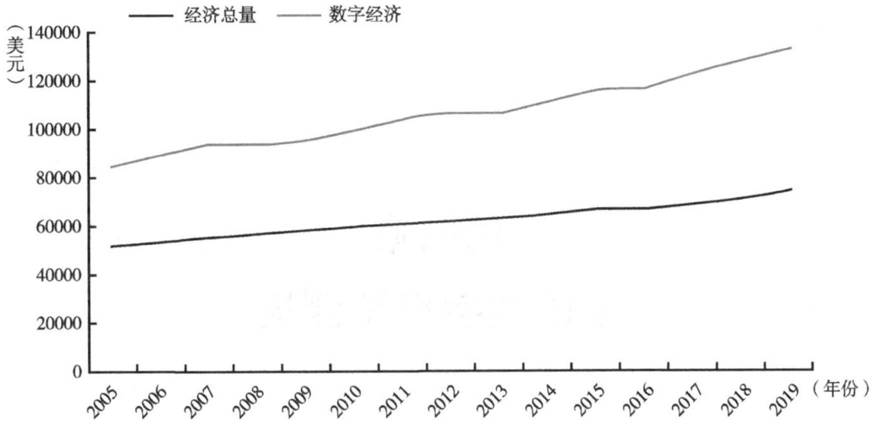

图 3-26　2005~2019 年数字经济从业人员和所有从业人员的平均薪酬

资料来源：美国商务部经济分析局（BEA）。

正在上升。2019 年软件占当前数字经济美元增加值的 23.0%，而 2005 年这一数据仅为 17.7%（见图 3-27）。

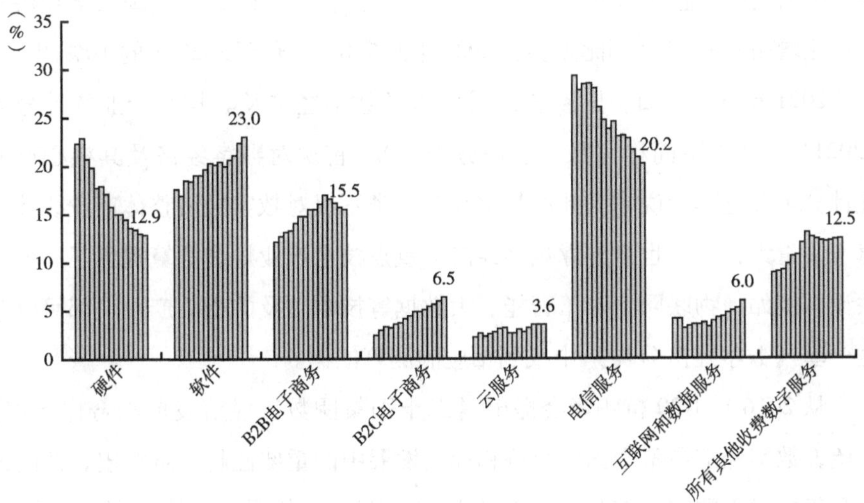

图 3-27　2005~2019 年数字经济组成部分增加值占数字经济现价美元增加值的份额

注：每个行业对应 15 条柱状图，15 条柱状图从左到右依次代表 2005 年、2006 年、……、2019 年的数据。

资料来源：美国商务部经济分析局（BEA）。

第四章
中国数字经济测度

近年来，数字经济在全球经济发展中的地位不断提升，数字经济的发展水平和规模测算问题受到各界高度关注。中国“十四五”规划纲要将“加快数字化发展　建设数字中国”单列成篇，并首次提出数字经济核心产业增加值占国内生产总值（GDP）比重这一新经济指标，明确要求我国数字经济核心产业增加值占 GDP 的比重要由 2020 年的 7.8%提升至 2025 年的 10%。[①]

2021 年 6 月 3 日，国家统计局发布《数字经济及其核心产业统计分类（2021）》（以下简称《数字经济分类》），首次对数字经济及其核心产业统计分类做出详细说明。此次数字经济分类不仅对数字经济整体产业统计测算意义重大，同时也给支撑数字经济的重点技术产业规模测算提供了一套方法论，例如，物联网、人工智能、大数据等技术涉及的相关产业，都可以在这一套《数字经济分类》中找到相应的测算依据。

从 2016 年 G20 杭州峰会提出《二十国集团数字经济发展与合作倡议》开始，数字经济在整个国民经济和社会发展中的重要性越来越突出，然而过去几年中对于数字经济的测算尚未形成一套标准体系。本次《数字经济分类》发布意义重大，弥补了这方面的空白，使得业界对于数字经济发展的判断有了权威标准。

① 鲜祖德、王天琪：《中国数字经济核心产业规模测算与预测》，《统计研究》2022 年第 1 期。

第一节　中国数字经济发展现状

2021年10月18日，习近平总书记在主持中共中央政治局第三十四次集体学习时强调，“近年来，互联网、大数据、云计算、人工智能、区块链等技术加速创新，日益融入经济社会发展各领域全过程，各国竞相制定数字经济发展战略，出台鼓励政策，数字经济发展速度之快、辐射范围之广、影响程度之深前所未有，正在成为重组全球要素资源、重塑全球经济结构、改变全球竞争格局的关键力量”。近年来，我国高度重视发展数字经济，各领域取得非凡成就，本节详细介绍我国数字经济各细分领域发展现状，为全面理解我国数字经济发展水平提供参考。

一　数字基础设施逐步实现高速、泛在、互联

（一）固定宽带和移动宽带覆盖率、网速双提升

工信部2021年通信业统计公报显示，2021年，我国新建光缆线路长319万公里，全国光缆线路总长度达5488万公里，百兆及以上接入速率的用户为4.98亿户，全年净增6385万户，占总用户数的93%，千兆及以上接入速率的用户为3456万户，比上年末净增2816万户，用户固定宽带服务质量得到保障和支撑。4G基站数达590万个，移动互联网接入流量达2216亿GB，比上年增长33.9%。据中国互联网络信息中心（CNNIC）统计，截至2021年底，我国网民规模达到10.32亿，互联网普及率达到73.0%，使用手机上网的比例达99.7%，手机是上网的主要设备。

（二）5G网络加速布局，6G研发全面启动

2021年，我国新增5G基站超过65万个，累计达到142.5万个，目前已建成全球规模最大、技术最先进的5G独立组网网络，已覆盖全部地级市、超过98%的县城城区和80%的乡镇镇区，我国5G终端用户数占全球5G终端用户数的80%以上，5G应用创新案例涉及工业、医疗、教育、交通等多个行业，总数超过1万个。2019年6月，工信部牵头成立IMT-2030

(6G) 推进组，该组成员包括三大运营商、通信设备制造商、高校和研究机构等产学研用各方力量，标志着我国 6G 研发正式启动。同年 11 月，科技部牵头成立国家 6G 技术研发推进工作组和总体专家组。2021 年 6 月，IMT-2030 (6G) 推进组发布《6G 总体愿景与潜在关键技术白皮书》，仍将 6GHz 及以下频段的新频谱视为 6G 发展的战略性资源。2021 年 4 月，国家知识产权局发布的《6G 通信技术专利发展状况报告》显示，全球 6G 通信网络技术申请总量为 3.8 万件，中国占据了 1/3 的份额。目前，我国众多企业，包括三大运营商、华为、中兴等都在进行 6G 研发。

（三）IPv6部署稳步有序推进

自 2017 年中共中央办公厅、国务院办公厅印发《推进互联网协议第六版 (IPv6) 规模部署行动计划》以来，我国 IPv6 发展显著加速。截至 2021 年底，我国三大基础电信企业的骨干网、LTE 移动网和数据中心设备已全部支持 IPv6，国内 95%的内容分发网络（CDN）节点支持 IPv6，基础设施支持 IPv6 的能力大幅提升，IPv6 活跃用户数增长到 6.08 亿，占我国全部网民数的 60%以上。在中央部委和省级政府网站、中央重点新闻网站、中央企业网站、双一流大学网站主页 IPv6 可访问的网站数占比分别为 96%、100%、82%和 86%，国内用户量排名前 100 的商业互联网应用全部可以通过 IPv6 访问。目前我国推进 IPv6 规模部署各项工作都在稳步有序进行，整体发展局势向好。

（四）卫星互联网

我国卫星互联网建设发展迅速，卫星规模化研制生产业已启动。2020 年 9 月，北京九天微星科技发展有限公司卫星智能智造工厂开工，是作为卫星互联网纳入“新基建”的首个项目。2021 年 2 月，银河航天联合新浪微博推出以“跨越宇宙的告白”为主题的节日活动，本次活动通过银河航天首发星为用户提供预约发送微博服务，这也是中国宽带卫星互联网首次向所有公众开放。2022 年 3 月 5 日，西昌卫星发射中心用长征二号丙运载火箭，成功将我国首次批量研制的 6 颗低轨宽带通信卫星——银河航天 02 批批产卫星送入预定轨道，验证了我国具备建设卫星互联网巨型星座所必需的卫星低成本、批量研制以及组网运营能力。

二　数字产业发展态势向好

（一）传统数字产业发展持续向好

我国传统数字产业包括电子信息制造业、软件业、互联网和相关服务业，这些产业在2021年均表现出良好的发展势头，是带动我国经济发展的“助推剂”。2021年，我国电子信息制造业增加值和出口交货值实现两位数增长，实现利润高速增长。《2021年电子行业运行监测报告》显示，2021年规模以上电子信息制造业增加值同比增长15.7%，增速较工业高6.1个百分点。除医疗制造业以外，2021年5月以来，电子信息制造业增加值当月增速均在其余30个制造业大类中排名第一。软件业务收入整体呈增长趋势，增速有明显波动，2021年达近五年来最高值。2021年，全国软件和信息技术服务业规模以上企业超过4万家，累计完成软件业务收入94994亿元，同比增长17.7%。互联网和相关服务业发展态势平稳向好。2021年，我国规模以上互联网和相关服务企业完成业务收入15500亿元，同比增长21.2%，增速比上年加快8.7个百分点，特别是提供生活服务、网络销售服务的平台企业收入保持平稳较快增长。

（二）新兴数字产业蓬勃发展

2021年3月，我国“十四五”规划纲要出台，提出“打造数字经济新优势”的建设方针，并强调了人工智能、大数据、区块链、云计算等新兴数字产业在提高国家竞争力上的重要价值。我国人工智能产业正从发展期向成熟期过渡，除AI芯片外的细分技术赛道产业已跨过高速增长期，步入稳步增长阶段。2021年，人工智能预计达到1998亿元规模，2026年或将超6000亿元。大数据产业取得积极进展，“十三五”时期，我国大数据产业年均复合增长率超过30%，2020年产业规模超过1万亿元人民币。区块链自2019年被作为核心技术重点突破以来，2020年之后发展突飞猛进，截至2020年底，全国共有18个产业发展基金，总规模超过450亿元。云基础设施服务市场发展强劲，2021年增长45%，达到274亿美元，阿里云、华为云、腾讯云、百度AI云四大云供应商共占全国80%的市场份额，Canalys预计，到 2026 年，我国云基础设施市场规模将达到 850 亿美元，五年年均复合增长率为 25%。

（三）数据交易所迎来发展机遇

2020 年 4 月，《中共中央　国务院关于构建更加完善的要素市场化配置体制机制的意见》发布，提出加快培育数据要素市场，随后各地迎来大数据交易市场建设热潮，在数据定价、交易标准等方面进行了有益的探索。2021 年 3 月，北京国际大数据交易所成立，采用“数据可用不可见，用途可控可计量”新型交易范式，目前已入驻 100 多家单位。2021 年底，上海数据交易所在浦东新区揭牌成立，首批签约“数商”为 100 家，登记挂牌的数据产品为 20 个。2021 年 12 月 17 日，西部数据交易中心在重庆江北区正式成立，并达成首笔交易。随着数据交易类型的日益丰富、交易环境的不断优化、交易规模的持续扩大，我国数据变现能力显著提高。2019～2021 年我国数据交易市场规模呈现快速增长趋势，2021 年数据交易市场规模达 463 亿元。On Audience 平台统计显示，中国数据市场增长速度在全球领先，2021 年增长率预估在 35%，但同时也要注意到，我国数据市场规模基数较小，仅为美国的 23%。

三　产业数字化转型全面提速

（一）农业数字化转型为农业农村现代化建设提供强大动力

农业数字化转型是我国农业农村现代化建设的重要方向和重要内容，“十四五”规划纲要明确指出要坚持农业农村优先发展，全面推进乡村振兴，要加快发展智慧农业，推进农业生产经营和管理服务数字化改造。2020 年末，中国农村宽带接入用户达到 1.42 亿户，全国行政村通光纤率和 4G 覆盖率均超过 98%，为农业生产数字化转型夯实了基础。华为《联网农场智慧农业市场评估》显示，到 2020 年，数字农业的潜在市场规模有望由 2015 年的 138 亿美元增长至 268 亿美元，年均复合增长率达 14.24%，2025 年农业数字经济规模将达 1.26 万亿元，2025 年中国农业数字经济占农业增加值比重将达到 15%。

（二）制造业数字化转型程度不断提升

我国制造业数字化转型基础夯实，通过实施工业互联网创新发展工程，目前已培育较大型工业互联网平台超过150家、平台服务工业企业超过160万家，全国建设“5G+工业互联网”项目超过2000个，在采矿、钢铁、电力、石化化工等十大重点行业率先布局，形成远程设备操控、机器视觉质检等20个典型应用场景，为数字化转型提供了有力支撑。数字化转型程度不断提升，规模以上工业企业关键工序数控化率达到55.3%，数字化研发工具普及率达到74.7%。制造业新业态、新模式不断涌现，开展网络化协同和服务型制造的企业比例分别达到38.8%和29.6%。2021年底，我国连续出台《“十四五”信息化和工业化深度融合发展规划》《“十四五”智能制造发展规划》等政策文件，为中国制造业转型升级指明了方向，明确到2025年，全国两化融合发展指数达到105。此外，“十四五”期间，中央财政将累计安排100亿元以上奖补资金，重点支持1000余家国家级专精特新“小巨人”企业高质量发展。工信部计划在2022年底为不少于10万家中小企业提供数字化转型服务，促进10万家中小企业业务上云。

（三）服务业数字化转型加速升级

数字技术丰富了服务业的场景，特别是新冠肺炎疫情全球大流行以来，服务业数字化转型加速升级，互联网医疗、在线教育、协同办公需求持续火热，数字化将推动服务业纵深发展。截至2021年6月，我国网络购物用户规模达到8.12亿，网络支付用户规模达8.72亿，构成了全球最大的数字社会，为我国服务业向数字化转型、推动新服务发展提供了良好的基础，也促使服务业的数字经济渗透率在三大产业中最高。中国信通院产业与规划研究所与美团研究院联合发布的《中国生活服务业数字化发展报告（2020年）》显示，生活服务业内部各行业数字化水平差异较大，酒店业的数字化率约为35.2%，餐饮业的数字化率约为15.1%，家政业的数字化率仅约为3.5%，养老服务业的数字化率低于1%。疫情加速了企业数字化渠道建设，以增强自身抗风险能力。

四　数字化治理体系基本建立

（一）数字经济顶层设计日益完善

要把握数字经济发展趋势和规律，加强数字经济发展的理论研究，做好我国数字经济发展顶层设计和体制机制建设，才能推动我国数字经济健康发展。中央部委、各级地方政府陆续出台数字经济相关政策，顶层设计不断完善。2022 年 1 月，国务院印发的《“十四五”数字经济发展规划》，是数字经济领域的国家级全面发展规划，明确了中国数字经济发展的基本原则、发展目标、发展思路，提出了政府主导、多元参与、法治保障的数字经济治理格局建设目标。各地也在积极开展部署，甘肃、江苏、浙江等地相继出台地方版“十四五”数字经济发展规划。细分领域《“十四五”软件和信息技术服务业发展规划》《“十四五”大数据产业发展规划》《“十四五”信息通信行业发展规划》等相继推出，为产业发展指明方向。《网络安全法》《数据安全法》《个人信息保护法》在法律层面为数据安全和个人隐私保护提供法律保障。

（二）数字政府建设稳步推进

“十四五”规划纲要中明确指出，要提高数字政府建设水平，将数字技术广泛应用于政府管理服务，推动政府治理流程再造和模式优化，不断提高决策科学性和服务效率。《2020 年联合国电子政务调查报告》显示，中国电子政务发展指数从 2018 年的 0.6811 提高至 2020 年的 0.7948，2020 年排名比 2018 年提升了 20 位，升至全球第 45 位，达到历史新高。根据复旦大学和国家信息中心数字中国研究院发布的《中国地方政府数据开放报告：指标体系与省域标杆》，截至 2021 年 4 月底，我国已有 174 个省级、副省级和地级政府上线了数据开放平台，其中省级平台 18 个、城市平台 156 个（含直辖市、副省级与地级行政区）。2022 年伊始，全国各省级政府工作报告均将数字政府建设作为重要工作内容：北京打造“无事不扰、无处不在”的“6+4”一体化综合监管体系；河北全面推行“互联网+政务服务”，提升就近办、自助办、网上办水平；山西完善一体化在线政务服务平台功能，在基层便民服务机构、银行网点、商场等服务场所推广自助政务服务，推动群众办事“一窗受理、限时办结、最多跑一次”；内蒙古优化“一网通办”，启动“一网统管”，深化“蒙速办·四办”服务，实现教育、社保、医疗等高频事项“一次办”“掌上办”“跨省通办”，推进12345政务服务热线“一线通达”。

（三）互联网平台监管力度显著加大

我国对互联网平台巨头的反垄断监管不断加强，2021年11月18日，国家反垄断局正式挂牌成立，将前身为国家市场监管总局直属局升级为副部级国家局，反垄断体制机制进一步完善。与此同时，反垄断巨额罚款频频出现，例如，阿里巴巴2021年4月由于“二选一”垄断行为被处182.28亿元巨额罚款；同月，美团“二选一”垄断行为被罚34.42亿元；7月，国家市场监管总局公布对22起互联网领域未依法申报经营者集中案的行政处罚，涉及滴滴、阿里、腾讯、苏宁、美团等互联网公司，单一案件顶格处罚50万元。2021年6月30日，滴滴公司低调赴美IPO，让网络和数据安全再次成为民众关注的焦点。7月2日，中国网络安全审查办公室发布公告，将依据《国家安全法》和《网络安全法》对“滴滴”进行审查，7月4日，中国国家互联网信息监管机构裁定“滴滴出行严重违法违规收集使用个人信息”，宣布滴滴出行下架。2021年10月29日至11月8日，《互联网平台分类分级指南（征求意见稿）》《互联网平台落实主体责任指南（征求意见稿）》通过国家市场监管总局官网向公众征求意见，进一步推动平台企业落实主体责任，保障平台用户权益。

第二节　数字经济分类的方法体系

一　国家统计局发布《数字经济及其核心产业统计分类（2021）》

2021年3月发布的《中华人民共和国国民经济和社会发展第十四个五年规划和2035年远景目标纲要》中，一个亮点就是将数字经济单独成篇，并将其指标列入“十四五”核心经济指标中。具体来说，在“‘十四五’时期经济社会发展主要目标”中新增数字经济核心产业增加值占 GDP 的比重这一指标，目标是到 2025 年这一指标达到 10%。

“十四五”规划中划定了七大数字经济重点产业，包括云计算、大数据、物联网、工业互联网、区块链、人工智能、虚拟现实和增强现实，这七大产业也将承担起数字经济核心产业增加值占 GDP 超过 10% 目标的重任。

2021 年 6 月 3 日，国家统计局发布《数字经济及其核心产业统计分类（2021）》（国家统计局令第 33 号），明确了数字经济的概念。《数字经济分类》提出：数字经济是指以数据资源作为关键生产要素、以现代信息网络作为重要载体、以信息通信技术的有效使用作为效率提升和经济结构优化的重要推动力的一系列经济活动。

国家统计局副局长鲜祖德在解读时提出，数字经济紧扣三个要素，即数据资源、现代信息网络和信息通信技术，这三个要素缺一不可。

《数字经济分类》将数字经济产业范围确定为五大类，分别是：

01 数字产品制造业；

02 数字产品服务业；

03 数字技术应用业；

04 数字要素驱动业；

05 数字化效率提升业。

对于数字经济核心产业的疑问，《数字经济分类》也给出明确答案，即数字经济核心产业是指为产业数字化发展提供数字技术、产品、服务、基础设施和解决方案，以及完全依赖于数字技术、数据要素的各类经济活动。本分类中 01～04 大类为数字经济核心产业。

值得一提的是，《数字经济分类》中给出的数字经济的概念、范围等核心要素，与中国信息通信研究院过去几年对于数字经济的研究成果基本一致。此前，中国信息通信研究院在其年度《数字经济白皮书》中提出了数字经济分为数字产业化和产业数字化两大类，成为业界共识，本次《数字经济分类》再次肯定了这一思路。

二 数字经济分类的方法体系

具体来看，《数字经济分类》从“数字产业化”和“产业数字化”两个方面，确定了数字经济的基本范围，将其分为数字产品制造业、数字产品服务业、数字技术应用业、数字要素驱动业、数字化效率提升业五大类。

其中，前四大类为数字产业化部分，即数字经济核心产业，是指为产业数字化发展提供数字技术、产品、服务、基础设施和解决方案，以及完全依赖于数字技术、数据要素的各类经济活动，对应于《国民经济行业分类》中的 26 个大类 68 个中类 126 个小类，是数字经济发展的基础。其中，数字产品制造业提供数字经济发展所需的各类元件、设备、机器人等硬件设备和光纤电缆等通信基础设施。数字产品服务业为数字产品提供流通及维修维护服务。数字技术应用业提供数字经济发展所需的软件产品、信息通信技术服务和信息传输服务。数字要素驱动业为产业数字化发展提供基础设施和解决方案，如信息基础设施建设，还包括已经高度数字化的传统产业，如互联网批发零售、互联网金融、数字内容与媒体等。

第五大类为产业数字化部分，是指应用数字技术和数据资源为传统产业带来的产出增加和效率提升，是数字技术与实体经济的融合。该部分涵盖智慧农业、智能制造、智能交通、智慧物流、数字金融、数字商贸、数字社会、数字政府等数字化应用场景，对应于《国民经济行业分类》中的 91 个大类 431 个中类 1256 个小类，体现了数字技术已经并将进一步与国民经济各行业产生深度渗透和广泛融合（见表 4-1）。

表 4-1 《数字经济及其核心产业统计分类（2021 年）》

大类	中类	小类
数字产品制造业	计算机制造	计算机整机制造、计算机零部件制造、计算机外围设备制造、工业控制计算机及系统制造、信息安全设备制造、其他计算机制造
	通讯及雷达设备制造	通信系统设备制造、通信终端设备制造、雷达及配套设备制造

续表

大类	中类	小类
数字产品制造业	数字媒体设备制造	广播电视节目制作及发射设备制造、广播电视接收设备制造、广播电视专用配件制造、专业音响设备制造、应用电视设备及其他广播电视设备制造、电视机制造、音响设备制造、影视录放设备制造
	智能设备制造	工业机器人制造、特殊作业机器人制造、智能照明器具制造、可穿戴智能设备制造、智能车载设备制造、智能无人飞行器制造、服务消费机器人制造、其他智能消费设备制造
	电子元器件及设备制造	半导体器件专用设备制造、电子元器件与机电组件设备制造、电力电子元器件制造、光伏设备及元器件制造、电气信号设备装置制造、电子真空器件制造、半导体分立器件制造、集成电路制造、显示器件制造、半导体照明器件制造、光电子器件制造、电阻电容电感元件制造、电子电路制造、敏感元件及传感器制造、电声器件及零件制造、电子专用材料制造、其他元器件及设备制造
	其他数字产品制造业	记录媒介复制，电子游戏游艺设备制造，信息化学品制造，计算器及货币专用设备制造，增材制造装备制造，专用电线、电缆制造，光纤制造，光缆制造，工业自动控制系统装置制造
数字产品服务业	数字产品批发	计算机、软件及辅助设备批发，通讯设备批发，广播影视设备批发
	数字产品零售	计算机、软件及辅助设备零售，通信设备零售，音像制品、电子和数字出版物零售
	数字产品租赁	计算机及通讯设备经营租赁、音像制品出租
	数字产品维修	计算机和辅助设备修理、通讯设备修理
	其他数字产品服务业	
数字技术应用业	软件开发	基础软件开发、支撑软件开发、应用软件开发、其他软件开发
	电信、广播电视和卫星传输服务	电信、广播电视传输服务，卫星传输服务
	互联网相关服务	互联网接入及相关服务、互联网搜索服务、互联网游戏服务、互联网资讯服务、互联网安全服务、互联网数据服务、其他互联网相关服务
	信息技术服务	集成电路设计，信息系统集成服务，物联网技术服务，运行维护服务，信息处理和存储支持服务，信息技术咨询服务，地理遥感信息及测绘地理信息服务，动漫、游戏及其他数字内容服务，其他信息技术服务业
	其他数字技术应用业	三维(3D)打印技术推广服务、其他未列明数字技术应用业
数字要素驱动业	互联网平台	互联网生产服务平台、互联网生活服务平台、互联网科技创新平台、互联网公共服务平台、其他互联网平台
	互联网批发零售	互联网批发、互联网零售
	互联网金融	网络借贷服务、非金融机构支付服务、金融信息服务

续表

大类	中类	小类
数字要素驱动业	数字内容与媒体	广播、电视、影视节目制作、广播电视集成播控、电影和广播电视节目发行、电影放映、录音制作、数字内容出版、数字广告
	信息基础设施建设	网络基础设施建设、新技术基础设施建设、算力基础设施建设、其他信息基础设施建设
	数据资源与产权交易	数据资源与产权交易
	其他数字要素驱动业	供应链管理服务、安全系统监控服务、数字技术研究和试验发展
数字化效率提升业	智慧农业	数字化设施种植、数字林业、自动化养殖、新技术育种、其他智慧农业
	智能制造	数字化通用、专用设备制造,数字化运输设备制造,数字化电气机械、器材和仪器仪表制造,其他智能制造
	智能交通	智能铁路运输、智能道路运输、智能水上运输、智能航空运输、其他智能交通
	智慧物流	智慧仓储、智慧配送
	数字金融	银行金融服务、数字资本市场服务、互联网保险、其他数字金融
	数字商贸	数字化批发、数字化零售、数字化住宿、数字化餐饮、数字化租赁、数字化商务服务
	数字社会	智慧教育、智慧医疗、数字化社会工作
	数字政府	行政办公自动化、网上税务办理、互联网海关服务、网上社会保障服务、其他数字政府
	其他数字化效率提升业	数字采矿,智能化电力热力、燃气及水生产和供应,数字化建筑业,互联网房地产业,专业技术服务业数字化,数字化水利、环境和市政设施管理,互联网居民生活服务,互联网文体娱乐业

资料来源：国家统计局。

在《数字经济分类》中，数字产业化和产业数字化形成了互补关系。以制造业为例，数字产品制造业是指支撑数字信息处理的终端设备、相关电子元器件以及高度应用数字化技术的智能设备的制造，属于“数字产业化”部分，包括计算机制造、通讯及雷达设备制造、数字媒体设备制造、智能设备制造、电子元器件及设备制造和其他数字产品制造业。智能制造是指利用数字孪生、人工智能、5G、区块链、VR/AR、边缘计算、试验验证、仿真技术等新一代信息技术与先进制造技术深入融合，旨在提高制造业质量和核心竞争力的先进生产方式，属于“产业数字化”部分，主要包括数字化通用、专用设备制造，数字化运输设备制造，数字化电气机械、器材和仪器仪表制造，其他智能制造。数字产品制造业和智能制造是按照《国民经济行业分类》划分的制造业中数字经济具体表现形态的两个方面，互不交叉，共同构成了制造业中数字经济的全部范围。

标准是世界通用语言。统计标准是关于统计指标、统计对象、计算方法、分类目录、调查表式和统计编码等的统一技术要求，是确保统计数据真实准确、可比可靠的重要保障，是统计工作的重要基础。统计标准的研制需要开展大量深入细致的理论研究和调研实践，需要广泛征求相关部门和各方专家意见，需要进行充分的讨论审议和反复的修改完善，是一个非常严谨、周密、复杂的过程。

《数字经济分类》研究起草过程历时两年，大体可以分为两个阶段。第一阶段着重理论研究。国家统计局于 2019 年启动数字经济产业统计分类研制工作，认真学习党中央、国务院有关文件，与清华大学、中国人民大学、浙江省统计局等单位的专家学者，共同从理论层面梳理 OECD、G20 等国际组织及美国、英国等国家对数字经济的定义，探析数字经济的内涵外延以及数据生产要素发挥的作用，辨析数字经济相关概念，明确数字经济统计范围。在此基础上，国家统计局起草了《数字经济分类》初稿。

第二阶段着重实践分析。2020 年，国家统计局就《数字经济分类》初稿广泛征求有关部门和地方统计机构意见，并多次组织召开行业主管部门座谈会、专家评审会和局专题会，对分类进行反复修改完善，数易其稿。2021 年初，为更好地掌握数字经济的新业态新模式，国家统计局在北京、浙江等 12 个省市 2493 家企业组织开展企业数字经济活动调研；根据调研结果，又一次召开专家座谈会，并结合“十四五”规划纲要继续完善《数字经济分类》，再次征求网信办、国家发改委及工信部等行业主管部门意见。经过广泛征求相关部门、地方和专家意见，结合调研情况不断修改完善，最终形成覆盖全产业全要素全过程的《数字经济分类》。

第三节　结果分析与预测

鲜祖德和王天琪在《中国数字经济核心产业规模测算与预测》中根据上述数字经济核心产业规模测算框架，依据国家统计局公布的经济普查数据和投入产出表，对 2012～2020 年数字经济核心产业增加值进行系统测算，得到 2012～2020 年中国数字经济核心产业增加值及其占 GDP 的比重，如表 4-2 所示。

表 4-2　2012～2020 年中国数字经济核心产业增加值及其占 GDP 比重

单位：亿元，%

年份	数字经济核心产业			分产业大类增加值规模			
	增加值规模	增长率	占 GDP 比重	数字产品制造业	数字产品服务业	数字技术应用业	数字要素驱动业
2012	35825.4	—	6.65	15638.3	1843.4	11805.4	6538.3
2013	39479.1	10.20	6.66	16503.6	2079.6	13584.9	7311.0
2014	43538.8	10.28	6.77	17511.9	2310.7	15599.7	8116.6
2015	47296.8	8.63	6.87	18576.1	2491.5	17155.4	9073.8
2016	52351.1	10.69	7.01	19705.2	2718.9	19503.7	10423.2
2017	58796.5	12.31	7.07	20932.8	2990.2	23056.3	11817.1
2018	66809.8	13.63	7.27	21532.0	3220.4	27659.6	14397.8
2019	73429.7	9.91	7.44	22758.4	3464.8	31623.6	15582.8
2020	79637.9	8.45	7.84	23774.0	3466.1	34658.2	17739.6

结果显示，中国数字经济核心产业及其产业大类增加值规模持续增长。数字经济核心产业增加值规模从 2012 年的 35825.4 亿元增长到 2020 年的 79637.9 亿元，年均增长率达 10.5%。数字经济核心产业在宏观经济中扮演着越来越重要的角色，增加值占 GDP 比重从 2012 年的 6.65%提升到 2020 年的 7.84%。从数字经济核心产业分产业大类增加值来看，数字产品制造业从 2012 年的 15638.3 亿元增长到 2020 年的 23774.0 亿元，年均增长率为

5.38%；数字产品服务业从 2012 年的 1843.4 亿元增长到 2020 年的 3466.1 亿元，年均增长率为 8.21%；数字技术应用业从 2012 年的 11805.4 亿元增长到 2020 年的 34658.2 亿元，年均增长率为 14.41%；数字要素驱动业从 2012 年的 6538.3 亿元增长到 2020 年的 17739.6 亿元，年均增长率为 13.29%。

此外，该报告还预测了数字经济核心产业规模，预计数字经济核心产业增加值规模从 2021 年的 87999.9 亿元，增长到 2025 年的 131199.2 亿元（见表 4-3）。数字经济核心产业增加值占 GDP 比重下限从 2021 年的 8.19%提升到 2025 年的 9.79%；占 GDP 比重上限从 2021 年的 8.24%提升到 2025 年的 10.07%。

表 4-3　2021~2025 年中国年均增长率预测的中国数字经济核心产业增加值

单位：亿元

年份	数字经济核心产业
2021	87999.9
2022	97239.9
2023	107450.0
2024	118732.3
2025	131199.2

和美国数字经济产业标准及规模相比较，鲜祖德和王天琪在《中国数字经济核心产业规模测算与预测》一文中也做了相应的分析。美国 BEA 在 2018 年发布率先应用 OECD 概念框架，以 ICT 产业作为起点，将数字经济定义为数字基础设施、电子商务和数字内容三部分。随着数字经济的不断发展以及相应所能获取数据的不断丰富，BEA 也在不断扩大数字经济的测算范围。BEA（2021）数字经济测算范围包括基础设施、电子商务和付费数字服务三大类。其中，基础设施是支撑计算机网络、数字经济存在及使用的计算机网络和组织架构，包括硬件、软件、结构三部分。电子商务是基于专门为接收和发送订单所设计的计算机网络进行的产品远程销售，包括企业与

企业（Business-to-Business，B2B）之间的电子商务和企业与消费者（Business-to-Consumer，B2C）之间的电子商务两个部分。付费数字服务是与计算机和通信有关的并向消费者收取费用的服务，包括计算机维修服务和数字咨询服务等。该分类由云服务、通信服务、互联网和数据服务、数字中介服务和其他付费数字服务 5 个部分组成。与以往相比，BEA（2021）测算范围有两处改进。一是扩大了电子商务的测算范围。BEA（2018）早期估计中，电子商务规模的测算范围只包括批发零售行业中主要数字化的产业，即北美产业分类系统（North American Industry Classification System，NAICS）中的 B2B 电子商务（425110）、电子购物（454111）和电子拍卖（454112）。BEA（2021）将测算范围扩大到批发零售行业中部分数字化产业中电子商务活动创造的价值，并使用人口普查局的年度零售贸易调查（annual retail trade survey）和年度批发贸易调查（annual wholesale trade survey）数据进行了测算。二是增加了云计算服务的测算。BEA（2021）识别云服务包括应用程序服务、网站托管服务、分发服务、数据存储服务、数据管理服务、多媒体流服务、其他数据处理或者 IT 基础设施服务、信息和文档转换服务 8 类服务，使用经济普查产品线收入数据测算了 8 类服务创造的价值。

总的来看，中美两国对数字经济的界定尽管从表述上不尽相同，但界定原则是一致的。鲜祖德和王天琪在《中国数字经济核心产业规模测算与预测》一文中称，均是从产品（货物或服务）出发，判断产品是否具有数字特征，如果具有数字特征，就属于数字经济范畴。不过相较于美国的分类方法，中国的《数字经济分类》更具有全面性，包括数字经济核心产业和产业数字化两部分。其中，数字经济核心产业与美国数字经济统计分类有较好的对应关系。而数字要素驱动业是中国在分类方面的创新。数字要素驱动业包括完全依赖数字技术、数据要素的经济活动，赋能数字经济生产、分配、消费、积累各环节运行，提供平台服务、贸易服务、金融服务和信息基础设施等。而美国相关驱动互动并未单独进行分类，而是分散在各类中，不能很好地体现数据要素驱动的作用。此外，中国《数字经济分类》更具有融合性，产业数字化部分包含整个宏观经济中数字技术与实体经济融合形成的新产业、新业态、新商业模式，而美国数字经济分类并未对大量融合的、部分数字化的新产业新业态进行识别。

在对中美数字经济增加值规模比较之前，先根据汇率将现价人民币计价的中国数字经济核心产业增加值折算为现价美元计价的增加值数据，汇率数据来自国家统计局统计数据发布库。中美两国数字经济核心产业增加值规模及其占 GDP 比重的国际比较如表 4-4 所示。

表 4-4 2012~2019 年中美两国数字经济核心产业增加值及占 GDP 比重、增速

单位：亿美元，%

年份	中国			美国		
	增加值	占 GDP 比重	增速	增加值	占 GDP 比重	增速
2012	5675.31	6.65	—	13957.54	8.59	—
2013	6374.59	6.66	12.32	14825.23	8.80	6.22
2014	7087.78	6.77	11.19	15363.44	8.75	3.63
2015	7593.72	6.87	7.14	16633.52	9.14	8.27
2016	7881.47	7.01	3.79	17393.72	9.30	4.57
2017	8780.27	7.07	10.49	18255.29	9.37	4.95
2018	10096.09	7.27	15.94	19305.50	9.40	5.75
2019	10644.29	7.44	5.43	20515.85	9.60	6.27

资料来源：鲜祖德、王天琪《中国数字经济核心产业规模测算与预测》，《统计研究》2022 年第 1 期。

可以看出，美国数字经济增加值及其占 GDP 的比重均高于中国。2019 年，中国数字经济核心产业增加值规模低于美国 9871.56 亿美元，占 GDP 比重低于美国约 2 个百分点。2012~2019 年，中国数字经济核心产业增加值规模年均增长率为 9.4%，远高于美国数字经济年均增长率 5.66%。未来，中美数字经济差距有望缩小。

第四节 对数字经济规模测算的研究梳理

事实上，除了中国、美国等国家的官方统计机构发布数字经济规模测算数据以外，在此之前，国际组织、政府机构和国内外学术界均对数字经济规模测算进行了积极探索，取得了丰富的研究成果。梳理已有文献发现，数字经济规模测算的方法主要有生产法、回归模型和增长函数框架三大类。第一类使用生产法测算数字经济规模。BEA 2021 年发布《最新数字经济核算报告》，指出 2019 年美国数字经济增加值为 20516 亿美元，占 GDP 比重为 9.6%。许宪春和张美慧在界定数字经济范围的基础上，从《统计用产品分类目录》筛选出数字经济产品，在国民经济行业分类中确定生产该产品的产业，借鉴 BEA 的测算方法，提出行业增加值结构系数和数字经济调整系数，构建测算框架并对 2007~2017 年数字经济增加值和总产出进行系统测算。其他代表性文献还有康铁祥、经济合作与发展组织（OECD）、腾讯研究院等学者或机构的研究成果。运用生产法能够较为容易地测算出数字经济中“细分产业部门”这部分的增加值，包括传统的 ICT 制造业、ICT 服务业，以及以 ICT 为支撑衍生出的新兴产业部门。例如，电子商务可以看作第三产业中“批发和零售业”下的一个细分行业。毕竟这些部门划分比较明确，确定产业边界后便可对其增加值进行准确核算。[①] 然而，对于数字技术渗透并改造传统产业所带来的增加值，在生产法下都将统一核算为被改造产业的增加值。以汽车制造为例，近年来，随着数字技术特别是智能技术在汽车制造领域的广泛应用，汽车产业的生产效率不断提升，汽车制造过程以及成品汽车的数字化程度也越来越高。然而，从生产法角度进行核算，智能技术提升生产率所衍生出的额外增加值都被统一划归制造业，而无法拆分到数字经济中。

第二类使用回归模型测算数字经济规模，代表性文献有腾讯研究院等。其步骤大致是，根据回归模型，“互联网+”数字经济指数每增长 1 点，GDP 大致增加 1406.02 亿元。事实上，在数字经济增加值测算中，较突出的难点还在于需要在增加值“规模”与“增量”及其对 GDP 贡献度等概念

① 蔡跃洲：《数字经济的增加值及贡献度测算：历史沿革、理论基础与方法框架》，《求是学刊》2018 年第 5 期。

之间不断切换，很可能产生概念上的混淆和操作上的混乱。比如，在测算渗透性、协同性带来效率提升部分所对应的增加值，可能就需要在不同层面的“规模”和“增量”之间进行切换。一方面，这部分增加值属于数字经济增加值规模的重要组成部分；另一方面，这部分增加值又是相对于没有数字技术介入情形下额外增加的量。效率提升可以通过全要素生产率（Total Factor Productivity，TFP）增长加以表征，在测算实践中更容易得到 GDP 增长中的 TFP 增长的贡献，以及 TFP 增长中渗透性和协同性特征的贡献，最终得到的应该是效率提升对应增加值的增量及其对 GDP 增长贡献。

第三类使用增长函数框架测算数字经济规模，该方法应用最为广泛。中国信息通信研究院 2021 年发布《中国数字经济发展白皮书》，指出 2020 年中国数字经济增加值为 39.2 万亿元，占 GDP 比重为 38.6%。其他代表性文献还有彭刚和赵乐新、中国社会科学院数量经济与技术经济研究所等学者或机构的研究成果。

其中，中国信息通信研究院的《中国数字经济发展白皮书》影响最为广泛。中国信息通信研究院在测算时认为数字经济包括数字产业化部分和产业数字化部分。两部分的口径均为增加值，经过去重处理，相加之后与 GDP 可比。数字经济规模是增量而不是存量的概念，和 GDP 是一致的，即每年新增的部分。

数字经济总规模 = 数字经济的数字产业化规模 + 数字经济的产业数字化规模

一　数字产业化部分计算方法

数字产业化部分为信息通信产业增加值。其中，信息通信产业分为电信和互联网服务业、软件及信息技术服务业和电子信息制造业三个部分。

计算方法：分行业增加值=行业总收入×增加值率。其中，行业总收入数据来源于工信部官方统计，增加值率来源于国家统计局发布的投入产出表。

二　产业数字化部分计算方法

产业数字化部分为信息产品在其他领域应用的边际贡献。该部分通过计量经济学方法计算。

（一）计算思路

经济产出（可近似理解为 GDP）是经济投入的结果，经济投入包括资本投入、劳动力投入、中间产品投入、自然资源投入等。其中，将资本投入分为 ICT 资本投入和非 ICT 资本投入两大部分。每种投入对产出有一定比例的贡献。例如，某一行业在保持其他投入不变的前提下，每增加 1 单位的信息产品投入，产出会增加相应的份额。加总全部行业 ICT 投入的边际贡献，就可以得到一个国家或地区产业数字化部分的规模。

（二）计算方法

参照联合国、OECD、IMF、世界银行等组织测算信息经济、数字经济、信息化贡献等相关方法，实证研究主要有三种方法：增长测算法、指数法和生产前沿模型法。

• 增长测算法是指通过适当的函数形式表示出经济体的投入产出关系，并根据要素投入、生产率增长与产出增长之间的数量关系来推算出边际产出。

• 指数法是分析各种经济变量变化最常用的方法，计算信息通信技术和信息资本存量边际产出同样也不例外。数字经济的产业数字化部分指数是指一个数字经济的生产单元（企业、行业、国家或地区），在一定时期内生产的总产出和总投入之比。经常使用的总量指数主要有 Laspeyres 指数、Passche 指数、Fisher 指数和 Tornqvist 指数。

• 生产前沿模型法的代表性方法是数据包络分析法（Data Envelopment Analysis，简称 DEA 法），它是以相对效率概念为基础发展起来的一种效率评价方法，特别适用于多投入、多产出的边界生产函数的研究，因而被广泛应用在边际产出的研究中。

测算的主要目的是通过不同国家细分地区或行业的面板数据对数字经济的产业数字化部分的规模进行测算。对于指数法，其关于扰动项的只是假设它服从非负断尾正态分析，对于其真正分布形式却无法识别，这会直接影响到技术效率和边际产出的计算结果。而生产前沿模型法一是没有考虑测量误差和噪声的影响；二是其观察值到前沿面的偏差都当作无效率的结果，完全忽略了测度的误差；三是其效率得分仅仅是样本量相对于最好厂商的得分。对于目前中国数字技术处于剧烈变化期的特征事实，以及我们的测算目的，这两种分析方法显然不太适用。因此，我们对于数字经济的产业数字化部分的测算采用增长核算方法。通过采集不同国家、不同行业、不同地区的面板数据，根据要素投入、生产率增长与产出增长之间的数量关系来推算出边际产出，对各国或各行业的非信息产业部门边际产出加总，即得到数字经济的产业数字化部分规模总量。

（三）数据来源

计算产业数字化的数据来源于工业和信息化部官方数据（含信息通信、电子信息制造、软件等）、国家统计局官方数据（含产业数据、投入产出表）。其中，国家统计局公布的投入产出表最新表为2012年的，我们利用国际统计学会（International Statistical Institute，ISI）推荐的RAS方法将投入产出表延长至2017年（各省份做相同处理）。

我们引用2018年中国信通院政策与经济研究所所长鲁春丛在解读《中国数字经济发展和就业白皮书（2018年）》时，对中国数字经济发展测评体系进行的点评，他指出，麦肯锡只测算了数字经济中互联网GDP的规模，没有测算融合部分的规模。波士顿测算了ICT直接贡献的规模，融合部分只考虑了电子商务中C2C的交易额，对于规模庞大的高端工业传感器、工业控制系统、关键工业软件等融合类数字产品和服务，没有纳入其中。埃森哲测算的是ICT直接贡献的规模，加上融合部分13个行业，得出我国2015年数字经济占GDP的12%（相比较而言，中国信通院的测算比埃森哲的13个行业多出了29个）。

中国信通院的结果显示，我国数字经济规模从2005年的2.6万亿元增长到2020年的39.2万亿元，占GDP比重达到38.6%（见表4-5、图4-1），对经济增长的贡献率超过六成。

表 4-5 2015~2021 年中国数字经济（增加值）规模等数据

单位：万亿元，%

年份	统计数据年份	数字经济（增加值）规模	占 GDP 比重	数字经济增速（名义增速）	数字产业化（增加值）规模	占 GDP 比重	同比名义增长率	产业数字化（增加值）规模	占 GDP 比重	同比名义增长率
2015	2014	16.2	26.1	21.1	4.2*	6.8	11.6	11.9*	19.3	24.0
2016	2015	18.6	27.5	17.5	4.8**	7.1	8.9	13.8**	20.5	20.7
2017	2016	22.6	30.3	18.9	5.2**	6.9	8.7	17.4**	23.4	22.4
2018	2017	27.2	32.9	20.3	6.2***	7.4	18.4	21***	25.4	20.9
2019	2018	31.3	34.8	20.9	6.4	7.1	—	24.9	27.6	23.1
2020	2019	35.8	36.2	15.6	7.1	7.2	11.1	28.8	29.0	16.8
2021	2020	39.2	38.6	9.7	7.5	7.3	5.3	31.7	31.2	10.3

注：*《2015 中国信息经济研究报告》将数字产业化和产业数字化分别称为“信息经济生产部分”和“信息经济应用部分”。

**《中国信息经济发展白皮书（2016 年）》和《中国数字经济发展白皮书（2017 年）》将数字产业化和产业数字化分别称为“信息经济基础部分”和“信息经济融合部分”。

***《中国数字经济发展与就业白皮书（2018 年）》将数字产业化和产业数字化分别称为“信息通信产业”和“数字经济融合部分”。

资料来源：中国信息通信研究院《中国数字经济发展白皮书》，2015~2021。

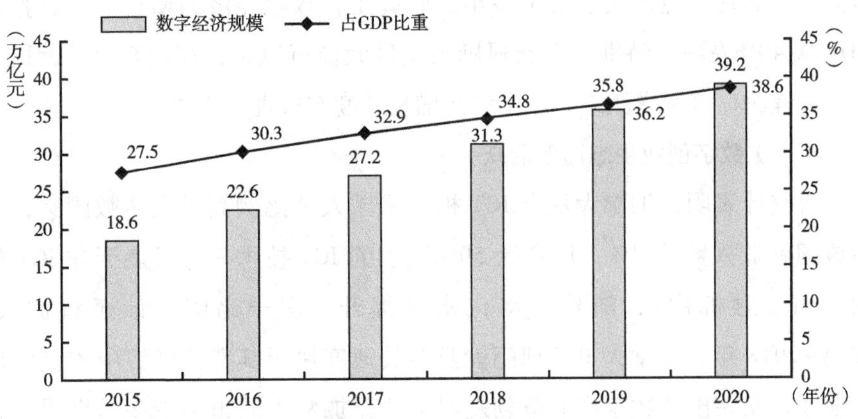

图 4-1 2015~2020 年中国数字经济（增加值）规模及占 GDP 比重

资料来源：中国信息通信研究院《中国数字经济发展白皮书》，2015~2021。

第五章
其他国家数字经济测度

第一节　加拿大测度方法与主要结果

一　数字经济发展概况

目前，数字经济已经成为加拿大有力的经济引擎，在 GDP 和创造就业方面都有非凡表现，在过去十多年的时间里，数字经济的增长速度比整体 GDP 快 40%左右，特别是在新冠肺炎全球大流行以来，在线教育、远程办公、远程医疗等需求激增，数字经济增长速度有望进一步提升。

（一）数字创业生态高度活跃

有统计表明，加拿大从事 ICT 相关领域人才比例高于大多数国家，约占该国就业人数的 7%，加拿大 50%以上的 ICT 技术人才受雇于非 ICT 机构（如金融机构），随着数字化水平提升，这一比例预计还将扩大。2014~2018 年，加拿大 ICT 部门就业增长速度快于其整体经济中的就业增长速度，反映出其数字产业蓬勃发展势头。加拿大城市多伦多是世界上人工智能创业公司最集中的地方，其充满活力的创业生态系统吸引了优步、谷歌和微软等众多跨国科技巨头，目前，加拿大是人工智能私人融资的第五个首选目的地。

（二）加速中小企业数字化转型

疫情加速推动了企业数字化转型进程，数字化转型已经渗透到加拿大的各行各业，中小企业是加拿大经济的支柱，加拿大十分重视其中小企业的数字化转型。2022 年 3 月 3 日，加拿大宣布启动加拿大数字采用计划（CDAP），帮助其中小企业发展在线业务并升级或采用数字技术。这项投资计划在 4 年内提供 40 亿加元，支持 16 万家以上中小企业，在加拿大中产阶级创造就业机会。根据 CDAP，加拿大中小企业可以评估其数字化就绪度，并在线申请赠款和贷款，申请到的资金可以帮助中小企业增加电子商务使用机会、提升数字化水平，以实现在数字经济浪潮中蓬勃发展。此外，加拿大对已经开始数字化转型的传统企业给予丰厚的优惠政策。安大略省政府与安大略省企业提升协会（OBIAA）联合制定了一项“数字大街项目”（Digital Main Street Grant Program），帮助实体企业运用合适的数字工具和技术来实现数字化转型。通过该项目，政府将向分布在安大略省各地的实体企业数字化转型提供高达 2500 加元的补贴用于网站开发、数字营销服务和数字营销培训等。

（三）高度重视数字人才培养

根据加拿大经济和社会发展部（ESDC）职业预测系统（COPS）2018 年提供的数据，预计 2019~2028 年，加拿大 ICT 核心职业的职位空缺数量将增加 40%，高素质 ICT 人才的结构性短缺成为加拿大企业发展的主要瓶颈。为了满足国内日益增长的数字技能需求，加拿大高等教育机构已开始将数字技能纳入其课程，围绕数字经济主题，开展有针对性、前瞻性的人才培养。加拿大哥伦比亚理工学院（BCIT）利用基于项目的学习来传授解决问题的技能并激发创造力。慕尼黑应用科技大学（MUAS）的计算机科学和数学学院开发出测试方法来评估 ICT 相关专业学生在逻辑、抽象和分析思维方面的认知技能。此外，加拿大还制定了终身学习的政策和战略，侧重于对数字人才和技能的持续培训，通过将教育主管部门、数字化企业协会、高等院校及大学校长协会、培训机构与投资基金等多个利益相关方纳入数字教育框架，成立日常管理机构协调推进，为在校学生和劳动者提供相匹配的数字能力培训与认证。①

（四）努力提升数字经济国际影响力

加拿大积极参与各国际组织框架下的交流合作，在数字经济治理方面，加拿大竞争局在OECD、国际消费者保护和实施网络（International Consumer Protection and Enforcement Network，ICPEN）、国际竞争网络（International Competition Network，ICN）等国际组织中发挥领导性作用，并推动2019年G7峰会关于数字经济中竞争的讨论。在数字贸易规则制定方面，2018年9月，加拿大参与谈判的《北美自由贸易协定》（NAFTA）正式更名为《美国-墨西哥-加拿大协定》（USMCA），在USMCA中有针对数字贸易的标准且独立成章，这在此类双边或多边自由贸易协定中尚属首次，但人工智能等一系列新问题并没有反映在该协定中，这使USMCA在前瞻性方面略显落后。加拿大持续参与美国主导的数字贸易规则制定，将会继续对世界贸易规则与治理带来一定影响。

二 测度方法与结果

2019年5月，加拿大统计局在借鉴OECD（2017）和BEA（2018）做法的基础上，把数字经济分成三大类，对应着70个供应和使用产品码（SUPC）行业，其中36个属于全部数字化产品，34个属于部分数字化产品。②

（一）数字使能基础设施（digitally-enabled infrastructure）

数字使能基础设施包括6个小类：计算机硬件（computer hardware）、软件（software）、电信设备和服务（telecommunications equipment and services）、支持服务（support services）、设施（structures）和物联网（IoT）。其中，支持服务指的是数字化相关的教育服务、咨询服务和计算机维修服务等，只部分纳入统计；而设施和物联网尚未纳入统计。

① 《数字人才的发展现状与应对策略——基于德国和加拿大等6国的比较》，全球技术地图，2021年10月。

② 闫德利：《数字经济的内涵、界定和规模测算》，腾讯研究院，2022年1月10日。

（二）数字订购交易（digitally-ordered transactions）

数字订购交易也即电子商务（e-commerce）。加拿大统计局采用 OECD 2011 年对电子商务的定义——通过专为接单或下单目的而设计的方法，在计算机网络上进行的商品或服务的买卖活动。商品或服务必须以上述方法订购，但其支付或最终交付不一定要在网上完成。

（三）数字交付产品（digitally-delivered products）

数字交付产品即以数字格式创建、交付、访问或消费的产品。主要是电影、视频、音乐和录音等数字媒体产品，以及书籍、报纸和杂志等部分数字化的产品。

根据加拿大统计局测算，2015 年数字经济是加拿大全国第九大行业（见图 5-1）。2017 年数字经济规模是 1097 亿加元（基于名义价格），占经济总量的 5.5%。

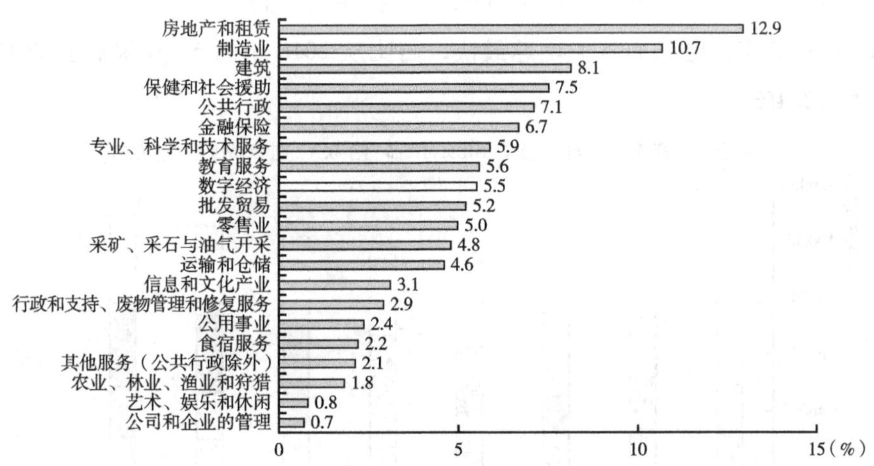

图 5-1　2015 年加拿大各行业规模占经济总量的比重

2011～2017 年，数字经济规模增长了 40.2%，而 GDP 增长了 28%。除 2011 年和 2017 年外（这两年能源行业增长迅猛），数字经济的增速都快于国民经济整体增速（见图 5-2）。

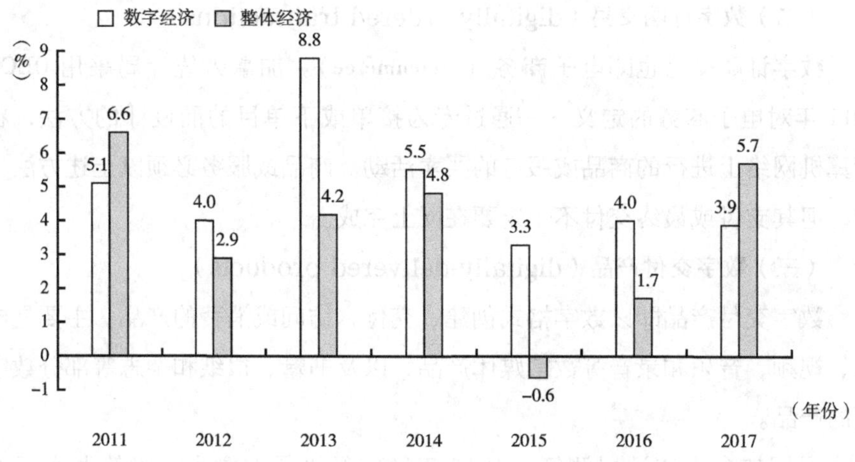

图 5-2　2011~2017 年加拿大数字经济和整体经济的增速

就细分行业看，电信和支持服务是最大的两个子行业（见图 5-3），2017 年占比分别为 28.7%和 26.6%，但电信的占比相较于 2010 年下降了 8.2 个百分点；电子商务的增速最快，占比从 2010 年的 5.5%提高到 2017 年的 12.4%。

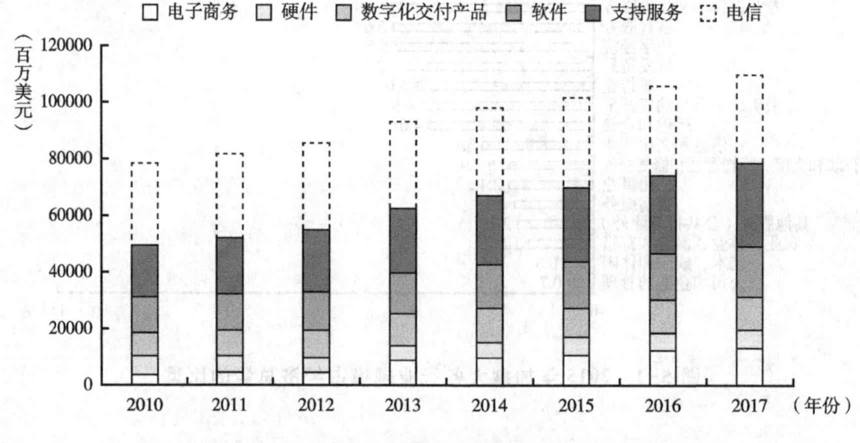

图 5-3　2010 ~ 2017 年各领域对数字经济增加值的贡献

2010~2017 年，加拿大与数字经济相关的工作岗位数量增长了 37.0%，是全国岗位增速（8.6%）的 4 倍多。2017 年有 886114 个工作岗位（包括有偿工作和自雇工作）与数字经济活动相关，占所有工作岗位的 4.7%。其中，支持服务贡献的就业岗位最多，占比 30.2%；其次是电子商务、软件和数字化交付产品，占比分别为 18.6%、17.2%和 15.3%；硬件的就业贡献度最低，为 6.4%。

2017 年，数字经济活动在安大略省、魁北克省和不列颠哥伦比亚省的经济活动总量中占比最大。在育空地区、西北地区和努纳武特三个地区和萨斯喀彻温省，数字经济活动占整体经济活动的比例较小（见图 5-4）。

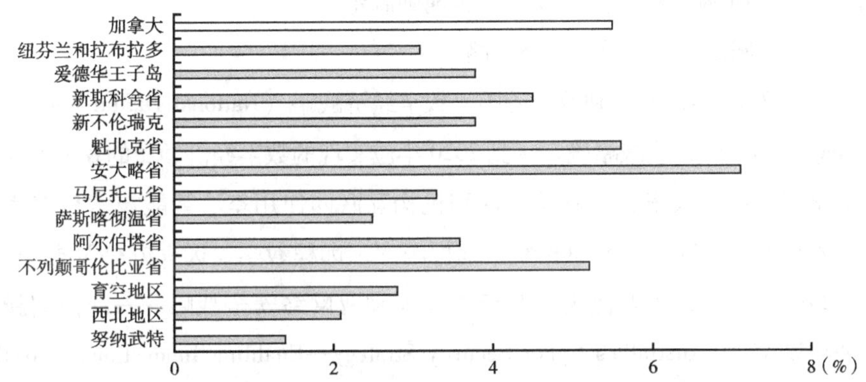

图 5-4　2017 年加拿大数字经济增加值占经济总量的比重（分省和地区）

从 2010 年到 2017 年，数字经济的名义增加值在每个省和地区都有增长。然而，与名义经济范围内的 GDP 相比，马尼托巴省、育空地区和努纳武特的数字经济增长在 2010~2017 年放缓。

三　不足之处

总的来看，加拿大支持服务是第二大子行业，贡献就业数量最多。数字技术是通用目的技术，能够扩散应用到各个行业。加拿大统计局认为，严格来说，数字经济并不是一个行业，只能说是数字技术相关行业的集合。因此，如何界定数字经济的行业范围是第一个挑战。加拿大统计局（2019）认为：衡量数字经济规模的最大挑战也许就是缺乏明确一致的定义，即它应该包括什么。

第二节　澳大利亚测度方法与主要结果

一　数字经济发展概况

澳大利亚高度重视国家数字化发展，希望在全球数字经济发展中处于领导地位。澳大利亚为了加速数字化转型制定了一系列政策，成立了促进数字化转型专门机构，积极参与数字贸易规则制定。

（一）制定全面的数字经济战略

早在 2011 年，澳大利亚启动国家数字经济战略（National Digital Economy Strategy，NDES），该战略确定了到 2020 年应实现的数字经济领域的 8 项目标，包括家庭宽带接入率、企业及非营利机构互联网使用率、智能技术覆盖率、老年人及脆弱人群电子健康档案、远程医疗、远程教学、远程办公及电子政务。2016 年 4 月，澳大利亚又发布"澳大利亚网络安全战略——助推创新、发展与繁荣"（Australia's Cyber Security Strategy—Enabling Innovation，Growth Prosperity），以适应数字经济和数字贸易发展趋势，进一步统筹规划数字经济发展，强化数字经济在网络安全中的应用能力，推动国家创新和繁荣。

（二）设置专门机构统筹数字经济发展

2015 年，澳大利亚成立数字化转型办公室（Digital Transformation Office），2016 年升格为数字化转型局（DTA），主要职责是帮助政府实现数字化转型，工作内容包括以数字方式提供政府服务、开发和协调数字服务、关注用户在数字服务方面的需求、对政府 IT 议程进行统一的指导和监督等。

（三）政府加大数字经济领域投资

2021 年 5 月 7 日，澳联邦政府宣布推出一项总额 12 亿澳元的科技革新计划包，拟将大力投资于劳动人口数字教育、人工智能、政府服务升级、游戏行业投资激励、中小企业数字化、新兴航空科技、数据管理和网络安全，以期到 2030 年将澳大利亚经济发展成为"现代和领先的数字经济"。据政府公告，12 亿澳元中将有超过 1 亿澳元用于开展一项试点项目，以帮助国民掌握数字技能，包括引入工作实习制打造“网络劳动力”，以及推出新兴科技学位奖学金等。同时，1.241亿澳元将用于人工智能相关计划，包括设立由澳大利亚联邦科学与工业研究组织下属CSIRO Data 61领导的人工智能情报中心，并有5000万澳元用于提升政府网络安全水平。

（四）大力助推数字金融发展

澳大利亚积极推动云计算、人工智能、区块链等技术在金融领域的应用，澳大利亚政府认为，创造现代化、更强大的数字金融体系有助于行业的繁荣和发展。澳大利亚在2017年G20德国汉堡峰会上表示，今后将力推金融科技（Fintech）和监管科技（Regtech）两个数字经济前沿领域的发展，数字金融科技可以创新全球经济的增长方式，改变消费者传统偏好，使金融产品和服务交付方式发生颠覆式改变。目前，澳大利亚正在开发区块链技术，并讨论其在网络安全中的应用，特别是政府间区块链应用处于全球领先地位。澳大利亚通过区块链技术促进数据共享，满足数字化金融系统要求，为中小企业提供安全和便利。[①]

（五）推动全球数字贸易规则制定

澳大利亚的数字产品正在迅速发展，据统计，2018年其出口量已经成为该国行业第四大出口量，并预计在之后12年内（到2030年）将增长210%，达到190亿澳元，澳大利亚积极推动全球数字贸易规则。新冠肺炎疫情期间，世贸组织电子商务联合声明倡议谈判（JSI）联合召集方澳大利亚、日本和新加坡组织了多场规模不同的虚拟会议，围绕数字贸易相关的议题进行商谈，澳大利亚在其中积极发声。澳大利亚和新加坡2020年8月签署并于年底生效的《双边数字经济协议》（Singapore-Australia Digital Economy Agreement，SADEA），对新加坡和澳大利亚这两个密切的贸易伙伴之间现有的双边贸易协定进行现代化改造，SADEA在电子认证和签名、海底电信电缆系统、金融服务计算设施的位置、源代码，以及数字贸易的标准和合格评定等议题上均作了详细约定。

---

① 《澳大利亚数字经济建设路径及启示》，中国社会科学网，2019年11月。

二 测度方法与结果

澳大利亚统计局（ABS）借鉴美国 BEA 的测算方法，通过国民经济核算的角度对澳大利亚数字经济增加值及其对整体经济的贡献程度进行测度。其采用的方法便于国际比较，统计部门可操作性强，但是不能有效核算数字经济全部内容，且数字贸易要依据最终需要估计。澳大利亚统计局估计结果显示，2019~2020 年澳大利亚数字经济增加值为 1090 亿美元，占经济总增加值的 5.9%，同比增长 7.4%，增速远高于同期经济增速（2.0%）。

澳大利亚统计局测算澳大利亚的数字经济增加值中包含具有数字功能的基础设施、数字媒体、电子商务等，具体内容如表 5-1 所示。

表 5-1　澳大利亚统计局对数字经济增加值的测算包含的内容

数字经济	具有数字功能的基础设施	计算机硬件、软件、电信设备和便利使用计算机网络的支持服务
	数字媒体	可在数字设备上创建、访问、存储或观看的数字音频、视频和广告广播服务
	电子商务	零售、批发服务和通过数字订购或平台支持的在线交易获得的利润

资料来源：澳大利亚统计局（ABS）。

澳大利亚统计局分析结果表明，信息和电信服务虽然在澳大利亚经济总量中所占份额相对较小，却是澳大利亚经济一个日益增长的驱动力。近年来，数字经济增加值占澳大利亚经济总量的比重有所增长，如图 5-5 所示，从 2011~2012 年总增加值的 5.4%（756 亿美元）增长到 2016~2017 年的 5.7%（935 亿美元）。澳大利亚数字活动的相对规模和趋势与美国大致相似。2019~2020 年，数字经济增加值增长了 7.4%（75 亿美元），澳大利亚整体经济增长了 2.0%。2019~2020 年，数字经济增加值占总经济增加值（18570 亿美元）的 5.9%（1090 亿美元），而 2018~2019 年的数字经济增加值占 5.6%（1015 亿美元）。

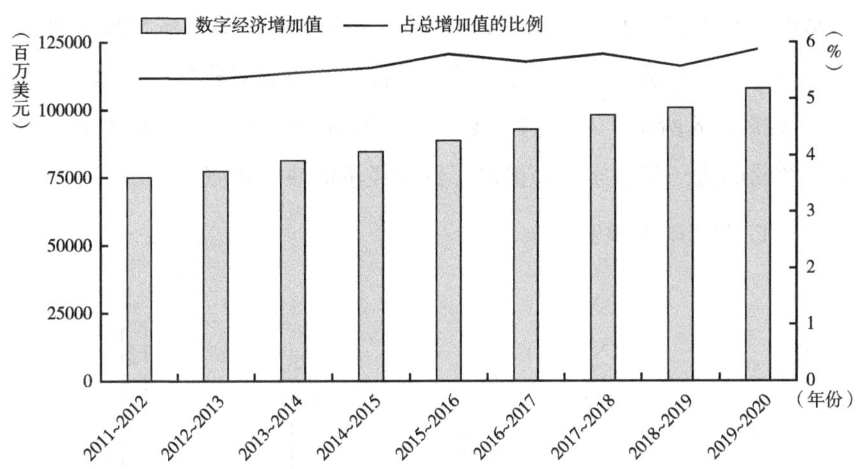

图 5-5　2011~2020 年数字经济增加值和在总增加值中的份额（现价）

资料来源：澳大利亚统计局（ABS）。

2019~2020 年，数字经济增加值在总增加值中占比 5.9%，高于 13 个行业部门，但落后于澳大利亚传统的经济驱动产业，如采矿（10.9%）、金融和保险服务（8.1%）、建筑（7.6%）等（见图 5-6）。

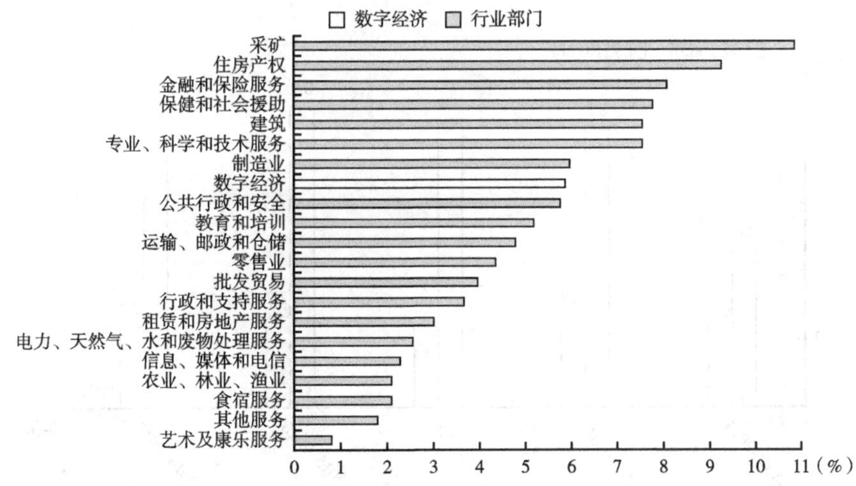

图 5-6　2019~2020 年各部门平均增加值在总增加值中占比（现价）

资料来源：澳大利亚统计局（ABS）。

从现价和不变价增长率来看，除 2016~2017 年整体经济增加值现价的增长率高于数字经济外，数字经济的增加值增长率都显著超过整体经济，如图 5-7 和图 5-8 所示。对电信和支持服务的强劲需求，以及澳大利亚经济中批发贸易的进一步数字化，推动了数字经济的快速扩张。

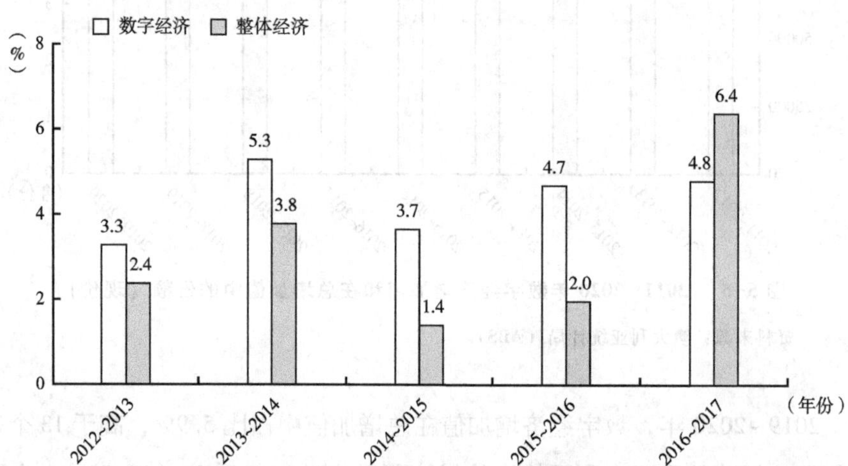

图 5-7　2012~2017 年数字经济与整体经济的年度增加值增长率（现价）

资料来源：澳大利亚统计局（ABS）。

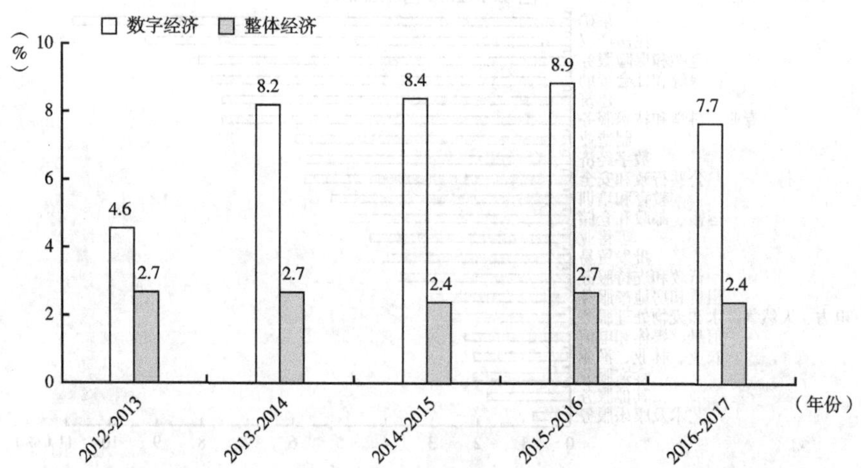

图 5-8　2012~2017 年数字经济与整体经济的年度增加值增长率（不变价）

资料来源：澳大利亚统计局（ABS）。

如图 5-9 所示，2012～2013 年至 2016～2017 年，数字经济几乎占澳大利亚总经济增长的 1/6（总经济增长 2.6%，数字经济增长 0.4%），澳大利亚数字经济对经济增长的贡献与美国类似（2016 年为 0.4%）。

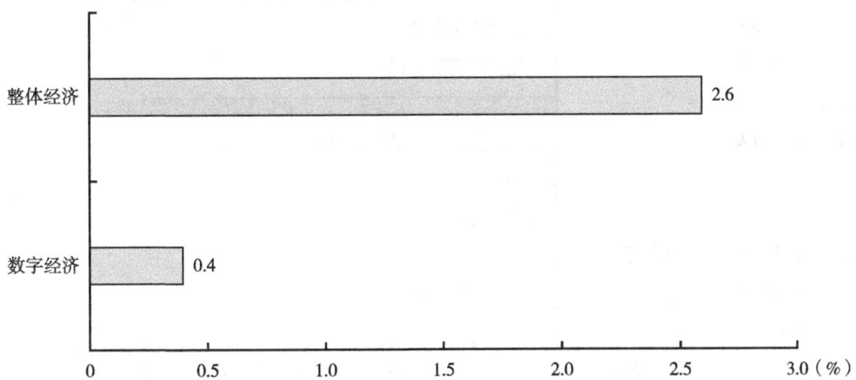

图 5-9　2012～2013 年至 2016～2017 年数字经济对总增加值增长的贡献（不变价）

资料来源：澳大利亚统计局（ABS）。

如图 5-10 所示，2019～2020 年，澳大利亚数字经济增加值主要由支持服务（44.0%）、电信（21.7%）和电子商务-批发（18.9%）构成。电子商务-零售和电子商务-批发在数字经济总增加值中的份额上升了 0.8 个百分点，而电信和数字媒体的份额分别下降了 1.3 个百分点和 0.8 个百分点。

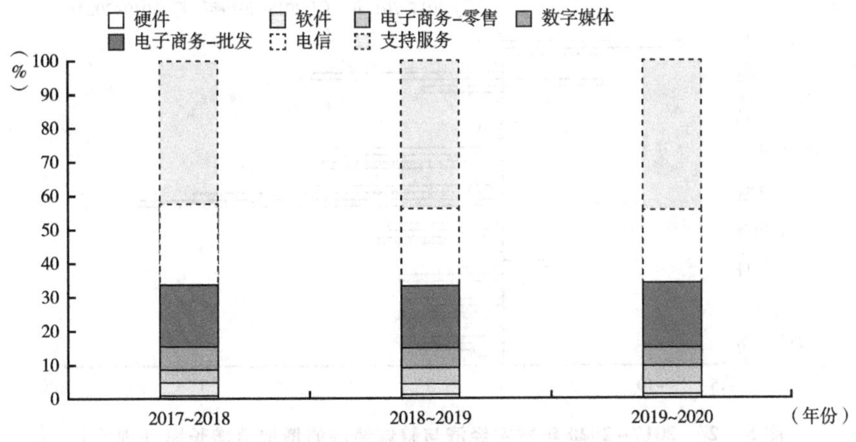

图 5-10　2017～2020 年数字经济各行业增加值占比

2019~2020 年，以现价价格计算，数字经济增加值增长了 7.4%，而整体经济增加值增长了 2.0%，如图 5-11 所示。

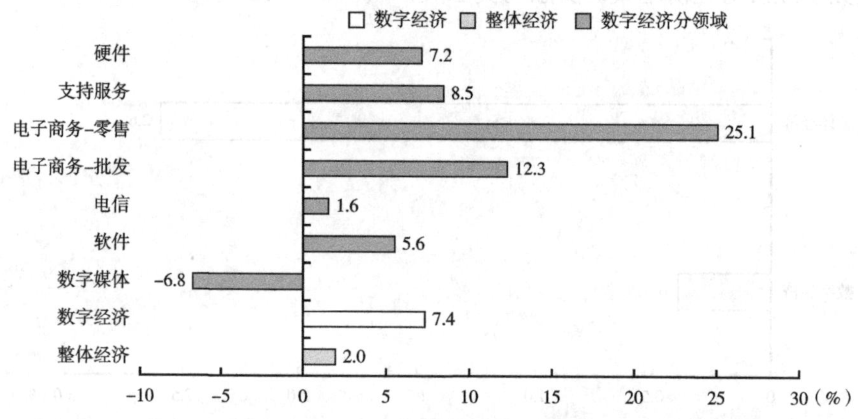

图 5-11 2019~2020 年数字经济与整体经济的增加值增长率（现价）

由于在线贸易不断增长，2019~2020 年澳大利亚数字经济各领域中增长最快的是电子商务-零售（25.1%）和电子商务-批发（12.3%）。免费广播和电视广播服务减少导致数字媒体下降了 6.8%（见图 5-12），但部分被互联网出版和广播服务的增加所抵消。

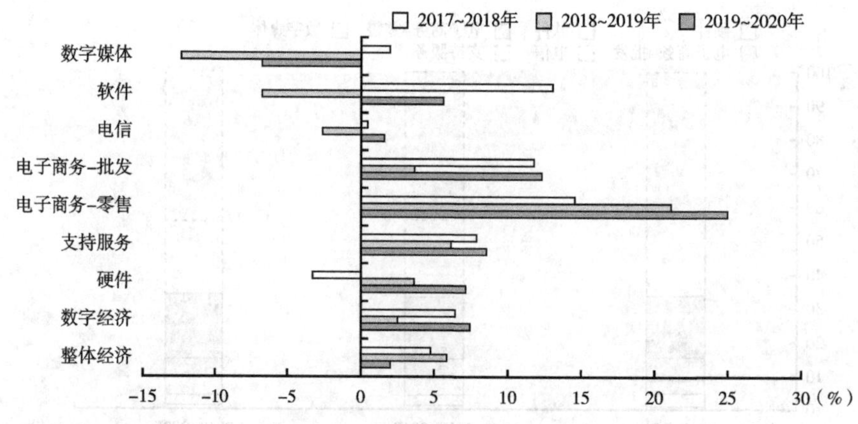

图 5-12 2017~2020 年数字经济与整体经济的增加值增长率（现价）

三　不足之处

澳大利亚统计局承认，其采用的方法测量范围有限，不能核算数字经济全部内容。例如，不包括点对点交易和新兴数字化产品（优步运输服务、金融服务和“智能”家用电子产品等）。虽然，根据现有分类这些数字化产品的生产已嵌入现有供给使用表的数据来源中，但其并未被单独识别。此外，现统计方式不能很好地识别数字贸易，通过数字网络的出口和进口而发生的数字贸易需要依据最终需要估计。因此，澳大利亚统计局认为该测度为澳大利亚数字经济的分析和政策制定提供了“下限”参考。

第三节　新西兰测度方法与主要结果

一　数字经济发展概况

早在2017年，得益于数字技术与基础设施的积极组合、技术初创企业的孵化、创新的承诺以及政府的支持，新西兰与英国、新加坡、阿联酋、中国香港和日本等一起被列为全球最领先的数字化经济体。新冠肺炎疫情发生以后，新西兰在数字经济领域看到经济复苏的希望，积极在各个领域扩大应用数字化解决方案，维护本国的数字安全和数字权利。

（一）作为发起国签署《数字经济伙伴关系协定》

新西兰积极探索数字贸易规范治理，希望与数字治理较强的国家建立一个公开公平的平台，以此更好地保护本国的数字安全和数字权利。2020年6月12日，新西兰与新加坡和智利三国线上签署《数字经济伙伴关系协定》（Digital Economy Partnership Agreement，DEPA）①，DEPA旨在加强数字贸易

① DEPA由新加坡、智利、新西兰三国于2020年6月12日线上签署，是旨在加强三国间数字贸易合作并建立相关规范的数字贸易协定。

合作并建立相关规范的数字贸易协定，是全球第一个网络签署的重要国际条约。

（二）积极拥抱数字货币

新西兰政府积极与加密货币初创公司沟通探讨有关监管规定，早在2017年，新西兰金融市场管理局就明确规定，通过ICO发行的代币或加密货币基于其具体的特点和经济实质可以被定义为金融产品（债券、股票或受托管的投资产品及衍生品），属于《金融市场管理法》监管范围。2018年6月，新西兰央行发布文章探讨发行中央银行数字货币的利弊。2020年5月，新西兰央行招聘数字货币方面的专家作为“货币和现金主管”，专注于“货币的未来”。

（三）数字媒体行业处于世界先进水平

新西兰（尤其是在奥格兰和惠灵顿）拥有众多电影基础技术制作的顶级数码公司，数字媒体行业处于全球领先水平。维塔数码（Weta Digital）、绿色按钮（Green Button）等公司为《金刚》、《魔幻王国》、《智能叛变》、《阿凡达》、《指环王》（三部曲）等多部大型电影制作电影特技、动画效果以及云渲染，其中《指环王》（三部曲）和《阿凡达》还创造了当时全球最高电影票房。新西兰蓬勃的数字媒体行业带动了3D等全新的技术发展，还在一定程度上带动了云计算解决方案和解决商的发展。

二　测度方法与结果

为了解数字经济发展的现状，并为相应政策调整提供参考，新西兰统计局使用供给使用表，采用经过调整的《衡量数字贸易：迈向概念框架》（OECD，2017b）中提出的数字贸易框架，对新西兰数字经济总产出进行初步估计。按照数字贸易框架的方法新西兰供给使用表中的产品被分为数字订购、平台支持和数字交付，从而将数字贸易框架扩展到新西兰的整个经济，以便于确定国民账户商品分类中的“数字”交易。

2007~2015年，新西兰经济中生产的数字订购商品和服务由816亿新西兰元增长为1092亿新西兰元（732亿美元），年平均增长率为3.8%，而新西兰总产出在此期间年均增长 4%。2007～2015 年新西兰数字订购产品总产出占国民经济总产出的 20%，占比较为稳定。

2007～2015 年，新西兰经济中生产的数字交付产品由 200 亿新西兰元增长为 279 亿新西兰元，总产值增长了 39%，平均增长率为 4.3%，超过新西兰总产出的增长速度，数字交付产品占总产出的 5.7%～6.1%。

产生数字交付的主要贡献来自电信服务业、直接从银行和金融业衡量的金融中介服务，以及计算机系统设计和相关服务业等几大行业，其他行业贡献微乎其微。数字交付的服务主要由几个大型行业主导，而所有其他行业的贡献微乎其微，如图 5-13 所示。

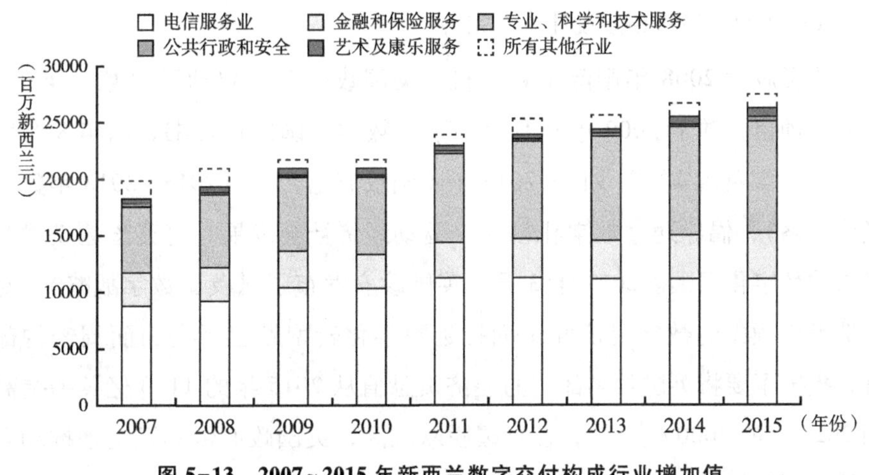

图 5-13　2007～2015 年新西兰数字交付构成行业增加值

三　不足之处

新西兰统计局目前无法提供充分识别来自平台支持的产出。要获得平台支持生产的可靠数据，需要额外的数据源或细目，而新西兰现有的国民账户目前无法提供这些数据源或细目。新西兰统计局正在与许多数字中介机构建立联系，以获取可用的相关数据。

第四节　英国测度方法与主要结果

一　数字经济发展概况

近年来，数字经济已成为英国经济新的增长点。这得益于英国政府注重发挥顶层战略引领作用。英国为打造世界领先的数字经济，推进数字化转型进行了全面而周密的政策部署，积极营造良好的数字经济发展环境，积极培育数字技能人才，不断强化数字市场监管。

（一）数字经济顶层设计不断完善

为了应对2008年国际金融危机，英国政府首先启动了“数字英国”的战略项目，并于2009年6月发布了《数字英国》白皮书，同年8月发布了《数字英国实施计划》。2015年英国政府出台了《2015~2018年数字经济战略》，倡导通过数字化创新来驱动经济社会发展，将英国建设成为未来的数字化强国。2017年3月，英国政府发布了《英国数字战略》，对打造世界领先的数字经济和全面推进数字化转型做出了全面而周密的部署，提出了要将英国数字部门的经济贡献值从2015年的1180亿英镑提高到2025年的2000亿英镑，在英国脱欧之际，英国政府依然坚定地推动数字战略再升级。

（二）数字人才供不应求

英国各行业的空缺人数规模不断上升，2015~2018年的四年间，英国各行业的需求都在增加。尽管会计、金融、制造业、法律、创新设计等行业的人才需求正在增加，但数字科技仍然在英国的就业生态系统中发挥着重要作用，其需求比创意设计行业要高出20倍。从英国主要行业的人才空缺规模来看，数字科技占主导地位。在过去4年中，数字科技领域对人员的需求增长了约53%，远远高于其他行业。英国设立了AI硕士研究项目、全球图灵奖学金计划。2018年，英国《产业战略：人工智能领域行动》提出为确保英国在人工智能行业的领先地位，培养相关专业人才，投资4.06亿英镑用于技能发展。

（三）数字经济发展区域差异较大

从劳动就业的视角来看，数字经济部门正在推动整个英国就业机会的增加，创建区域技术中心、地区中心都需要相应的人才来支撑该地区的发展。2019年英国共有270万人从事数字经济行业，就业人数以每年10%以上的速度增长，但从分区域的就业情况来看，人才就业的分布并不均衡，呈现一强多极的特征。伦敦集聚的数字经济从业人员最多，达到57.4万人，其次是曼彻斯特和雷丁，从业人数均超过10万人，其他城市的数字经济领域从业人员规模较小，在2.6万~6.1万人。曼彻斯特、贝尔法斯特、伯明翰、雷丁和利兹的增长较为强劲。从劳动就业的视角来看，数字经济职位占城市人口的比例侧面反映了该地区数字经济的活力。从英国不同城市该比例的分布来看，剑桥50%的城市人口从事数字经济工作，而伯明翰、谢菲尔德、加的夫从事数字经济工作的人口占比仅2%。由此可以看出，英国各城市数字经济的发展差异较大，一些城市拥有丰厚的人力资本，其数字科技化程度更高，创造的就业岗位也更多，职位占人口比例更高。

（四）强化数字市场监管

2018年，英国财政大臣提出组建“数字竞争专家小组”，该小组主要负责在英国境内企业并购和反垄断法、促进数字市场竞争效率提升和市场进一步开放等领域，向政府决策部门提供专业性对策建议。2021年7月，英国政府提出数字市场监管必须遵循三项原则：一是支持创新，消除非必要监管和企业负担，首先考虑技术标准等非监管措施；二是确保监督的前瞻性和连贯性，监管规则和能力水平要与数字技术的快速发展相适应；三是监管政策制定者应具备全球视野，在决策中始终考虑监管措施的国际动态，包括数字贸易协议和国家监管措施带来的影响。

二　测度方法和结果

英国数字、文化、媒体和体育部（DCMS）基于标准行业分类对数字经济总增加值（Gross Value Added，GVA）进行测度。其测度方法具有国际可比性的优势，但无法考虑数字化对经济的更广泛影响，且在对数字贸易的统计上仍有显著不足。2018 年数字行业增加值为 1490 亿英镑，占经济总增加值的 7.7%，数字行业增速是英国国民经济增速的 6 倍。2019 年数字行业为英国经济贡献了 1506 亿英镑、150 万个工作岗位。

英国数字、文化、媒体和体育部基于标准行业分类 2007（SIC）代码，把数字部门（digital sector）分成 9 个子行业。这 9 个子行业是电子产品和计算机制造，计算机和电子产品批发，出版（不包括笔译和口译），软件发布，电影、电视、视频、广播和音乐，电信，计算机编程、咨询和相关活动，信息服务活动，计算机和通信设备维修，具体内容详见表 5-2。DCMS 用总增加值来衡量数字经济规模，GVA=GDP+补贴-税收。

表 5-2 英国数字、文化、媒体和体育部数字经济统计测算指标包含的内容

一级指标	二级指标
电子产品和计算机制造	电子元件制造
	负载电子板制造
	计算机及外围设备制造
	通信设备制造
	消费电子产品制造
	磁性和光学介质的制造
计算机和电子产品批发	计算机、计算机周边设备及软件批发
	电子及电讯设备及配件批发
出版（不包括笔译和口译）	图书出版
	发布目录和邮件列表
	报纸出版
	期刊出版
	其他出版活动
软件发布	其他软件发布

续表

一级指标	二级指标
电影、电视、视频、广播和音乐	电影、录像和电视节目制作活动
	电影、录像和电视节目后期制作活动
	电影、录像和电视节目发行活动
	电影放映活动
	录音和音乐出版活动
	无线电广播
	电视节目和广播活动
电信	有线电信活动
	无线电信活动
	卫星电信活动
	其他电信活动
计算机编程、咨询和相关活动	计算机程序设计活动
	计算机咨询活动
	计算机设施管理活动
	其他信息技术和计算机服务活动
信息服务活动	数据处理、托管和相关活动
	门户网站
	通讯社活动
	其他信息服务活动
计算机和通信设备维修	计算机及周边设备维修
	通信设备维修

资料来源：英国数字、文化、媒体和体育部（DCMS）。

2019 年，英国数字部门的名义 GVA 是 1506 亿英镑，同比增长 8.3%，占全国 GVA 的比重是 7.6%。其中，计算机编程、咨询和相关活动对数字经济 GVA 贡献最大（556 亿英镑），占 2019 年的 36.9%，计算机编程、咨询和相关活动，电信，电影、电视、视频、广播和音乐是最大的三个子行业，合计占数字部门 GVA 的 75.5%。就增速来看，2019 年有三个子行业的 GVA 增速快于数字部门整体，它们是信息服务活动，电影、电视、视频、广播和音乐，计算机编程、咨询和相关活动，增速分别是 23.3%、14.2%和 10.1%。而电子产品和计算机制造是负增长，计算机和通信设备维修仅增长 0.8%。在英国数字经济中 SIC 代码与创意产业重叠，这可能是数字经济和创意产业出现类似趋势的原因。

英国数字部门相较于整体经济并没有更快的增长速度。如图 5-14 所示，在 2011~2019 年的 9 年时间内，只有 2011 年、2016 年和 2019 年三年的 GVA 增速快于全国水平。从 2010 年到 2015 年，英国数字经济 GVA 的增长速度比全国整体经济增速要慢。英国数字经济在 2016 年快速增长之后，直到 2018 年，数字经济 GVA 一直随着英国经济的增长而增长，直到 2019 年增速再次快于全国水平。

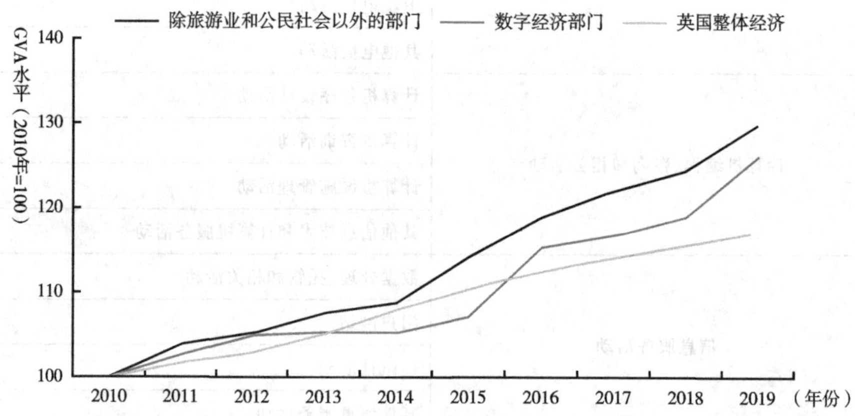

图 5-14　2010~2019 年英国数字经济部门、除旅游业和公民社会以外的部门和英国整体经济实际 GVA 增长指数

资料来源：英国数字、文化、媒体和体育部（DCMS）。

根据 DCMS 数据（2021 年 10 月 28 日），从 2019 年到最近一年（即 2020 年 7 月至 2021 年 6 月，下同），英国就业岗位数量减少了 57.9 万个，而数字部门的就业岗位数量增加了 21.1 万个，由 155.7 万个提高到 176.8 万个，占全国就业岗位数量的比重由 4.6%提高到 5.4%。最近一年，数字部门的全职岗位占 89.5%，兼职岗位占 10.5%；计算机编程、咨询和相关活动不仅是最大子行业，还贡献了数字部门一半以上的就业（52.4%）。

三　不足之处

英国数字、文化、媒体和体育部测度具有国际可比性的优势，但方法仍有明显的不足。一方面，DCMS 测量数字经济的定义不考虑数字化对经济产生的更广泛的影响，从而产生的增加值，例如，在医疗保健或建筑领域数字化产生的影响。因此，这是 DCMS 当前测度方法的一个明显不足。另一方面，数字贸易和电子商务产生的增加值很难用传统统计方法进行衡量。数字贸易的重要性与日俱增。电子商务（即以数字方式订购和/或交付的商品和服务）是更广泛的数字贸易的一个重要子集，然而，目前几乎没有关于受其影响的跨境贸易流规模的信息。在衡量跨境电子商务流量方面存在重大挑战。对“数字贸易”的构成缺乏明确的定义，也缺乏全面的概念性衡量框架。新商业模式（如 Airbnb、Uber 等）企业的出现加剧了这一问题，这些企业的活动很难用传统的统计方法捕捉。英国国家统计局（ONS）和英国皇家统计委员会（HMRC）都表示，当前的贸易统计数据并没有显著低估数字贸易流。但普遍看法是，现在统计系统无法捕捉由电子商务产生的国际贸易数据。问题最大的领域是电子服务贸易的衡量，如数字下载和应用程序等。因此，这是 DCMS 当前测度方法的另一个明显不足。

第三篇　多指标评价篇

第六章
OECD 衡量数字化转型指标体系的构建与演变

第一节　OECD 数字经济测度指标体系的发展背景

OECD 是数字经济研究起步较早的机构，2014 年发布《衡量数字经济：一个新的视角》（Measuring the Digital Economy：A New Perspective），初步构建了数字经济指标体系。2019 年 3 月，OECD 进一步完善指标体系，发布了《走向数字化：回到未来》（Going Digital：Back to Future）和《衡量数字化转型：未来路线图》（Measuring the Digital Transformation：A Roadmap for the Future），前者回顾了近 20 年 OECD 数字相关政策框架的制定和演变过程，并指出应该重新思考数字相关政策的制定，并提供新的数字政策框架，充分利用数字技术助力经济增长和社会进步；后者提出衡量数字化转型的关键指标，并对全球主要经济体的数字化转型程度作出评估，为各国政府、企业和学者的政策制定、上层决策和学术研究提供参考。研究重点提出了应对数字化转型挑战的总体行动路线，以及需要特别关注的领域，包括技术变革、数据和数据流、数字技能、互联网环境信任程度和政府的数字优势。

一　《衡量数字经济：一个新的视角》

2014 年，OECD 发布《衡量数字经济：一个新的视角》，根据 2008 年

《首尔部长宣言》和2011年互联网高级别会议制定的数字经济领域政策优先事项，选择国际可比的ICT指标，并加入一些试验性指标，构成了衡量数字经济的指标体系，为各国评价自身数字经济发展水平提供参考。

报告分为三个部分，第一部分“数字经济的测度框架”，基于OECD在制定ICT指标时的经验和基础，总结了当前衡量数字经济测度框架的主要不足，并确定了一些关键行动领域，以期制定前瞻性的国际数字经济指标体系。第二部分“当今的数字经济”（第1章），指出数字经济和社会不断发展的特征，例如，移动宽带接入和应用逐渐普及，云计算服务不断增加，大数据分析正在兴起等，这部分还分析了经济危机中，ICT在创新中的作用，以及ICT行业的表现。第三部分“主题章节”，由4章组成，旨在反映ICT领域政府行动的优先事项，涵盖的主题范围从基础设施可用性到开放性和参与互联网经济、网络安全和隐私、消费者和公民的保护和赋权，以及创新和可持续性等。此外，报告还在每个主题章节中提供了高质量、具有国际可比性的推荐参考指标。

报告的主要发现有以下七点。

（一）ICT引发经济和社会的深刻变化

OECD国家的成人互联网用户数量占总人口的比例从2005年的不足60%增长到2013年的80%左右。国家间的互联网用户占总人口的比例相差很大，2013年，卢森堡、荷兰、北欧国家、瑞士等超过90%的人口访问互联网，而希腊、意大利、墨西哥、土耳其等访问互联网的比例为60%或者更低。此外，国家间互联网使用的年龄鸿沟也逐渐显现，青少年互联网使用的频率更高，OECD国家15岁青少年工作日在互联网花费的时间约为3小时。OECD国家中62%的互联网用户注册了社交网络，35%的用户使用了电子政务服务。2012~2013年，OECD国家77%的企业注册了网站或主页，21%的企业以电子方式销售产品，超过80%的企业使用了电子政务服务。

（二）技术发展正在推动数字基础设施的进一步渗透

互联网、智能设备、应用程序等的发展推动OECD国家的无线宽带用户在短短的4年时间里增加了2倍多，到2013年12月，OECD国家几乎3/4

的人口成为移动宽带用户。许多新兴国家或欠发达国家也已广泛使用移动宽带，例如，南非移动宽带订阅人数从 2010 年的 1400 万增加到 2013 年的 1.17 亿。同时，还要意识到，在 OECD 国家之间，网速和价格的差异仍然巨大，2013 年 12 月，OECD 国家的高速宽带用户（10 Mbit/s 以上）比例从 2%以下到 70%以上不等，移动服务支付费用最高的国家是最低的国家的 7 倍以上。

（三）ICT 显著推进跨行业、跨学科创新

2011 年，ICT 生产行业以及出版、数字媒体和内容行业约占 OECD 研发商业支出总额的 1/4。2014 年，ICT 相关技术的专利占所有应用的 1/3。在过去的十年里，数据采集在总专利中的份额增加了 2 倍多，M2M（机器对机器）通信专利在总专利中的份额增加了 6 倍。许多新技术依赖于 ICT 通信技术的创新，OECD 25%的 ICT 专利属于非 ICT 领域。

（四）数字经济的韧性不断显现

2012 年，OECD 信息产业增加值约占总增加值的 6%，信息产业就业人口约占总就业人口的 4%，信息产业的固定投资额占投资总额的比例为 12%。2009~2012 年，ICT 行业在企业数量净增长方面优于其他行业，并且涉及中小企业的比例相对较高。ICT 企业在制造业和服务业中的存活率也高于同行业其他企业。经济危机似乎并未对全球 TOP250 的 ICT 企业营收产生重大影响，与 21 世纪初相比，这些企业从制造转向服务，大幅减少了研发支出。2000~2012 年，计算机和外围设备占世界 ICT 出口的比例从近 38%下降到近 30%，通信设备和电子产品的份额从 26%增长到 35%，特别是中国在全球 ICT 出口中的份额从 4.4%增长至 30%以上。

（五）ICT 就业情况持续低迷

尽管数字经济在近年来蓬勃发展，但 ICT 行业的就业人数占比始终未达到 2001 年 4.1%的峰值，低迷的就业形势反映了制造业和电信服务缩减，以及 IT 服务的增长，然而在 OECD 国家中 ICT 行业在 ICT 相关职业中的占比不足 50%。2003~2013 年，澳大利亚和加拿大的 ICT 就业增长了 25%以上，美国增长了约 15%，欧洲 OECD 国家增长了 16%~30%，ICT 就业情况优于

总体就业情况。但随着自动化和机器学习的进步，也有研究表明 ICT 对就业的影响具有潜在的破坏性。

（六）对 ICT 技能的需求进一步提升

工作中使用信息通信技术越来越普遍，但欧盟超过 60%的劳动者表明他们的计算机技能不足以使他们找到新的工作机会，受教育程度低的劳动者中这一比例更是高达 80%以上，受过高等教育的人群中，这一比例低于 40%。互联网为教育和培训开辟了新机遇，2013 年，在可获得数据的 30 个 OECD 国家中，9.3%的互联网用户参与过在线课程，数百所大学提供在线课程和开放在线课程（MOOC）。此外，安全技能也需要提高，超过 1/3 的欧盟互联网用户拒绝在线购买商品和服务的原因是网络安全问题。2013 年，欧盟中只有 1/3 的互联网用户更改过浏览器安全设置，2010 年，欧盟中只有 9%的互联网成年用户使用家长控制或网络过滤软件来保护他们的孩子上网。

（七）衡量数字经济的工具手段需要创新

虽然现在有传统的统计数据可以衡量 ICT 的普及情况，但这些指标已无法应对数字技术快速发展所带来的挑战，也无法准确衡量人们和公司使用互联网的真实情况，具有前瞻性的国际数字经济衡量框架应满足以下六点要求：一是要改进对 ICT 投资及其与宏观经济绩效联系的衡量；二是要定义和衡量数字经济技能的需求；三是要制定指标监测安全、隐私和消费者保护；四是要促进衡量 ICT 实现社会目标和数字经济对社会的影响；五是要建立具有全面优势的数据基础设施来衡量影响；六是建立一个适合利用互联网作为数据源的统计质量框架。

二 《走向数字化：回到未来》

2019 年 4 月，OECD 发表《走向数字化：回到未来》（Going Digital: Back to the Future），回顾了过去 20 年 OECD 在推动电子商务以及数字经济发展所做的努力，并为开启下一个 20 年做好准备。

1998 年 10 月 7~9 日，OECD 在加拿大渥太华举行了第一次电子商务国际部长级会议，当时的电子商务也就是现在所称的数字经济。2019 年 3 月 11~12 日，OECD 召开主题为“走向数字化”（Going Digital）的数字经济峰会，提出当今新世界旧挑战并存，应该重新审视数字经济的内涵，为未来 20 年数字经济的变革及其带来的挑战做好准备。

电子商务作为一种全新的商业模式一直持续发展至今，成为全球经济增长和发展的主要动力。“无国界”这个词在全球化时代意义重大，一方面是消费者现在可以在不同的司法管辖区购买商品和服务，另一方面是现有的政策和法规如何适用于传统的商业定义。各个国家在这些问题上面临挑战，因此制定新的公约和框架势在必行。电子商务的影响覆盖全球，并要求多利益相关方共同解决这一问题。为适应数字市场的快速发展，OECD 呼吁制定一些基本规则，需要企业、消费者、技术人员、政策制定者、监管者等多利益相关方一起参与，分享共同的愿景并提高合作水平。

1998 年 10 月 7~9 日，OECD 成员国部长和来自非 OECD 成员国、消费者以及社会利益团体的代表齐聚渥太华，共同商讨促进全球电子商务发展的计划。当时渥太华部长级会议的主题是“一个无国界的世界：激发全球电子商务的潜力”（A Borderless World: Realising the Potential of Global Electronic Commerce），如今这一概念听起来有些过时了，但是当时议程上关于数字基础设施、税收、社会影响和信任等议题，现已成为数字政策讨论的框架。

渥太华会议议程围绕四个主题，包括建立信任、确保有效保护并消除不必要的障碍、加强信息基础设施建设以及对社会和经济影响有一个清晰的认识，旨在最大限度地发挥数字化转型的好处，为全球多方利益相关者的合作和信息社会的进一步发展奠定了基础。此外，渥太华会议上还提交了一份由企业编写，并向各国政府提出建议的电子商务全球行动计划，以及关于国际和区域机构作用的报告。

渥太华会议上产生了三项部长宣言，核心在于营造可信任的电子商务环境，保护消费者对电子商务的使用。一是关于保护全球网络隐私的声明：部长们呼吁 OECD 根据经验，在互联网环境中根据 1980 年 OECD 隐私准则提供实施指导。隐私指南于 2013 年更新，目前仍是通用的资源。二是电子商务背景下的消费者保护宣言：提高数字素养和鼓励技术发展作为保护消费者的主要手段，目前仍是建立电子商务信任的核心。OECD 于 1999 年制定了以电子商务为背景的“消费者保护准则”，2016 年更新。三是关于电子商务认证的声明：部长们重申了 OECD 在 1985 年关于跨境数据流的宣言及其 1997 年关于密码学政策指南的建议中提出的目标。

OECD 长期致力于数字经济问题研究，2008 年“互联网经济未来”（The Future of the Internet Economy）首尔部长级会议是 OECD 研究工作的转折点。会议“考虑了影响互联网发展的社会、经济和技术趋势，并研究了数字经济从平台演变成为所有经济和社会部门必不可少的基础设施的潜力”。在首尔会议期间，OECD 秘书长 Angel Gurria 呼吁“YouTubers”思考如何让互联网变得更美好，从而引入参与社交网络的新趋势。

2016 年，随着数字化渗透到世界经济，OECD 坎昆部长级会议标志着另一个关键点，OECD 开始重点关注互联网开放、数字信任、全球连通、就业和技能。

如今，由于数字化转型的迅猛发展且难以预测，OECD 政策制定机构面临更大的挑战。OECD“走向数字化”（Going Digital）项目正在重新界定对数字政策的思考方式，并提供新的政策框架，包括新的工具包，以帮助政府和公民利用数字技术实现对经济增长和社会发展的承诺，并减少各类风险。OECD 在 2019 年 3 月举行的数字峰会标志着未来 20 年数字化转型的又一里程碑。

三 《衡量数字化转型：未来路线图》

《衡量数字化转型：未来路线图》（Measuring the Digital Transformation：A Roadmap for the Future，本章下文简称《路线图》）通过将指标映射到当前数字政策的各个领域，囊括教育、创新、贸易、经济和社会成果，深入理解数字化转型，以确定各国在衡量数字经济时存在的差异，并制定前瞻性的衡量数字化转型行动计划。

报告分为三个部分。第一部分（第一章）阐述了数字时代发展趋势。

开篇章节围绕数字技术的发展趋势和数字化转型展开。利用了一些创新性的数据来源，强调了数字时代发展趋势，包括大数据分析和人工智能的兴起，云计算服务需求增加，全球化数据基础设施的实质，各个行业数字化转型的增加，数字化对工作场所、青年和科学家的影响，以及“数字鸿沟”的演变。第一部分还提到文本挖掘技术，基于互联网的统计数据和在线职位空缺等实例，开发新的评价指标。第二部分（第二章）探讨了增长与福利。阐述了信息产业和经济活动对增长、生产力、全球化生产网络以及构成全球增值链中的需求、贸易和就业的积极影响。同时介绍了公民如何使用数字技术，并提出影响数字福利的实例。第三部分（第三章至第九章）为主题章节。这部分 7 个主题章节与“走向数字化”（Going Digital）综合政策框架的 7 个政策层面保持一致。反映了政府监督和行动的优先事项，包括基础设施的扩域增量（第三章），鼓励个人和企业高效使用数字技术（第四章），实现科学、创新、市场和政府的数字化（第五章），确保工作场所的良好工作和薪酬（第六章），监测社会影响（第七章），加强互联网环境中的数字安全、隐私和信任（第八章），促进市场开放（第九章）。

数字技能未在政策框架中单独列出，而是被当作各个方面的必要因素。在整个研究中提到与技能有关的指标包括：第四章考察了有效使用数字技术的技能，第五章着眼于科学、工程和信息通信技术类的高等教育，第六章强调了工作场景所需的技能及其适应能力、教育和培训的关键技能，第七章探讨了数字技术能力，第八章着眼于数字安全技能。

报告的主要发现有以下六点。

（一）数字技术使创新更加普及，但更广泛的应用潜力仍然巨大

移动互联网、云计算、物联网（IoT）、人工智能（AI）和大数据分析是数字化转型的最重要驱动因素，2013～2016 年，中国大陆、中国台湾、日本、韩国和美国五个地区负责开发 TOP25 的尖端数字技术的占比高达 70%～100%。数据存储和处理成本的下降促进了大量数据的收集和大数据分析的应用，现在 12%的企业和 1/3 的大企业都在进行大数据分析。数据中心正在成为一个关键基础设施，云计算为用户提供随时随地访问所需的信息通信技术，使公司降低开发新技术的成本、扩大技术应用，特别是小型、初创和信贷受限的公司的收益更为明显，据统计，OECD 近 26%的小企业报告表明在 2018 年购买云服务。

（二）数字经济时代人们的联系越来越便利，但数字鸿沟也逐步显现

在 OECD 国家中，使用互联网的人口比例在过去十年中增长了 30 个百分点，希腊、墨西哥和土耳其增加了 1 倍多。巴西、中国和南非超过半数人口使用互联网，与 OECD 国家的差距不断缩小。2018 年，OECD 地区超过 3/4 的人每天使用互联网。同时也应看到，即使在普遍使用互联网的经济体中，互联网使用的复杂程度也存在分歧，许多人在网上开展相对基本和有限的应用，但在一些北欧国家，开展复杂应用的互联网用户的比例高达 45%~60%。同时，互联网使用也存在代际差异，在大多数 OECD 国家中，几乎所有 16~24 岁的人每天都使用互联网（2018 年的中位数为 96%），55~74 岁年龄段的人，中位数为 55%，先进国家和落后国家之间存在巨大差异（约 50 个百分点）。

（三）数字技术改变了年轻人的生活方式，深层次的影响应引起关注

在 OECD 国家，17%的学生在 6 岁或 6 岁之前首次访问互联网。2015 年，43%的 15 岁学生每天在校外花费 2~6 小时上网，高于 2012 年的 30%。2016 年，欧洲平均每个人每天在互联网上的时间超过 3 小时，而 14~24 岁的人平均每天在网上花费时间更是多出 1.5 小时。在 OECD 国家中，90%的学生喜欢使用数字设备，其中 61%的学生表示他们忘记了使用数字设备的时间，55%的学生表示他们在没有互联网连接时感觉不好，在法国、希腊、葡萄牙和瑞典等国家这一比例达到 80%。与年长的人相比，年轻人更有可能在互联网上提供个人信息。

（四）所有的公司和市场都受到数字化转型的影响

数字化转型的范围和速度因国家、部门、组织和地方而异。虽然现在几乎找不到不使用数字技术的企业，但企业往往没有充分发挥数字技术的潜力。目前，宽带接入业务已经几乎达到饱和状态，但平均而言，2018 年 OECD 国家中只有 20%的企业受益于高速宽带（网速 100 Mbps 或更高）。新的 OECD 分类标准显示，高度数字密集型行业与其他行业相比，更具动态性，规模扩张速度更快，随着时间的推移，商业活力出现更大幅度的下降。高度数字密集型行业的公司比其他行业公司高出 55%的溢价[①]，而且差距一直在增加。

（五）数字密集型人才需求攀升

数字素养和技能的提升是数字化转型的必要条件，数字化转型需要认知能力、数学和读写能力、解决问题能力、沟通和创造能力。低技能的工人往往需要接受培训以适应数字化时代的需求。报告统计发现，一方面，在 OECD 地区，16 岁至 65 岁的人口中有 13%缺乏基本的认知技能，拥有数字经济复合技能的人则不足 30%。另一方面，高度数字密集型的就业机会在增加，2006 年至 2016 年，高度数字密集型行业创造了 OECD 地区总体新增 3800 万个就业岗位中的 40%，尽管如此，ICT 专家在各行业中的占比仍然较低，OECD 对于高素质的数字人才需求仍然较大。

（六）现有的指标和衡量工具仍难以应对测度挑战

尽管当前国际上对数字经济的统计取得了进展，并且仍在不断向前发展，但仍须做更多工作来加强监测和塑造数字化转型所需的数据基础。在 OECD“走向数字化”项目中提出了九项拟议行动，如果优先考虑和实施，将大大提高各国监测数字化转型及其影响的能力。这九项行动分别是：①实现经济统计中数字化转型的可视化；②了解数字化转型的经济影响；③衡量数字时代的福利；④设计新的数据收集方法；⑤密切监控变革性技术（尤其是物联网、人工智能和区块链等）；⑥重视数据和数据流动；⑦定义和衡量数字时代所需的技能；⑧衡量在线环境的信任度；⑨评估政府的数字优势。

第二节　OECD 数字经济测度指标体系框架

一　指标体系的整体框架

OECD 提出衡量一个国家或经济体的数字化转型可以围绕以下 7 个领域

① 溢价是指公司产出的价格和公司产生一个额外产出的成本之间的差距。

展开，此分类与 OECD“走向数字化”项目政策框架的 7 个层面保持一致，反映了政府监督和行动的优先事项（见表 6-1）。

表 6-1　OECD 衡量数字化转型框架指标

一级指标	二级指标
1. 增强访问	1.1 固定网络连接
	1.2 移动网络连接
	1.3 网速
	1.4 网络基础设施
	1.5 网络覆盖率
2. 增加有效利用	2.1 用户成熟度
	2.2 电子商务
	2.3 业务能力
	2.4 电子消费者
	2.5 电子公民
	2.6 应用赋能
3. 释放创新	3.1 知识库
	3.2 科学与数字化
	3.3 创新产出
	3.4 市场准入
	3.5 政府数据公开
4. 确保就业	4.1 就业
	4.2 招聘动态
	4.3 ICT 技能
	4.4 教育和培训
	4.5 适应性
5. 促进社会繁荣	5.1 数字包容度
	5.2 数字时代技能
	5.3 日常生活
	5.4 数字化转型不利因素
	5.5 数字化转型与环境

续表

一级指标	二级指标
6. 加强信任	6.1 数字安全
	6.2 互联网隐私
	6.3 管理数字安全风险和隐私技能
	6.4 电子消费者信任度
	6.5 互联网社交网络
7. 促进市场开放	7.1 全球价值链
	7.2 贸易
	7.3 影响货物贸易的措施
	7.4 影响服务贸易的措施
	7.5 跨界技术

资料来源：OECD。

（一）增强访问（Enhancing Access）

随着越来越多的人和设备上线，访问通信基础设施、服务和数据成为数字化转型的基础，并且变得越来越重要。通信基础设施和服务是数字技术使用的基础，促进了个人、组织和机器之间的互动，实现了全球信息的自由流动。低价、快速地访问互联网对于数字化转型至关重要。此外，在许多情况下，数据是经济活动的驱动因素和通用的生产投入，但实现数据优势的前提是数据的可用性和可访问性。因此，在保证数据隐私和安全性的前提下，增强数据的访问和共享也同样重要。

（二）增加有效利用（Increasing Effective Use）

个人、公司和政府挖掘数字技术以及数据的优势和潜力取决于对它们的有效使用。增加对先进数字技术的采用、传播和有效利用，对中小企业而言尤其重要。数字技能还在缩小数字鸿沟方面发挥着关键作用。此外，数字技术为提高公共服务的访问率、覆盖率和质量提供了机会，并完善了政策制定能力和服务设计能力。与此同时，还应该加强对数字环境的信任，例如，提高民众信息安全意识，增强人员和机构的风险防控能力，以便更好地控制数字风险。

（三）释放创新（Unleashing Innovation）

数字创新是数字化转型的基本驱动力，推动创造就业机会，提高生产力，促进经济可持续增长。数字创新使人们的沟通、创造、生产和消费方式发生根本变化，不仅催生了新的产品和服务，还催生了新的商业模式和市场，并且提高了公共部门及其他部门的效率。数字化转型正在重塑科学的各个阶段，从计划编制到实验，从知识共享到公众参与。此外，数字技术和数据还推动了更广泛领域的创新，包括教育、卫生、金融、保险、运输、能源、农业、渔业、制造业，以及 ICT 行业本身。

（四）确保就业（Ensuring Good Jobs For All）

数字化转型导致破旧立新，旧有的工作种类不断被淘汰，新的工作种类不断产生。随着劳动力市场的转变，许多新工作可能与我们现在的认知不同。在数字时代，生存并取得成功需要人们掌握各种技能，需要持续地改进教育和培训系统，以顺利完成从一份工作到下一份工作的过渡以及获得充分的社会保护。此外，一部分就业者可能比其他人从数字化转型中获益更多，因此确保所有人的成功和公平也至关重要。

（五）促进社会繁荣（Promoting Social Prosperity）

数字化转型以复杂和交织的方式影响着社会，数字技术极大地改变了个人、企业和政府之间的沟通方式。数字化转型对社会的影响是复杂的，总体影响往往不明确，可能因国家而异。一方面，数字技术提高了互联网访问率，改善了医疗健康和教育体系。另一方面，互联网将人与人相互隔离，在心理健康方面造成消极影响（如网瘾、抑郁和网络欺凌），形成数字鸿沟等。数字化转型应不断促进经济增长和社会福利，各方利益相关者应共同努力，建设一个积极包容的数字社会。

（六）加强信任（Strengthening Trust）

营造一个值得信任的数字环境至关重要，否则无法实现经济和社会进步。实现数字化转型并从中受益，需要个人、公司和政府参与到营造良好数字经济环境的行动中。影响数字技术、数据和跨境流动的各种不确定因素对数字经济环境的营造具有负面效应，例如，潜在的数字安全事件、信息不对等、权利失衡、管辖权挑战等，这些负面效应可能会进一步恶化，升级为违法违规行为，危害隐私、消费者保护和产品安全。

（七）促进市场开放（Fostering Market Openness）

数字技术正在改变企业竞争、贸易和投资的方式，开放市场，避免过多的限制，允许外国和国内公司在平等的基础上竞争，可以为数字化蓬勃发展创造有利环境。随着前沿技术、应用和流程通过开放市场传播，开放的贸易和投资体制可以激发更多新的途径实现技术和技能升级，提高专业化水平。同时，市场开放也会加剧竞争，使国内外企业从贸易和投资中获益，促进整体经济增长。

二　指标体系的具体特征

该指标体系对现有的衡量指标进行了全面的补充和更新，在传统数据来源的基础上添加了新的数据来源，并且对数字技能的衡量分散在各个分指标中进行考察，该指标体系的具体特征如下。

（一）对现有指标和衡量体系全面更新

为跟进数字化转型的快速步伐，OECD发布的《路线图》对原有的指标和衡量体系进行了全面的更新，细化了原有的测量指标。数字化转型正在影响人们生活的方方面面，因此，数字经济的衡量框架需要将新出现的影响因素考虑在内，衡量数字技术和新商业模式在帮助实现社会目标方面发挥重要作用，例如，健康、人口老龄化和气候相关指标。目前，指标体系缺乏数字化转型对数字福利的影响统计，例如，数字技术的使用如何影响人们的心理健康或社会生活经历。OECD呼吁增加关于数字福利的统计。

（二）吸纳了新的数据来源

围绕数字技术和数字化转型的趋势展开的讨论部分，利用新的数据来源，强调了数字时代发展趋势，包括大数据分析和人工智能的兴起，云计算服务需求增加，全球化数据基础设施的实质，各个行业数字化转型的增加，数字化对工作场所、青年和科学家的影响，以及“数字鸿沟”的演变。研究中还提到文本挖掘技术、互联网数据统计和在线职位空缺等前沿技术，用于开发新的评价指标。此外，《路线图》中增加了新指标，例如，在增长与福利部分增加了学生在参与互联网活动时的感受和态度；在促进市场开放部分新增加了数字服务贸易限制性指数（DSTRI），用于识别、分类和量化影响各个国家数字化服务贸易跨境障碍。

（三）数字技能分散在各个评价指标中进行评估

数字技能未在测度框架中单独列出，而是被当作各个指标的参与因素提出。在整个研究中提到与技能有关的指标包括：增加有效利用部分（第四章）考察了对数字技能的有效应用；释放创新部分（第五章）着眼于科学、工程和信息通信技术类的高等教育；确保就业部分（第六章）强调了工作场景所需的技能及其适应能力、教育和培训的关键技能；促进社会繁荣部分（第七章）探讨了数字时代的技能；加强信任部分（第八章）着眼于数字安全技能。

第三节　OECD 数字经济评价主要结果

2019 年 3 月，OECD 发布了《衡量数字化转型：未来路线图》（Measuring the Digital Transformation：A Roadmap for the Future），引起各国广泛关注。研究发现，近十年，全球数字化技术应用水平不断提高，数字化转型的广度和深度同频增加，但由于各国、各行业的发展存在差异，大多数企业仍未释放出数字技术的最大潜力，对数字技术的深度应用还有待加强。与此同时，数字经济催生了一批新的就业机会，增加了就业容量，为劳动力市场注入活力，但由于对数字技能的要求增加，就业格局也随之发生变化。

一　主要发现

未来十年，以云计算、物联网、人工智能和大数据分析为代表的数字技术应用将成为数字化转型最重要的驱动力。数字化转型已渗透到各行各业，但数字技术的潜力仍有待进一步挖掘。不同国家、行业，不同规模的企业，以及不同年龄段人群对数字技术的使用和认识仍存在差异。此外，随着数字时代就业机会的增加，企业对数字技能的要求进一步提高。

（一）全球范围内数字化转型的广度和深度同步增加

OECD 指出，当前各国数字化技术应用水平逐步提高。数字技术应用于商业价值链中，涵盖了购买、销售和后台办公功能的自动化（ERP）等环节。其中，云计算服务应用的增长速度最快，在过去四年间增长了 50%。平均有 56%的大型企业和 27%的小型企业购买了云计算服务。数据存储和处理成本的下降促进了大量数据收集和大数据分析工具的采用，当前已有 12%的企业和 1/3 的大型企业采用了大数据分析。

数字技术的广泛应用基于三个条件。

1. 数字产品的性价比提高

随着技术的进步和更新、ICT 产品的价格下降，存储成本减少，而相应的网络可用性、功能、应用和内容却不断增加，从而进一步推动了 ICT 产品的广泛应用。从 2000 年到 2018 年，虽然 OECD 地区的消费者价格平均上涨约 45%，但通信相关产品（不包括 IT 和媒体）的价格却下降超过 20%。在欧元区和美国，电信服务价格下降了 10%～25%，ICT 商品价格下降 80%及以上。

2. 数字基础设施的容量扩大

当前，大多数 OECD 国家都享有广泛的数字基础设施覆盖面，自 2000 年以来，随着 3G 和 4G 的持续推进，移动连接已有巨大的进步，目前 5G 也处于初步推进阶段。同时，光纤等技术的部署也使得有线连接变得更加普遍。2011 年至 2018 年 5 月，全球互联网连接的平均速度从约 2Mbps 增加到 9.1Mbps 以上（见图 6-1）。

3. 各地的数据传输能力增强

大量数据通过海底电缆进行跨境流动，使企业能够在全球市场中有效地协调其供应、生产、销售、售后和研发流程。2018 年，约有 448 条海底电缆投入使用，总长度约为 120 万公里。与此同时，2018 年全球互联网带宽达到 393Tbps（太字节每秒），其中有 2/3 于 2014 年部署。非洲地区增长最快，2014～2018 年复合年增长率为 45%。

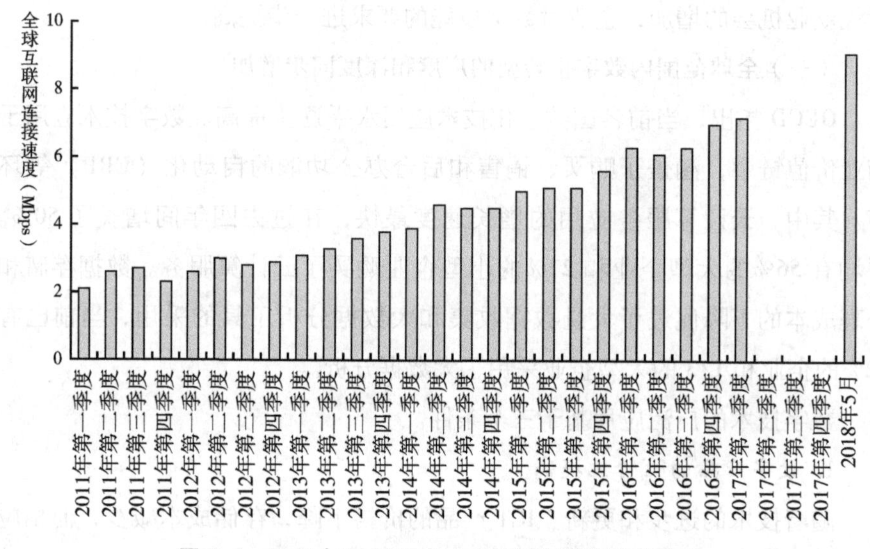

图 6-1 2011 年至 2018 年 5 月全球互联网连接速度

资料来源：OECD。

（二）各行业数字技术的应用仍未能释放出最大潜力

尽管目前数字化转型渗透到各行各业，但大多数企业没有充分发挥出数字技术的潜力。数字化转型的范围和速度因国家、部门、组织和地方存在差异。调查显示，2018 年，在 OECD 国家中大型企业的宽带接入已达到饱和状态，但真正受益于高速宽带的企业只有 20%。

1. 不同国家之间数字技术的发展步伐存在差异

2013~2016 年，中国大陆、中国台湾、日本、韩国和美国五大经济体掌握了前 25 种先进数字技术的 72%~98%。日本和韩国为 ICT 领域所有专利活动贡献了 7%~68%。美国引领与飞机交通控制相关的数字技术（53%）以及基于生物模型（43%）和数学模型（39%）的算法开发。中国积极参与控制安排（31%）和无线信道接入，以及网络和访问限制技术（21%）。一些欧洲经济体，尤其是瑞典、德国和法国，也是新兴数字技术的参与者。

2. 不同行业之间数字技术的使用率不同

50%的企业（不包括金融服务）内部不具备 ICT 能力。在欧盟国家的信息通信技术行业，如 IT 服务和电信领域，40%～80%的企业拥有中等及以上的 ICT 能力，而在纺织服装制造业和运输仓储服务业等技术水平相对较低的领域，这一比例约为 10%。此外，零售贸易和住宿的网络成熟度较高，而机械、信息通信技术和电气制造等中高科技制造业更倾向于将 ICT 应用程序整合到业务流程中。数字密集型行业与其他行业相比，动态和规模扩张速度更快，但随着时间的推移，商业活力出现更大幅度的下降，市场集中度出现更显著的上升。数字密集型行业公司比其他行业公司可获得更高的利润，而且该差距还在增加（见图 6-2）。

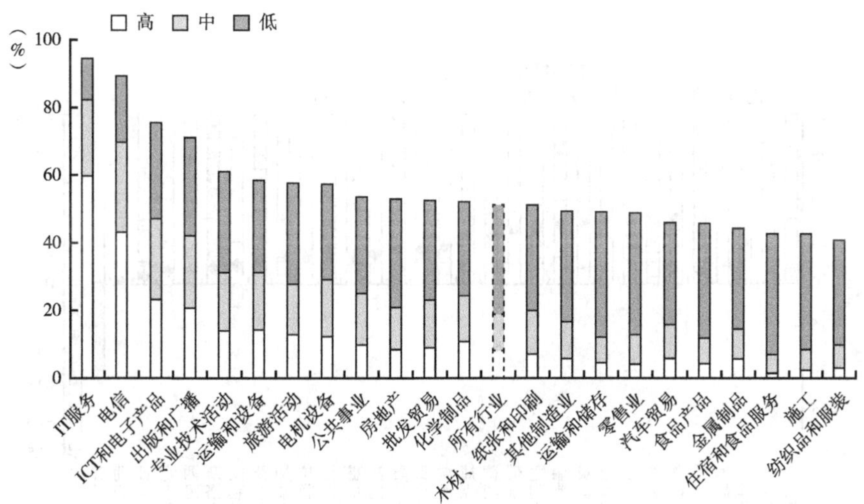

图 6-2 2018 年行业内部具有 ICT 能力的企业占比

资料来源：OECD。

3. 大型企业和中小型企业对数字技术的利用率不同

当前，大型企业和中小型企业对软件和基础设施服务技术的使用率相当。但是，大型企业倾向于更多地利用先进技术，特别是具有规模化要求的自动化生产工艺技术。尽管越来越多的小型企业负担得起数字技术的应用，但是要利用技术扩散来提高生产率，企业还需要将技术整合到业务流程中，并对技能培训和商业模式进行补充投资。

（三）数字密集型公司就业机会和数字技能要求增加

OECD 指标体系显示，2006~2016 年，OECD 国家新增的 3800 万个就业岗位中，约 40%为数字密集型职业。工作岗位中各项任务的 ICT 密集程度不同，例如，俄罗斯和土耳其的密集度约为 40%，斯堪的纳维亚近 60%。虽然在信息产业中，大约 25%~50%的员工是 ICT 专家，但在其他行业中，只有 20%的专家承担 ICT 密集型任务。2011~2017 年，欧洲每增加 10 个工作岗位，其中 4 个就是 ICT 任务密集型职业（见图 6-3）。在大多数 OECD 国家，女性比男性更多地从事 ICT 任务密集型工作，在欧洲担任程序员的大多数仍是年轻男性。

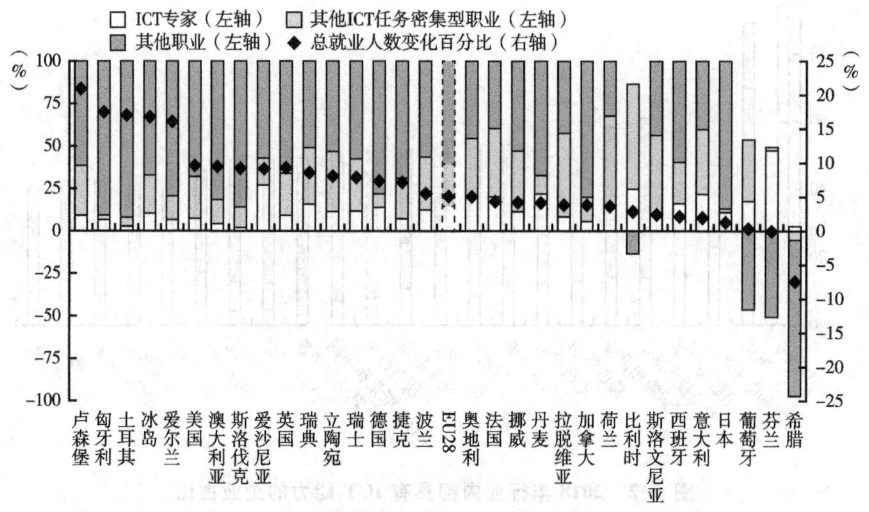

图 6-3　2011~2017 年不同职业对总就业变化的贡献

资料来源：OECD。

与此同时，推动数字化转型需要强大的认知技能（数学和读写能力）、解决问题的能力、沟通能力和创造能力。然而，OECD 国家中 13%的 16~65 岁人口缺乏基本的认知技能，少于 30%的人具有“全面”的认知技能，并结合了高水平的识字、算术和解决问题的能力。年轻一代做得更好，在技术密集的环境中具有良好解决问题技能的年轻工人的比例几乎是年长工人的 5

倍。培训和提升技能是数字化转型的必要条件。2018 年，欧盟 40%的工人需要学习使用新的软件或 ICT 工具，大约 10%的工人需要进行特定的培训才能应对这些变化。低技能工人最需要接受培训以适应数字化工作岗位，但平均只有 40%的人接受过培训。目前，OECD 国家用于培训失业人员和有非自愿失业风险工人的投入占 GDP 的 0.13%，但是数字化转型可能需要更大幅增加资金投入。

二　中国相关结果分析

（一）数字基础设施排名位置靠后，但“后发优势”显著

在 OECD 指标体系中，一级指标“增强访问”主要关注数字基础设施，旨在衡量和比较各国（地区）的连通性、移动连接、互联网速度、互联网基础设施和普遍接入情况，具体子项指标包括固定宽带渗透率、电信服务贸易限制性指数、移动宽带渗透率、互联网速度、互联网协议（IP）、机器到机器（M2M）、安全服务器、宽带连接。中国在各项指标排名中都处于中等偏下水平，低于 OECD 国家平均水平。

在 OECD 的指标衡量中，中国的数字基础设施呈现三大特征。一是光纤宽带连接占比高。OECD 指出，光纤到户速度最快，中国传统电信网络普及率较低，但由于具有“后发优势”，一步到位直接部署光纤宽带，所以中国的光纤宽带占比 70%，与日本、韩国的比例相近。二是移动宽带普及率的增速高。自 2010 年以来，中国和印度的移动宽带用户量翻了 25 倍，而墨西哥则翻了 17 倍。有限的固定宽带可用性和可承担性可能是移动宽带用户强劲增长的重要因素。三是我国电信服务贸易限制因素较多。如图 6-4 所示，2017 年我国电信服务贸易限制指数（STRI）仅次于印度尼西亚、印度、俄罗斯。限制的类型主要包括外国所有权、电信服务供应商的政府所有权、对外国投资的审核、企业管理者国籍或居住要求。OECD 认为减少电信服务贸易成本有利于促进电信企业的竞争，从而改善对基本设施的访问和降低转换成本。

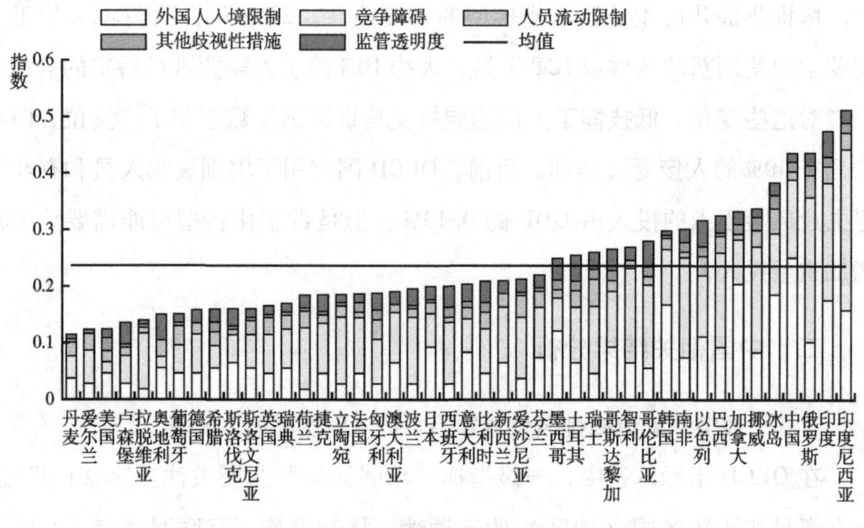

图 6-4　2017 年电信服务贸易限制指数

资料来源：OECD。

（二）数字技术使用密度相对较低，但数字化转型增速高

在 OECD 指标体系中，“增加有效利用”指标主要考察个人、公司和政府挖掘数字技术和数据的优势和潜力，但由于一些关键子项指标如电子商务、企业使用 ICT 技术的能力、电子消费者等的衡量缺乏中国数据，指标结果未能反映中国数字化技术应用的全貌。

现有结果反映，在企业使用方面，中国数字化转型正逐步推进。以企业机器人使用密度为例，虽然金砖国家的平均密度明显偏低，中国的企业机器人使用密度仅为 19.7%，但增长速度是 2007~2016 年前 25 个经济体平均水平的 2 倍，服务类机器人的销售额也在提升。2015 年，美国、日本和中国共占全球信息产业增加值的 50%左右，欧盟 28 国占 21%。虽然美国占了将近 30%，但其份额逐渐下降，与此同时，日本和欧盟的份额也在下降，而从 2005 年至 2015 年中国的份额从 3.4%增加到 14.4%。

在个人使用方面，OECD 国家使用互联网的人口比例在过去十年中增长了 30 个百分点。2018 年，OECD 国家超过 3/4 的人每天使用互联网。目前，中国、巴西和南非使用互联网的人口超过一半，2018 年中国互联网用户比例为 54.3%，虽然与美国（81.9%）、日本（96%）、欧盟（85.2%）等仍存在较大差距，但与 2006 年的 10.5%相比，取得了巨大进步，并逐渐缩小了与 OECD 国家的差距（见图 6-5）。

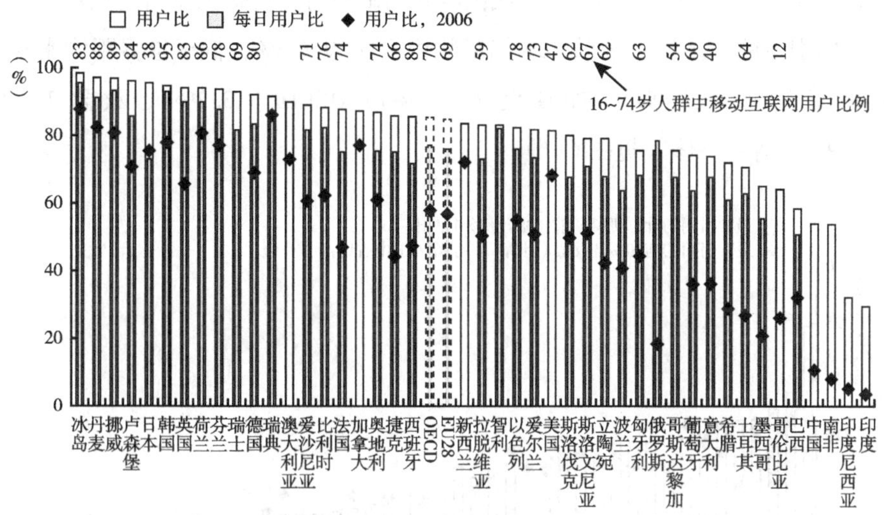

图 6-5　2018 年总互联网用户、每日互联网用户和移动互联网用户占 16~74 岁人群比例

资料来源：OECD。

（三）数字技术创新占有一席之地，科研影响力有待加强

OECD 研究显示，当前，我国是掌握了 ICT 领域前 25 种先进数字技术的五大经济体之一，其中掌握了 31%的控制安排和无线信道接入技术，以及 21%的网络和访问限制技术，位居世界前沿。

指标体系中一级指标“释放创新”主要评价各国（地区）的数字技术创新能力，通过衡量知识库、科学与数字化、创新产出、市场准入和政府数据公开五大项进行评价，具体子项指标包括 ICT 类高等教育毕业生占比，对 ICT 设备、计算机软件和数据库、研发的投资，信息产业商业研发支出等。其中，中国的商业研发支出占 GDP 的 1.63%，位居世界前列，略低于美国（2.01%）、日本（2.47%）、韩国（3.29%）和以色列（3.78%）等发达国家水平，高于 OECD 国家和欧盟 28 国平均水平。

在过去的十年中，我国发表的计算机科学相关论文数量增加了近 3 倍，2016 年，我国发表的计算机科学相关论文高达 39521 篇，超过美国在该领域科学论文贡献（28346 篇）。其中，我国人工智能相关出版物数量占世界首位，2016 年的全球份额为 27%。但是我国具有高影响力的科研工作占比相对较小，在最常引用的计算机科学前 10%出版物中占比为 7.2%，低于世界平均水平，远低于美国（17.4%）、加拿大（13.4%）、OECD（13.2%）、欧盟 28 国（12.9%）等经济体（见图 6-6）。

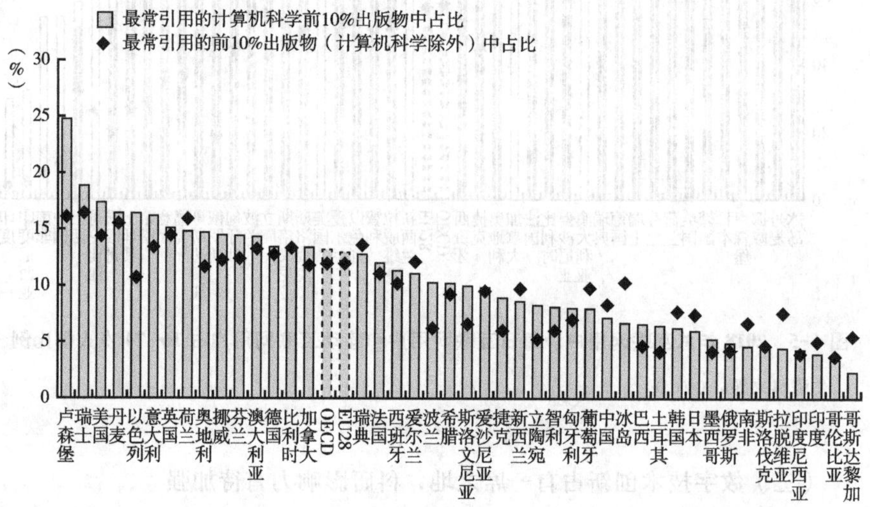

图 6-6　2016 年部分国家或地区最常引用的计算机科学前 10%出版物占比

资料来源：OECD。

此外，2013 年我国 ICT 相关技术专利申请量占 IP5（世界五大知识产权局）专利申请总量的 58.3%，居世界第一；2014 年我国 ICT 相关设计申请量占 EUIPO、JPO 和 USPTO 申请总量的 19.6%，居世界第二。

（四）ICT 产品和服务出口居前列，贸易便利性亟待提升

当前，我国 ICT 产品和服务出口处于全球领先地位。2015 年我国 ICT 产品出口占全球总额的 35%（5000 亿美元），增值出口（value added exports）占全球总量的 25%（1500 亿美元）。计算机、电子和光学产品的制造集中在少数经济体中，中国大陆、韩国、中国台湾和美国（前四名）合计占增值出口的 60%左右。爱尔兰、印度、中国大陆、德国、美国（前五名）是 ICT 服务的主要出口经济体，5 个经济体共占 ICT 服务出口总额的 52%，高于 2008 年的 40%。

但是，OECD 统计结果显示，我国 ICT 产品直接市场准入制度的壁垒较高。在 OECD 国家中，2005 年 ICT 产品的平均关税为 2.07%，2017 年降至 0.73%，此外其他国家的关税维持较高水平，虽然近几年呈现下降状态。2017 年，阿根廷和巴西的关税比例约为 12%，中国和印度大约为 6%，约为 OECD 国家的 10 倍。其次，我国的关税低额豁免值（每人/每家公司每天可免关税进口货品的最高价值）较低。2018 年，澳大利亚和美国约为 800 美元，欧盟国家和印度接近 200 美元，而我国设定在 10 美元以下（见图 6-7）。

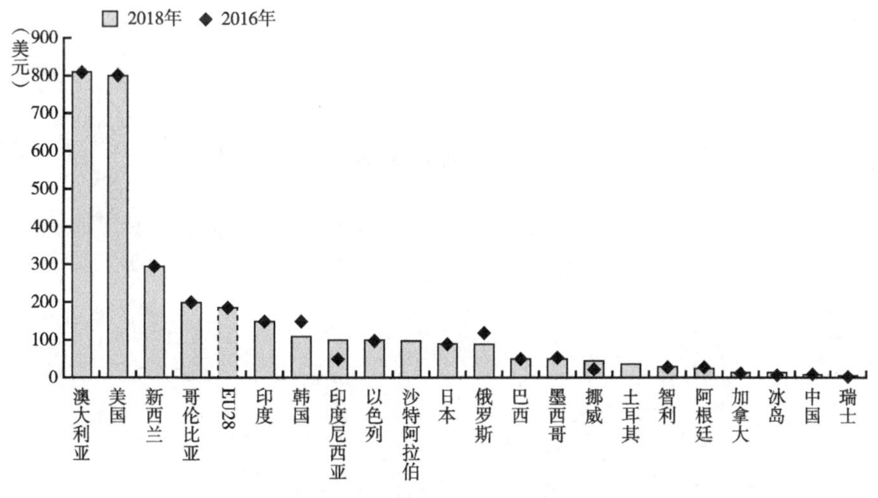

图 6-7　2018 年关税低额豁免值

资料来源：OECD。

据《路线图》统计分析，2017 年荷兰贸易便利性指数为 11.451，排名全球第一，我国贸易便利性指数为 7.904，全球排名第 38，低于韩国（11.294）、美国（10.981）、日本（10.571）、英国（10.487）等国家。

OECD 在《路线图》中新增了数字服务贸易限制性指数（DSTRI），用于识别、分类和量化影响各个国家数字化服务贸易跨境障碍，该指数主要考查了基础设施和连接、电子交易、交付系统、知识产权和数字化服务贸易的其他障碍五个政策领域。我国 DSTRI 指数（2018 年）为 0.47，处于全球首位。此外，外国直接投资监管限制指数（FDIRRI）收集了各经济体 2017 年法律限定强度相关信息，包括国外股权限制、筛选和批准要求、董事和其他关键人员任命以及对外国企业经营的其他限制，中国和印度尼西亚得分最高（约为 0.3）。

第七章
二十国集团衡量数字经济从“工具箱”到“路线图”

第一节　二十国集团数字经济测度指标体系的发展背景

自2016年二十国集团（G20）数字经济讨论机制创立以来，数字经济测度议题就是其重要工作内容之一。近年来，探讨数字经济定义、制定数字经济测度框架成为G20成员热议的话题。2016年，中国担任G20轮值主席国期间，首次提出数字经济定义。2018年11月，阿根廷担任G20轮值主席国期间发布了《衡量数字经济的工具箱（草案）》（Toolkit for Measuring the Digital Economy）。2020年，沙特阿拉伯在担任G20轮值主席国期间，再次将数字经济测度作为《G20数字经济部长宣言》的重要议题，并发布《G20数字经济测度路线图》（A G20 Roadmap toward A Common Framework for Measuring the Digital Economy），进一步完善数字经济指标体系。但同时也应注意到，G20的数字经济测度框架高度依赖OECD，深受OECD影响。

一　二十国集团不断深化数字经济的概念和内涵

准确地定义数字经济的内涵和边界是衡量数字经济的基础。2016年，中国在担任G20轮值主席国期间，首次将数字经济作为G20杭州峰会的一项重要议题，探讨利用数字机遇并应对挑战，促进数字经济推动经济实现包容性发展。G20 杭州峰会上首次提出数字经济定义，即“数字经济是指以使用数字化的知识和信息作为关键生产要素、以现代信息网络作为重要载体、以信息通信技术的有效使用作为效率提升和经济结构优化的重要推动力的一系列经济活动”。数字经济定义的提出为构建数字经济测度框架提供了重要的理论基础，此后，G20 对数字经济的内涵和边界的界定一直是其数字经济测度议题的关键讨论焦点。

2020 年，沙特阿拉伯在担任 G20 轮值主席国期间发表的《G20 数字经济部长宣言》再次重申了数字经济定义对数字经济测度工作的重要意义，在 2016 年 G20 杭州峰会上取得的成果及现有统计核算框架的基础上，G20 各成员认同沙特阿拉伯提出的数字经济分层定义框架，数字经济包含所有依赖或通过使用数字技术、数字基础设施、数字服务和数据等数字投入而显著增强的经济活动，它包括所有生产者和消费者（包括政府），利用这些数字投入来优化经济增长、生产力、消费和可持续性。G20 沙特阿拉伯峰会在该定义的基础上将数字经济分为 4 层，分别是核心层、狭义层、广义层和数字社会（见图 7-1）。核心层包括 ICT 产品和数字服务提供商的经济活动。狭义层包括“数字赋能经济”，即依赖数字产品和服务的企业经济活动。广义层包括“数字强化经济”，即利用数字技术和数据显著改进和增强企业的经济活动。数字社会则包括未被统计在 GDP 以内的其他数字化交易和活动，如免费的数字服务，这部分虽然不被视为数字经济本身的一部分，但这一活动对政府制定有效的数字政策至关重要。

沙特阿拉伯任轮值主席国期间推出的《G20 关于衡量数字经济通用框架的路线图》指出，当前各国和相关国际组织对数字经济的定义分为“自下而上”和“自上而下”两类。“自下而上”定义法是一种比较传统的定义方法，认为数字经济是相关行业或部门的特定指标（如增加值或从业人数）的集合。因此，选择这些行业或部门时，可能因为选取标准不同而过窄或过宽。比如，BEA 将数字经济定义为数字基础设施、电子商务和数字媒体等行业的总和。“自上而下”定义法往往需要首先确定数字化转型正在发挥作

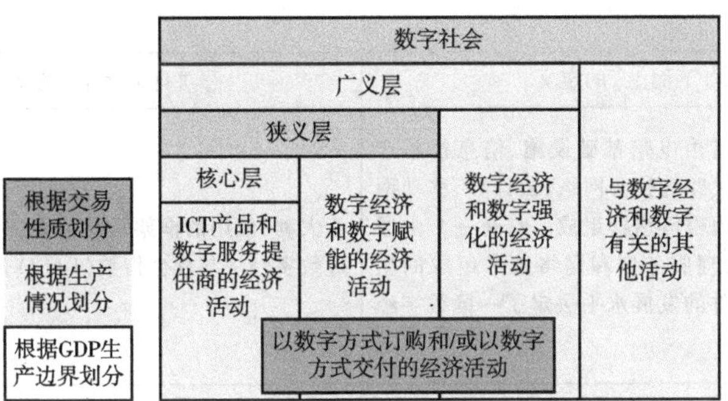

图 7-1　数字经济的分层定义

资料来源：OECD，国家工业信息安全发展研究中心翻译。

用的广泛趋势，然后将数字经济定义为这些综合影响的结果，包括数字技术促进社会进步等方方面面的趋势。基于“自上而下”定义法的度量可基于对趋势的判断选取一组指标来进行数字经济活动的判断。比如，欧盟委员会的数字经济与社会指数（Digital Economy and Society Index，DESI）使用基于许多关键指标的综合指数来监测数字经济的发展。这类指数可以提供数字经济概貌，但是不能回答“数字经济产生多少附加值”或“数字经济带来多少工作岗位”等问题。

部分 G20 成员对数字经济定义的梳理如表 7-1 所示。

表 7-1　部分 G20 成员对数字经济定义的梳理

“自下而上”的定义	“自上而下”的定义
巴西：数字经济是指将一系列数字技术应用于以互操作性和互联性为主要特征的生产过程和组织程序中	阿根廷：数字经济涵盖了新技术的出现，涉及数字转型的经济社会活动的方方面面。这些新技术对使用 ICT 作为增长和利润竞争力因素的经济各领域产生了横向影响
中国：数字经济指的是广泛的经济活动，包括使用数字化信息和知识作为生产的关键因素，将现代信息网络作为重要的活动空间，以及有效利用信息通信技术（ICT）作为生产力增长和经济结构优化的重要驱动力	法国：使用的框架是欧盟委员会在欧盟一级通过数字经济与社会指数（DESI）开发的框架

续表

“自下而上”的定义	“自上而下”的定义
墨西哥:数字经济由电信基础设施、信息技术产业、互联网及相关经济社会网络、云计算、移动网络、社交网络和远程传感器组成。它是一个由通信网络、硬件、处理服务器和网络技术组成的生态系统,这些组件的发展水平决定了一国数字经济的成熟度	意大利:使用的框架是欧盟委员会在欧盟一级通过数字经济与社会指数(DESI)开发的框架
美国:美国商务部经济分析局认为数字经济主要包括3种主要的商品和服务,即数字基础设施、电子商务、数字媒体;同时,美国商务部经济分析局认为数据也是数字经济的组成部分	德国:数字经济是指用户与企业之间进行的在线交易;经调查,电子商务、电子政务及共享经济之间存在重合的现象
澳大利亚:数字经济包括数字赋能的基础设施(形成并促进计算机网络使用的计算机硬件、软件、电信设备和支持服务)、数字媒体(数字音频、数字视频和广告)、电子商务	

资料来源：OECD。

二 《衡量数字经济的工具箱（草案）》

2017 年，德国作为 G20 轮值主席国延续 G20 杭州峰会的数字经济相关成果，首次发起了数字经济部长会议并发布《G20 数字经济部长宣言》，呼吁国际专业性组织基于现有职责，进一步推动数字经济测度议程，提供重要工具，增强对“数字经济如何为整个经济贡献力量”的理解。这一倡议揭开了 G20 构建数字经济测度框架的序幕。

为响应 2017 年《G20 数字经济部长宣言：促进数字化发展，构建互联新世界》对数字经济测度的呼吁，2018 年 11 月，阿根廷担任 G20 轮值主席国期间发布了《衡量数字经济的工具箱（草案）》（Toolkit for Measuring the Digital Economy）（以下简称《工具箱》）。《工具箱》所提出的指标体系包括基础设施、赋权社会、创新与技术应用、就业与增长 4 个一级指标和 36 个二级指标。其中，①基础设施包括移动和固定网络连接、下一代互联网发展、家庭和企业互联网应用；②赋权社会包括互联网与数字技术应用、数字教育、数字金融普惠及电子政务；③创新与技术应用包括数字化商业模式、ICT 技术作为创新引擎的作用，以及企业对 ICT 技术和其他新兴技术的采用；④就业与增长包括劳动力市场、创造就业、对 ICT 技术的投资、增值、国际贸易、电子商务，以及与生产率有关的指标。由于阿根廷自身数字经济发展实践有限，加上其积极谋求加入 OECD，为迎合 OECD 的需要，将 OECD 大量工作和报告内容嵌入本次会议成果文件中，成果文件充分参考 OECD 在 2014 年发布的《衡量数字经济：一个新的视角》（Measuring the Digital Economy：A New Perspective）。

三　《G20数字经济测度路线图》

2020 年，沙特阿拉伯在担任 G20 轮值主席国期间，再次将数字经济测度作为《G20 数字经济部长宣言》的重要议题，并请 OECD 继续执笔《G20 数字经济测度路线图》（A G20 Roadmap toward A Common Framework for Measuring the Digital Economy）（本章下文简称《路线图》）的主要内容。《路线图》在《工具箱》的基础上进行调整，总体上沿用了上一版框架，重点聚焦“就业与技能”，并且延续了 OECD 参与编制和提供主要数据来源的“传统”，OECD 在 G20 数字经济测度议题中拥有绝对的话语权。最终，《路线图》报告被与会各方接纳，作为《G20 数字经济部长宣言》的附件发布。

《路线图》重申了 G20 经济体认同——实现数字经济的机遇和应对数字经济的挑战需要加强衡量国家和多利益相关方的沟通交流。在 G20 数字经济测度相关工作的基础上制定的《路线图》补充了之前的工作，并且为数字经济测度提出了明确的步骤。报告第一章阐述了数字经济持续发展的主要驱动力，更新和补充了 G20《工具箱》中列出的一系列指标，为后续讨论奠定了基础；第二章梳理了政府、企业、学术界和国际组织提出的数字经济定义，并分析了这些定义的共性和差异；第三章详细研究了数字经济中就业、技能和增长等领域的测度，并提出一套核心指标以供 G20 经济体及其他经济体采用；第四章提出了推进 G20 衡量数字经济共同框架的实际步骤。

报告提出建议 G20 成员采取的七项行动，提高统计系统的灵活性和对快速发展的新数字时代的响应能力。

①在现有测量框架内尝试概念界定和数据收集。

②利用现有调查和行政数据的潜力。

③向现有调查添加问题。

④使用特定主题的测度体系定期扩充现有调查。

⑤制定短周期调查以满足特定的需求。

⑥确定政策需求，并与其他利益相关者合作，确定国际可比、衡量的优先事项。

⑦与利益相关者合作，利用大数据的潜力来制定指标。

考虑到数字经济的快速变化，《路线图》还确定了未来几年 G20 成员测度工作的七项关键行动。

①推广全面、高质量的数据基础设施和收集工具，以衡量数字技术在个人和企业层面的使用和影响。

②努力改进现有宏观经济框架中数字经济的衡量标准，例如开发卫星国民账户。

③促进国际组织与 G20 经济体之间的合作，以分享国家倡议并传播国际标准和最佳做法，提高指标的可比性，并更加重视在资金和人力资源稀缺的发展中国家增强测度能力。

④鼓励政府、企业和民间社会团体之间的互动，以补充官方统计数据并改进框架设计，以促进在企业对企业（B2B）、企业对政府（B2G）和政府对企业（G2B）环境中更好地使用数据。

⑤促进公共部门和私营部门之间合作，以实施关于创新和采用新数字技术的商业调查，包括共同努力预测对技能的需求。

⑥鼓励发展伙伴与国际组织合作，协助欠发达国家收集所需的相关统计数据，以便在该领域制定基于数据的政策。

⑦促进使用可互操作的工具和数据格式，以方便公众和企业数据的访问和共享，以推动创新并使政府活动更加透明。

第二节　二十国集团数字经济测度指标体系框架

一　二十国集团指标体系的演变

2018 年 11 月，G20 发布了《工具箱》，其中推行的指标体系主要参照了 OECD 2014 年发布的指标体系，包括基础设施、赋权社会、创新与技术应用、就业与增长 4 个一级指标和 36 个二级指标。与 OECD 2014 年发布的指标体系相比，G20《工具箱》更加关注物联网、人工智能等新一代信息通信技术的开发利用，同时将电子支付、移动货币和电子商务纳入考量中，并反映了 G20 各国对缩小数字鸿沟和推动包容性增长的呼吁。

2020 年发布的《路线图》延续了《工具箱》中提出的 4 个一级指标，将第四个一级指标“就业与增长”改为“就业、技能与增长”，并在《工具箱》的基础上将二级指标进行简化，着重讨论了“就业、技能与增长”（见表 7-2）。

表 7-2　2018 年、2020 年 G20 数字经济测度框架对比

<table>
<tr><th colspan="2">《工具箱》(2018 年)</th><th colspan="2">《路线图》(2020 年)</th></tr>
<tr><th>一级指标</th><th>二级指标</th><th>一级指标</th><th>二级指标</th></tr>
<tr><td rowspan="8">1. 基础设施</td><td>1.1　固定宽带</td><td rowspan="8">1. 基础设施</td><td rowspan="2">1.1　固定宽带和移动宽带基础设施容量的增加</td></tr>
<tr><td>1.2　移动宽带</td></tr>
<tr><td>1.3　更高的互联网速度</td><td>1.2　连通性价格</td></tr>
<tr><td>1.4　连接价格</td><td>1.3　更快的宽带速度</td></tr>
<tr><td>1.5　物联网基础设施</td><td rowspan="2">1.4　物联网的兴起</td></tr>
<tr><td>1.6　安全服务器基础设施</td></tr>
<tr><td>1.7　家庭访问计算机</td><td rowspan="2">1.5　更安全的服务器</td></tr>
<tr><td>1.8　家庭访问互联网</td></tr>
</table>

续表

《工具箱》(2018年)		《路线图》(2020年)	
一级指标	二级指标	一级指标	二级指标
2. 赋权社会	2.1 数字原生代	2. 赋权社会	2.1 数字鸿沟
	2.2 缩小数字鸿沟		2.2 性别差异
	2.3 互联网应用		2.3 人们如何使用互联网
	2.4 互联网用户		2.4 数字政府
	2.5 移动货币		
	2.6 公民与政府互动		
	2.7 数字教育		
	2.8 个人的ICT技能		
3. 创新与技术应用	3.1 机器学习	3. 创新与技术应用	3.1 企业信息技术应用
	3.2 人工智能相关技术		3.2 电子商务
	3.3 制造业机器人化		3.3 制造业中的机器人化
	3.4 信息产业研发		3.4 与ICT相关的创新
	3.5 支撑业务研发		3.5 人工智能相关科学
	3.6 ICT相关创新		
	3.7 企业ICT应用		
	3.8 云计算服务		
4. 就业与增长	4.1 信息产业的就业	4. 就业、技能与增长	4.1 数字经济中的就业
	4.2 ICT岗位的就业		4.2 数字经济中的技能
	4.3 不同性别的ICT工作者		4.3 数字经济中的增长
	4.4 电子商务		
	4.5 信息产业增值		
	4.6 ICT扩展		
	4.7 ICT投资		
	4.8 ICT和生产力增长		
	4.9 ICT和全球价值链		
	4.10 贸易与ICT就业		
	4.11 ICT商品占商品贸易百分比		
	4.12 电信、计算机和信息服务占服务贸易百分比		

资料来源：G20。

目前，数字技术的发展与普及对就业数量和质量的影响国际上尚未达成共识，在 G20 的一些经济体中，劳动力在国民收入中所占的份额已经下降，这是由于技术变革，越来越多的市场份额被数字密集型的超级平台公司占据，这些公司受益于强大的网络效应，在其生产过程中雇用相对较少的劳动力。平台的出现还导致传统的市场、劳资关系和用人合同的变化，平台使个人能够在线提供服务，同时也使失业风险更高。有数据表明，现有的工作正在被数字技术改变甚至取代，在 G20 经济体中，未来 15~20 年，14%的现有工作岗位可能因自动化而消失，另外还有 32%的工作岗位会因为自动化而发生重大变化。人工智能和其他技术的进步可能会取代更多传统的工作，老年人也可能因为技能过时而面临失业。《路线图》报告详细地对数字经济中的就业、技能与增长进行评价，提供了一些指标评价技术变革对就业、技能与增长等各方面的影响（见图 7-3）。

表 7-3　数字经济中的就业、技能与增长指标

指标	指标名称	数据来源
就业	2.1.1　数字密集型行业和信息产业就业	OECD Structural Analysis (STAN) Database
	2.1.2　数字密集型行业对总就业变化的贡献	OECD; National Accounts Statistics; National sources and Inter-Country Input-Output (ICIO) Database
	2.1.3　在平台上提供服务的个人	Flash Eurobarometer; European Commission
	2.2.1　ICT 任务密集型和 ICT 专业职业	European Labour Surveys
	2.2.2　按性别划分的 ICT 专业人员和技术人员	International Labour Organization (ILO)
	2.2.3　报告 ICT 专家难以填补空缺的企业	OECD
	2.3.1　外国最终需求支撑的信息产业和数字密集型行业就业	OECD
	2.3.2　商业活力(入职后平均就业增长)	OECD
	2.3.3　自动化或工作发生重大变化的可能性	Survey Programme for the International Assessment of Adult Competencies (PIAAC) database

续表

指标	指标名称	数据来源
指向性指标	过去12个月在家远程办公的人数	Eurostat
	数字技术对工作特定方面的感知影响	Eurostat
技能	3.1.1 按性别选择的ICT技能	ITU; OECD
	3.1.2 欧盟统计局数字技能指标	Eurostat
	3.1.3 在技术丰富的环境中解决问题的能力	PIAAC database
	3.2.1 不同性别工作的ICT任务强度	PIAAC database
	3.2.2 个人在工作中执行的基于计算机的任务	Eurostat
	3.2.3a 工作中新软件和计算机化设备的影响	Eurostat
	3.2.3b 工作中的数字技能不匹配	Eurostat
	3.3.1 学校信息通信技术的使用	OECD Programme for International Student Assessment (PISA) Database
	3.3.2 学生报告的ICT能力,按性别	OECD PISA Database
	3.3.3 完成培训及提高数字技能的个人	Eurostat
	3.4.1 自然科学、工程、ICT以及教育的创意和内容领域的大专毕业生	OECD Education Database
	3.4.2 NSE(Natural Science Engineering)和ICT高等教育毕业生,按性别	OECD Education Database
	3.4.3 NSE和ICT毕业生就业率与受过高等教育的人口总数的比值	OECD Education Database
指向性指标	计算机相关工作需求量最大的十大技能	Burning Glass Technologies
增长	4.1.1 信息产业增加值	OECD STAN Database
	4.1.2 信息产业相关国内增加值	OECD ICIO Database and Trade in Value Added (TiVA) Database
	4.1.3 数字密集型行业增加值	OECD STAN Database and OECD ICIO Database

续表

指标	指标名称	数据来源
增长	4.2.1　ICT 资产投资	OECD
	4.2.2　ICT 对劳动生产率增长的贡献	OECD Productivity Statistics Database
	4.2.3　信息产业劳动生产率	OECD STAN Database
	4.3.1　ICT 商品进出口	UNCTAD Information Economy database
	4.3.2　ICT 服务进出口	UNCTAD Information Economy database
	4.3.3　数字化交付服务的进出口	UNCTAD Information Economy database
指向性指标	产出、增加值总额及其在数字产业中的组成部分	National accounts using Digital Supply Use table（SUTs）
	按交易性质分列的支出	SUTs
	数字中介服务、云计算服务以及 ICT 商品和数字服务总量的中间消费	SUTs

资料来源：G20。

二　二十国集团指标体系的具体特征

（一）指标体系一脉相承，在“继承”的基础上不断“发展”

G20 于 2018 年和 2020 年两度提出数字经济测度指标体系，指标体系的整体框架一脉相承，基础设施，赋权社会，创新与技术应用，就业、技能与增长始终是 G20 衡量数字经济的 4 项一级指标，2020 年 G20 将第四项一级指标“就业与增长”扩展为“就业、技能与增长”，并将其作为重点讨论对象，设置了一系列广泛且细致入微的评价指标。从数量上看，2018 年版指标体系用了 12 项二级指标评价“就业与增长”，2020 年版则是用了 3 项二级指标以及 37 项三级指标（包括 31 项三级指标和 6 项指向性指标）共同描画测度“就业、技能与增长”的蓝图。一方面，2020 年版指标体系沿用了 2018 年版 ICT 岗位就业、不同性别的 ICT 工作、ICT 投资等指标，实现了指标的连续性；另一方面，2020 年版指标体系创新性地引入平台上提供服务的个人、数字技能、数字化交付服务进出口等指标，为各国选取指标及数据来源提供参考。其他三项一级指标则在2020年的版本中作了不同程度的删减，例如，基础设施部分删减了“家庭访问计算机”“家庭访问互联网”，赋权社会部分删减了“数字原生代”“移动货币”“数字教育”“个人的ICT技能”等，创新与技术应用删减了“机器学习”“云计算服务”等。

（二）高度强调数字经济定义对测度工作的重要性

G20在《路线图》中用单独一章“衡量数字经济：定义和关键测度挑战”来阐述数字经济的定义，提出，明确和可操作的定义是数字经济测度框架和选取指标体系的先决条件，强调缺乏对“数字经济”或“数字经济行业”普遍认可的定义，以及缺乏互联网平台和相关服务行业和产品分类是衡量数字经济的主要障碍。报告还指出在提出数字经济定义的过程中，遇到的主要挑战是要提出一个既能支持广泛的政治讨论，又能支持精确的经济测度的定义。现有的文献由于研究问题的性质和分析的侧重点不同，从不同的视角定义数字经济，以满足特定的政策需求或衡量目的，因此很难提出一个能够支持所有相关分析的全方位的数字经济定义。基于这些考虑，G20在报告中建议以“分层方式”定义数字经济，将其定义为一种层次的关联，其中包含互补和相互依赖的数字化元素，概念上的“层次”可以使各经济体根据政策或各自的测度需求扩大或缩小数字经济的范围。

（三）对数字鸿沟的重视程度不断提高

G20高度重视数字鸿沟问题，主要集中在加强互联互通和弥合数字技能鸿沟两方面。在互联互通方面，2020年《G20数字经济部长宣言》中提出：“我们认识到推进数字连接基础设施、数字技能和意识、互联网服务和设备的可负担性，弥合数字性别鸿沟及数字内容的相关性举措的重要性，有必要弥合这些领域差距，并与利益相关方合作以加快全球互联网普及，特别是偏远和农村地区，以联通全人类。”在数字技能沟通方面，G20认为要提高公众的数字技能，包括青年和老年人、女性和男性、残疾人、文盲和弱势群体，以及低收入国家、发展中国家的民众，帮助他们参与数字经济，释放数字经济在创造高质量就业、提供体面的工作、促进收入增长和福利提升方面的潜力。在此思想的指导下，《路线图》中加大了对各经济体内部及经济体之间数字鸿沟的分析评价，特别是在“就业、技能与增长”部分，分析了按性别划分的 ICT 专业人员和技术人员、不同年龄人群数字环境中解决问题能力、按性别划分的 ICT 工作任务强度、按性别划分的学生 ICT 能力、按性别划分的 NSE 和 ICT 毕业生占受高等教育总人数的比例等，从多个角度评价在数字技能领域的年龄鸿沟、性别鸿沟。

第三节　二十国集团数字经济评价主要结果

一　主要发现

（一）互联网在新冠肺炎疫情期间人们正常生产生活中发挥着关键作用

新冠肺炎疫情使 G20 各经济体纷纷出台限制措施，在保持社交距离的要求下面临复工复产等问题，远程办公、在线教育等对宽带通信服务的需求猛增。G20 各国互联网交换点（IXP）带宽创历史新高，2019 年 12 月至 2020 年 3 月，G20 各国产生的总带宽净增长高达 47%。欧盟、法国、意大利均出现类似的变化，意大利是欧洲疫情影响最严重的国家之一，2019 年 12 月至 2020 年 3 月，互联网交换点带宽增长了 40%，高于上一季度的 1.8%。日本、印度尼西亚等国家也出现类似趋势，中国的增长最为明显，从 1%增加到 35%，与此同时，英国和巴西作为重要的互联网宽带产生国，IXP 的带宽增长与疫情前的水平大致保持一致（见图 7-2）。

（二）互联网应用鸿沟仍然存在

一些发达国家的互联网已经实现了全覆盖，但国家间和国家内部不同群体之间互联网的使用仍存在差距，不同群体包括男性和女性、不同年龄、不同收入水平、不同受教育程度人群，以及城市与农村地区的人群，这些差距在新冠肺炎疫情全球大流行时期显得尤为重要，并直接影响到不同群体工作和与外界保持联系的程度。图 7-3 显示了 2010～2018 年受教育程度低和受教育程度高的人群在日常互联网使用方面的国家间差距。2018 年，在所有可获得数据的 G20 经济体中，平均将近 95%的高学历人群每天或几乎每天

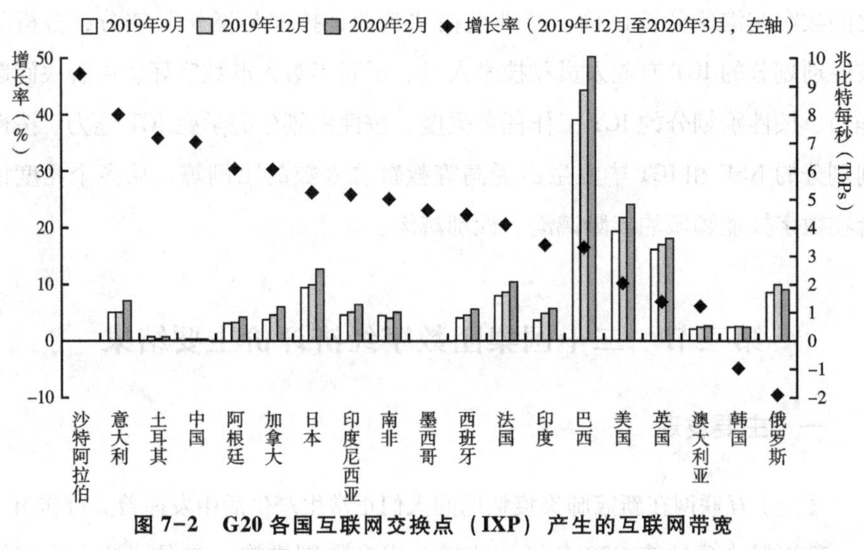

图 7-2　G20 各国互联网交换点（IXP）产生的互联网带宽

资料来源：OECD。

使用互联网，国家间的差异很小，但在受教育程度低的人群中互联网使用情况的国家间差异要大得多，约 55%的低受教育程度（或未受教育）人群每天使用互联网，使用率最低的国家大约为 40%，使用率最高的国家则为 75%左右。

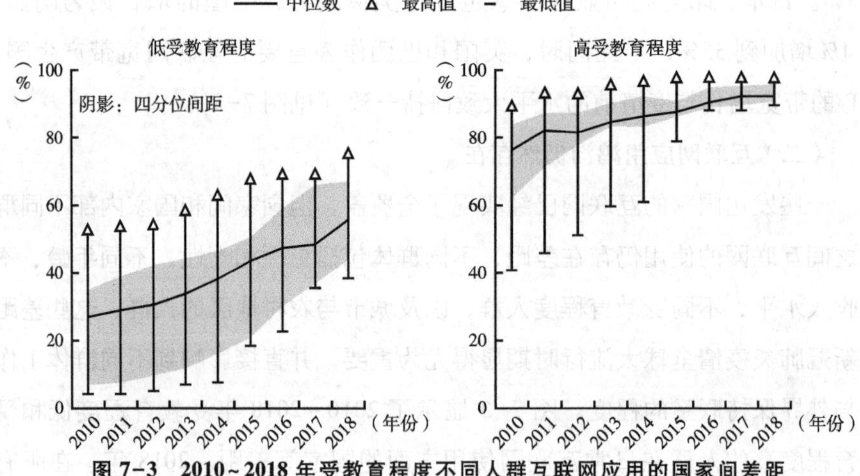

图 7-3　2010~2018 年受教育程度不同人群互联网应用的国家间差距

资料来源：OECD，包括巴西、法国、德国、意大利、韩国、墨西哥、土耳其和英国的数据。

（三）网络安全风险在各国都在增加

新冠肺炎疫情的流行进一步加速全球数字经济发展，保护用户和数字内容提供商免受网络攻击、病毒和欺诈变得越来越重要，让消费者和企业信任在线环境是发展数字经济的重要基础。网络攻击事件发展的频率因国家和地区而异，但发生网络安全的风险在世界各国都在增加。不同国家面临的主要风险有所区别，2017~2019 年，俄罗斯、美国和加拿大发生互联网应用程序攻击最为频繁，而在欧洲、德国发生的人均注册攻击总数比例最高。各国政府积极布局国家数字安全战略，国际电联 2018 年发布的《全球网络安全指数》（GCI）总结了以法律、制度、能力建设和合作 4 个维度为支柱的国家按数字安全战略复杂程度评估，在所有接受评估的国家中，有 58%的国家报告称已发布数字安全战略，12%的国家正在制定过程中。据统计，19 个 G20 经济体中有 16 个在 2016~2019 年提高了 GCI 的综合得分，反映了各国的网络安全意识不断提高。GCI 排名前 20 的国家几乎有一半是 G20 经济体（见图 7-4）。

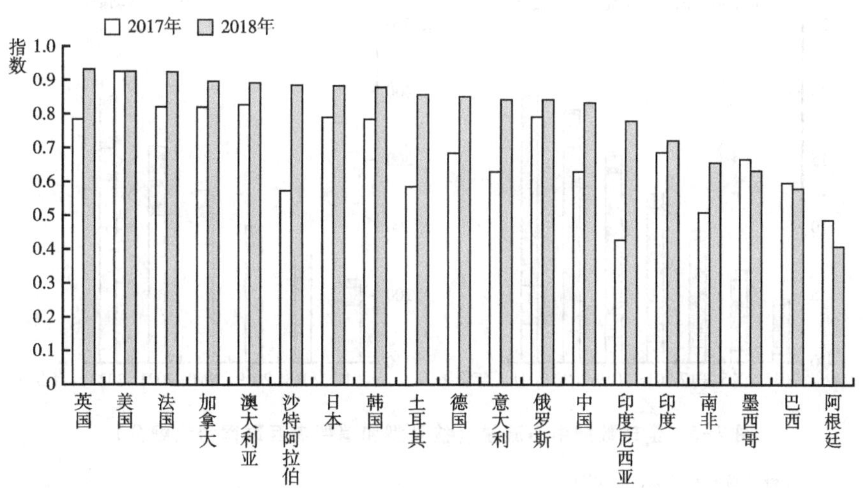

图 7-4　2017 年和 2018 年全球网络安全指数（得分在 0~1）

资料来源：国际电联《全球网络安全指数》。

（四）数据中心的重要性逐步显现

全球各国包括发展中经济体的数据传输能力均在不断提升，跨境数据流动使企业可以有效地协调其在全球市场的供应、生产、销售、售后和研发流程，连接传感器（物联网）的兴起提供了新的数据收集手段，数据的流量和重要性均在持续上升。与此同时，国际带宽的使用越来越多地转向亚马逊、谷歌、Meta（原 Facebook）、微软、阿里巴巴和腾讯等内容提供商，这些内容提供商对国际带宽的使用在 2017 年达到 40%，与传统的互联网骨干供应商相当。随着数据分析的重要性日益增加，数据中心的数量也在增长，CISCO 估计 2021 年全球互联网协议（IP）流量将是 2018 年的 2 倍，到 2022 年将接近 400EB/月（1EB=10 亿 GB），2021 年来自数据中心的全球流量也将翻番，达到 20ZB 以上（1ZB=1 万亿 GB）（见图 7-5）。此外，同一数据中心内的服务器之间的流量也是总流量的重要组成部分，这部分数据中心内流量也在持续增长。数据的存储和处理能力是数字基础设施的关键指标，目前 80%的数据中心位于发达国家，近 40%位于美国，此外，印度占比 3%，中国占比 2%。

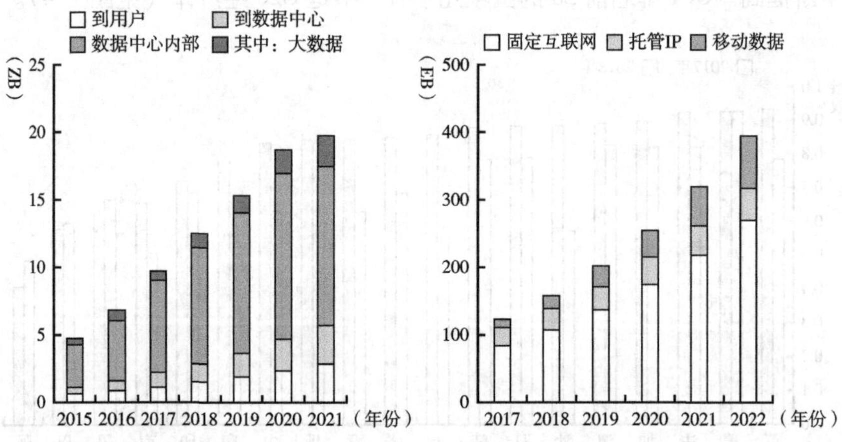

图 7-5　全球数据中心流量（按类型和消费者互联网协议细分）

资料来源：OECD，CISCO。

（五）数字技术发展集中在个别 G20经济体

数字技术快速发展是持续数字化转型的关键推动因素，2013~2016 年，在 25 项数字技术新增专利数量增长最快的贡献者均是 G20 经济体，其中排名前五的 G20 经济体贡献了 66%的薄膜器件（film devices）专利和 92%的有机材料设备（organic materials devices）专利。日本和韩国为所有领域的发展都作出其贡献，二者合计贡献了7%的飞机交通管制（traffic control for aircraft）专利和68%的有机材料设备（organic materials devices）专利。中国是数字技术发展最快的五大经济体之一，在控制安排（control arrangements）、无线信道访问（wireless channel access）和网络与访问限制技术（network and access restriction techniques）领域尤为活跃。在欧洲国家中，德国或法国在G20经济体几乎所有的数字技术领域均名列前茅（见图7-6）。

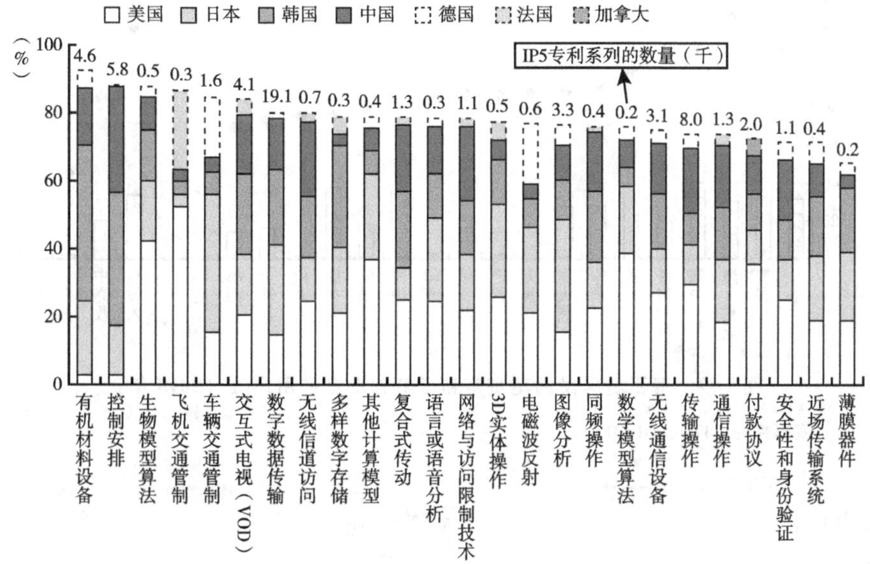

图7-6　G20部分经济体在新兴数字技术领域的贡献度（2013~2016年）

资料来源：OECD，STI微数据实验室：知识产权数据库，2019年1月。

二　中国相关结果分析

（一）数字基础设施快速发展，固定宽带和移动宽带用户增长量排世界首位

我国数字基础设施建设是跨越式发展的典范，报告中引用国际电信联盟的数据，我国在固定宽带普及率整体偏低的情况下，光纤宽带用户占固定宽带用户总数的比例接近70%，排在全球前列（见图7-7）。同时，在无线宽带的普及方面，我国排名第七，排名在中国之前的国家分别是日本、美国、澳

大利亚、韩国、沙特阿拉伯和英国。2010 年以来，我国固定宽带和移动宽带的用户数增长引人瞩目，到 2018 年，移动宽带用户数增长了近 13 亿，固定宽带用户数增长了 2.81 亿，增长量均位列全球第一。除中国以外，固定宽带用户增长量排名前五的国家还有美国、巴西、俄罗斯和墨西哥，移动宽带用户增长量排名前五的国家还有印度、美国、印度尼西亚和巴西（见图 7-8）。

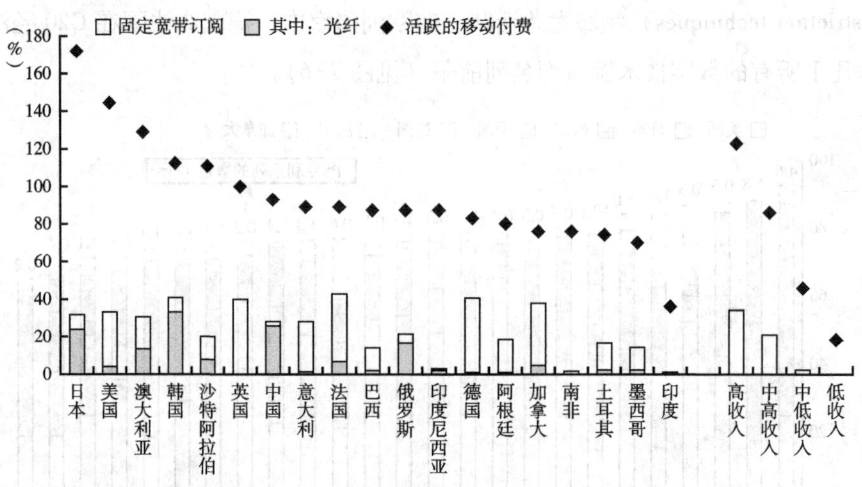

图 7-7　每百名居民固定宽带和活跃移动宽带用户数（2018 年）

资料来源：ITU，OECD。

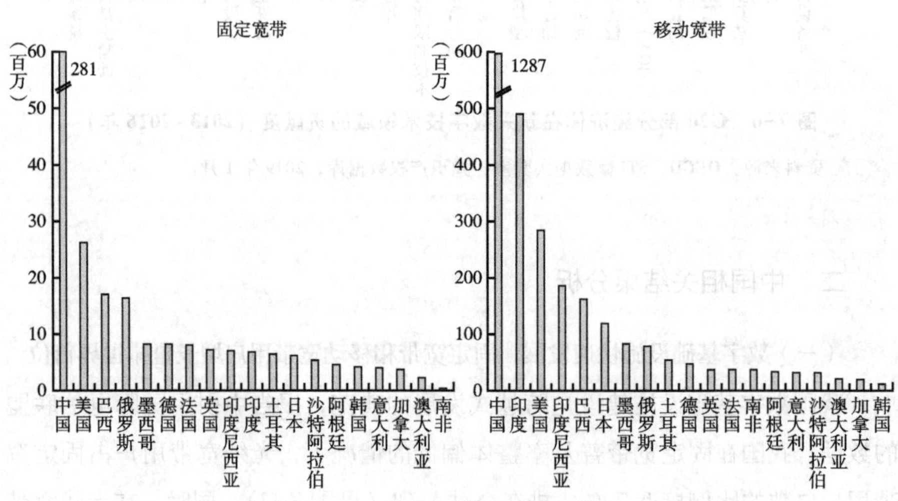

图 7-8　固定宽带和活跃移动宽带用户数变化（2010~2018 年）

资料来源：ITU，OECD。

物联网技术正在健康、教育、农业、交通、制造、电网等许多领域得到应用，物联网驱动的设备将很快成为人们生活的基本组成部分，物联网还有望成为各国数字经济基础设施的核心要素，支撑远程医疗和自动驾驶等新模式新业态的发展。在 G20 经济体中，中国 2018 年物联网渗透率（人均 M2M SIM 卡数量）最高，其次是意大利和美国（见图 7-9），截至 2018 年底，中国在全球物联网订阅中所占的份额最大，约为总数的 69%，是美国的 6 倍。

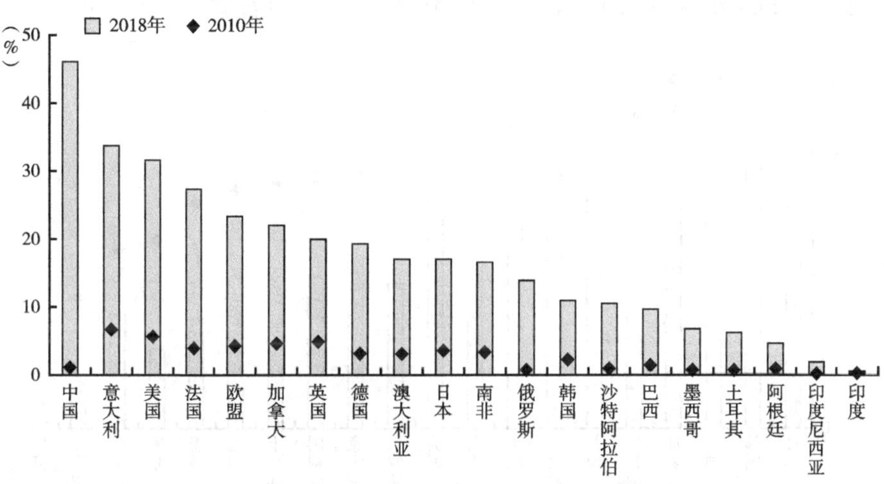

图 7-9　每百名居民 M2M SIM 卡渗透率（G20，2010 年和 2018 年）

资料来源：OECD。

（二）赋能社会相关指标的中国数据有待补充，互联网用户比例仍存在追赶潜力

数字技术不仅推动了经济的发展，还在短时间内改善了人们的生活和更广泛的福利，例如，使更多人获得政府服务、与他人的联系更便捷、增加消费者的选择等。与此同时，还要确保没有人在数字化浪潮中掉队，使数字红利惠及更多人群。报告统计了互联网用户数占 16~74 岁人口的百分比、网民性别比例、女性发明人申请专利的比例、互联网用户上网行为类型、不同年龄人群使用互联网与政府沟通的比例等，在这些统计中，我国大部分数据缺失。

报告指出，2010~2019年，G20经济体使用互联网的个人比例平均几乎翻了一番，其中，日本、韩国、英国等G20经济体实现了全面覆盖，即100%的人口在3个月内访问过互联网。墨西哥、南非、印度尼西亚、印度等经济体的增长尤为显著，这些新兴经济体不断缩小与发达经济体之间的差距。我国也在努力缩小与发达经济体之间的差距，目前，互联网用户数在16~74岁人口中的比例在G20经济体中排名仍然靠后（第18位），需要指出的是，报告中采集到的数据为2017年数据，2019年实际数据将高于这一统计数据（见图7-10）。

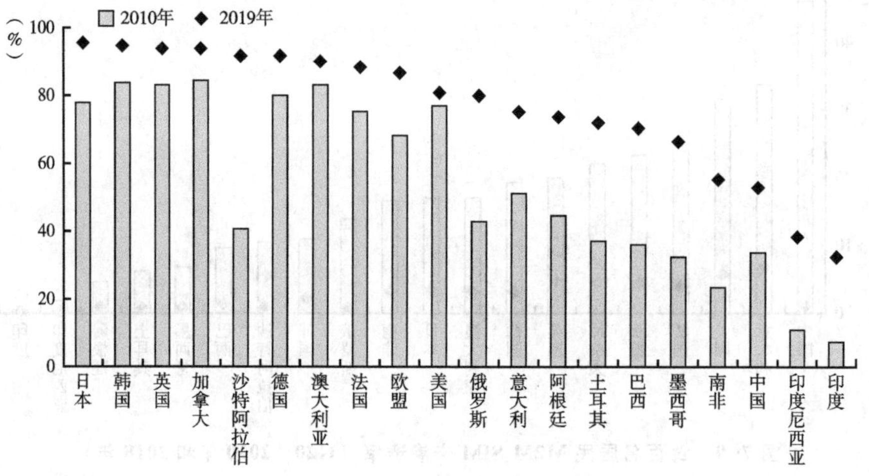

图7-10 互联网用户占16~74岁人口的比例（G20，2010年和2019年）

资料来源：OECD，ITU。

（三）ICT创新活跃，制造业数字化转型仍有待进一步深化

大数据分析、3D打印、M2M通信、机器人等领域的技术进步正在改变制造业生产，报告将在工业和制造业环境中使用机器人的数量作为制造业数字化转型的评价指标，该指标可以很好地反映企业是否有效地将数字技术嵌入企业生产流程中。2016年工业机器人可比性和代表性数据显示，韩国和日本在制造业机器人密度方面领先，其次是德国、美国、意大利。中国制造业机器人密度较低，在G20经济体中排名第11（见图7-11），但增长迅速，在2007~2016年增加了20倍。

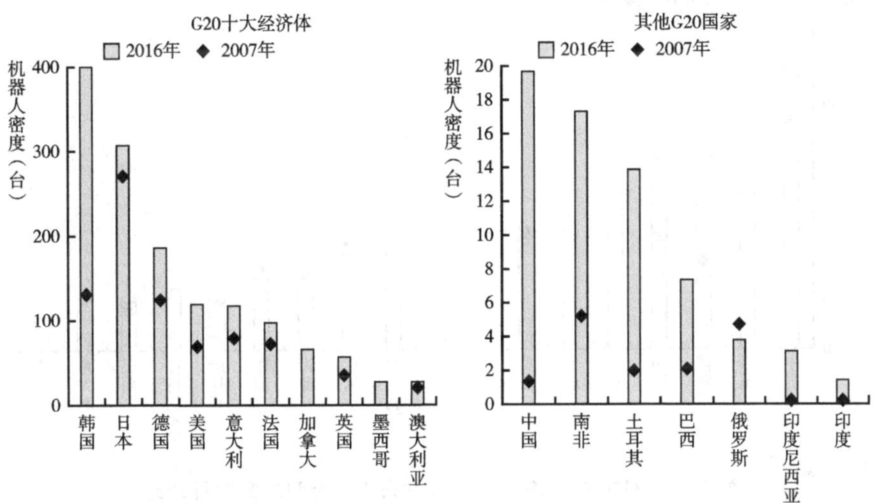

图 7-11　制造业每万名就业人员的机器人存量（G20，2007 年和 2016 年）

资料来源：OECD，国际劳工组织。

创新能力是数字时代企业和经济体一项重要的能力，2013~2016 年，ICT 专利约占 G20 经济体提交的所有 IP5 专利的 26%，比十年前（2003~2006 年）高 2 个百分点，中国的份额增加了 1/4，成为 ICT 专利占 IP5 专利总数百分比最高的国家（见图 7-12）。人工智能作为一种颠覆性的数字技术，受到各国的广泛重视，自 2006 年以来，人工智能相关出版物的年增长率高达 150%，欧盟和美国在人工智能相关高引用出版物中所占的份额最高，其次是中国。中国和印度在 2006~2016 年十年间，被引用最多的人工智能出版物份额翻了一番，德国、意大利、韩国等则保持相对稳定（见图 7-13）。

（四）就业、技能与增长

报告使用与数字化转型最相关的行业的就业情况来评价数字经济时代的就业，统计数据显示，2017 年信息产业就业人数占 G20 经济体总就业人数的 2.8%，与 2010 年的 2.7%大致相同，在 2/3 的 G20 经济体中，IT 和其他信息服务业已经成为就业人数最多的信息产业，在中国、韩国、俄罗斯、墨西哥和印度尼西亚，计算机电子和光学产品制造业的就业人数仍然排第一。相比于美

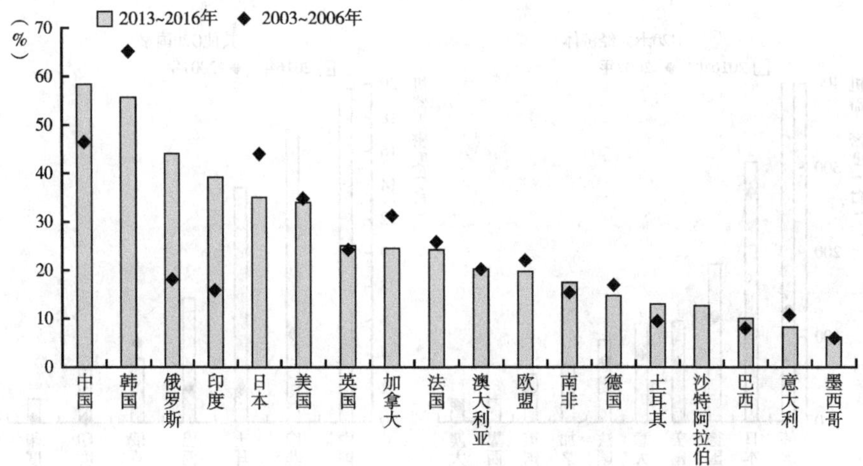

图 7-12 G20 各经济体 ICT 专利占 IP5 专利总数的百分比（2003~2006 年和 2013~2016 年）

资料来源：OECD，知识产权数据库。

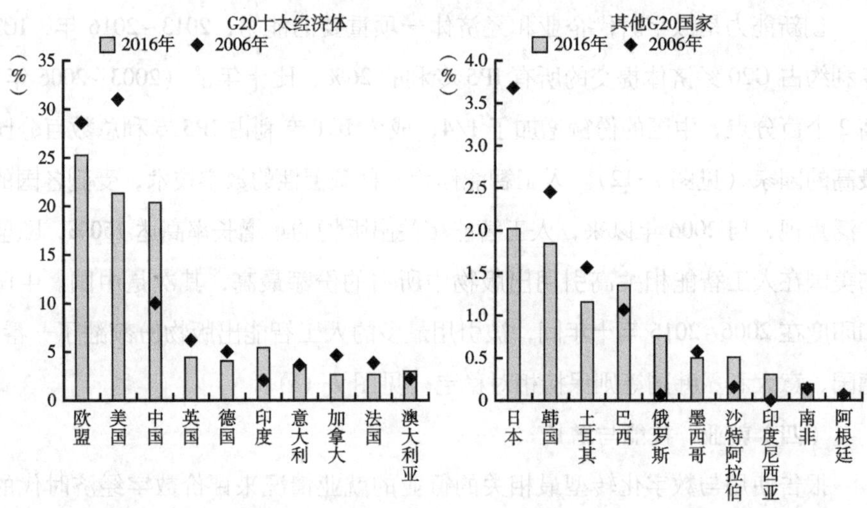

图 7-13 G20 各经济体高频（前 10%）被引人工智能出版物数量占比（2006 年和 2016 年）

资料来源：OECD。

国、德国、英国、法国、加拿大等中高数字密集型行业就业岗位占国家就业岗位的一半以上，我国和印度中高数字密集型行业就业岗位占国家就业岗位的比例仅约为25%（见图7-14）。

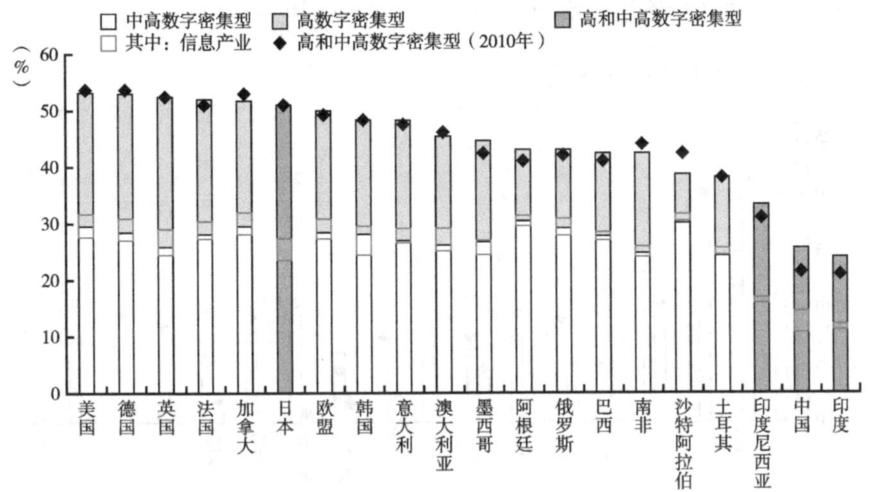

图7-14　数字密集型行业和信息产业的岗位占总就业岗位的比例（2017年）

资料来源：OECD，STAN数据库。

ICT技能是有效利用数字技术、逐步缩小应用数字鸿沟的关键决定因素。报告引用了国际电信联盟选定的ICT任务，这些ICT任务包括：复制或移动文件、文件夹等相对基础的任务，以及查找、下载、安装和配置软件、使用演示软件等，再到最高级的任务——使用专门的编程语言编写计算机程序。2018年，G20经济体中约有6%的受访者使用过编程技能，男性使用编程技能的人数几乎是女性的2倍，其他ICT任务方面女性的表现也弱于男性，具体国别统计时未计入中国相关情况。

除了“就业”与“技能”，G20《路线图》报告还关注“增长”，这里主要指数字经济的规模及其对整体经济增长的贡献程度，这部分内容在第二篇规模测算部分进行详细阐述，这里不再展开。需要指出的是，与数字经济相关的国际贸易指标中，中国的表现引人瞩目。从ICT产品进出口情况来看，2017年中国出口额占全球出口总额的27%，排名第一（见图7-15）。

从ICT服务贸易进出口情况来看，2017年全球总额达到5300亿美元，占全球服务贸易总额的10%，在G20经济体中，2017年印度是ICT服务贸易的主要出口国，占服务贸易出口总额的28%，中国排名第二，占比为18%，其次是阿根廷（13%）和德国（12%）（见图7-16）。

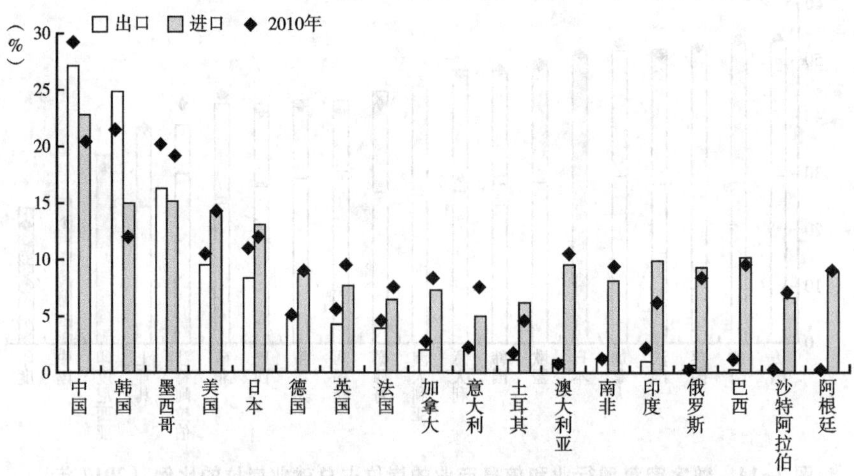

图7-15 ICT产品进出口占货物贸易进出口的比例（2017年）

资料来源：OECD，UNCTAD。

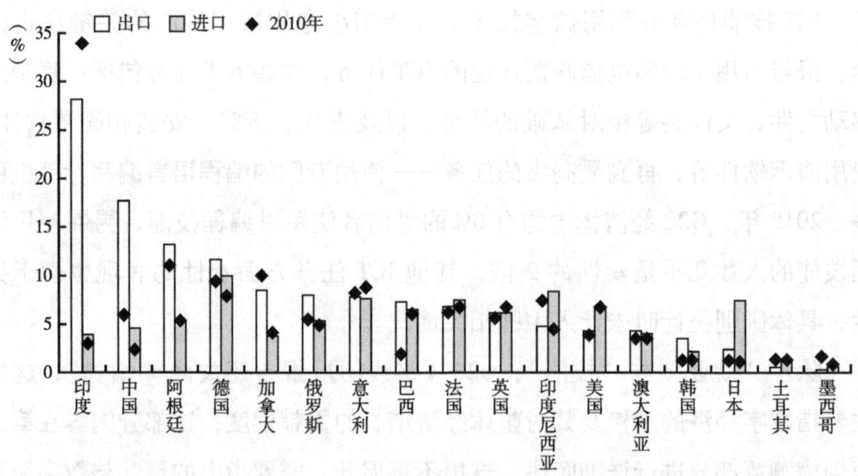

图7-16 ICT服务贸易进出口占服务贸易进出口的比例（2017年）

资料来源：OECD，UNCTAD。

第八章
中国数字经济多指标评价体系构建

第一节　国家工业信息安全发展研究中心“数字经济测度工具箱”

一　指标体系

国家工业信息安全发展研究中心 2019 年推出数字经济测度工具箱（以下简称“工具箱”），工具箱积极对标经济合作与发展组织（OECD）、二十国集团（G20）等提出的国际高标准、高水平数字经济评估指标体系，结合我国数字经济发展特色，以数字基础设施、数字产业、产业数字化转型、公共服务数字化变革和数字经济生态环境五个方面为分析视角，坚持科学性、导向性、可比性和可操作性原则，形成一组有机关联的指标体系（见表 8-1），包括 5 个一级指标 15 个二级指标 44 个三级指标，并利用逐级加权方法计算和评价城市数字经济发展水平。

该工具箱指标体系分为基础性指标和前瞻性指标两类，基础性指标主要衡量当前地区数字经济发展的重要领域，前瞻性指标总结了当前数字经济前沿发展方向，同时统计工作尚未同步跟进的领域。前瞻性指标未来应在衡量区域数字经济中优先考虑并实施，将极大地提高各地区监测数字经济的发展状况及其影响的能力。

表 8-1 “数字经济测度工具箱”指标体系

一级指标	二级指标	三级指标
1. 数字基础设施	1.1 固定宽带	1.1.1 固定宽带覆盖率
		*1.1.2 固定宽带连接速度
	1.2 移动宽带	1.2.1 移动宽带覆盖率
		*1.2.2 移动宽带连接速度
	1.3 新一代信息基础设施	1.3.1 5G
		*1.3.2 IPv6
		*1.3.3 物联网
2. 数字产业	2.1 数字先导产业	2.1.1 人工智能产业
		2.1.2 互联网产业
		*2.1.3 大数据产业
		*2.1.4 数据的价值
	2.2 数字支柱产业	2.2.1 软件和信息技术服务业
		2.2.2 电子信息制造业
		2.2.3 信息通信业
3. 产业数字化转型	3.1 农业	3.1.1 数字技术应用
		3.1.2 企业电子商务
		3.1.3 企业数据开发利用
	3.2 工业	3.2.1 数字技术应用
		3.2.2 企业电子商务
		3.2.3 企业数据开发利用
	3.3 服务业	3.3.1 数字技术应用
		3.3.2 企业电子商务
		3.3.3 企业数据开发利用
4. 公共服务数字化变革	4.1 电子政务	4.1.1 电子政务成熟度
		*4.1.2 数字政府
	4.2 公共服务数字化能力	4.2.1 教育
		4.2.2 医疗
		4.2.3 社保
		4.2.4 治安
		4.2.5 交通
		4.2.6 生态环境

续表

一级指标	二级指标	三级指标
5. 数字经济生态环境	5.1 经济环境	5.1.1 经济发展水平
		5.1.2 数字消费水平
		5.1.3 市场开放程度
	5.2 创新环境	5.2.1 研发投入
		5.2.2 专利与设计
	5.3 营商环境	5.3.1 数字经济政策制定
		*5.3.2 政策有效执行情况
	5.4 安全环境	5.4.1 网络安全
		5.4.2 数据安全
		*5.4.3 数字安全技能
		*5.4.4 电子消费者信任度
	*5.5 人才环境	*5.5.1 数字时代的就业
		*5.5.2 数字时代的技能

注：* 为前瞻性指标。

资料来源：国家工业信息安全发展研究中心。

（一）一级指标："数字基础设施"——衡量地区数字经济基础

下设 3 个二级指标，包括固定宽带、移动宽带和新一代信息基础设施。"固定宽带"主要是指固定宽带覆盖率，是家庭用户接入固定宽带的应用普及情况。"移动宽带"是指移动宽带覆盖率，是本地区移动宽带应用普及情况。"新一代信息基础设施"是指地区互联网速度，应用 5G、IPv6、物联网的情况。

（二）一级指标："数字产业"——衡量数字技术供给侧发展水平

下设 2 个二级指标，包括数字先导产业和数字支柱产业。"数字先导产业"是指在数字经济体系中具有重要的战略地位，并在数字经济规划中先行发展以引导其他数字产业往新兴战略目标方向发展的产业或产业群。选取的人工智能产业、互联网产业、大数据产业代表了当今数字技术发展的趋势。“数字支柱产业”主要包括软件和信息技术服务业、电子信息制造业、信息通信业，分别反映了城市软件和信息技术服务、电子信息制造、通信业发展的现状水平。

（三）一级指标：“产业数字化转型”——衡量数字技术带动传统产业升级效果

下设3个二级指标，分别为农业、工业和服务业的数字化转型，主要考察各行业数字技术应用、企业电子商务、企业数据开发利用水平。“数字技术应用”主要指企业上云情况。“企业电子商务”主要是指该城市中企业将信息和通信技术（ICT）融入业务流程的程度，包括B2B（企业对企业）和B2C（企业对消费者）两种模式。“企业数据开发利用”是企业对其生产、运营、管理、销售等环节产生的数据进行采集和管理。

（四）一级指标：“公共服务数字化变革”——衡量数字技术对公共服务领域影响情况

下设2个二级指标，包括电子政务和公共服务数字化能力。“电子政务”是指当地政府提供电子服务信息或企业和个人使用这些服务。“公共服务数字化能力”是指地区在教育、医疗、社保、治安、交通、生态环境等方面的信息化水平。

（五）一级指标：“数字经济生态环境”——衡量数字经济发展外部环境优劣

下设5个二级指标，包括经济环境、创新环境、营商环境、安全环境和人才环境。“经济环境”是指围绕地区经济发展水平、居民消费水平和国际贸易开放程度三个方面反映的城市经济整体发展状况。“创新环境”是指从教育与科研及专利与技术两个方面衡量的地区创新能力。“营商环境”是指政府部门聚焦数字经济发展、鼓励创新，为数字经济健康发展所营造的外部环境。“安全环境”是指网络安全和电子消费者信任度，反映了互联网安全和数据安全以及企业和个人对互联网等信息技术的信任程度。“人才环境”是指数字经济领域的就业与技能，数字经济创造的新商业模式和新就业岗位，催生出弹性灵活的就业方式，并且对劳动者的技能提出更高要求。

国家工业信息安全发展研究中心按照“支撑-应用-影响”的框架构建“数字经济测度工具箱”，支撑方面主要反映数字基础设施建设水平和数字经济生态环境情况；应用方面主要反映数字技术应用情况，从技术的供给和需求角度分为数字产业化和产业数字化两部分；影响方面主要反映数字技术对电子政务，以及社保、医疗、教育、交通、生态、治安等基本公共服务能力的提升和促进，基于“数字经济测度工具箱”，国家工业信息安全发展研究中心测算了国家、区域和城市的数字经济发展水平，孵化出一系列测度产品。

二　我国整体及各省份数字经济发展水平

2019 年，我国数字经济整体发展水平得分 65. 3 分。整体来看，新基建成为推动数字产业化和产业数字化转型的强劲动力，数据要素开发利用成为企业数字化转型的关键能力，“互联网+社会服务”成为新型政企合作关系纽带，数字政府成为优化提升数字营商环境的有力牵引。全国 31 个省份数字经济发展水平得分如表 8-2 所示，基本可分为四大梯队。

表 8-2　2019 年全国各省份数字经济发展水平

单位：分

序号	省份	数字基础设施	数字产业	产业数字化转型	公共服务数字化变革	数字经济生态环境	总分
1	浙江	83. 0	91. 5	90. 2	95. 1	84. 5	88. 9
2	上海	84. 0	94. 1	84. 1	94. 9	80. 6	87. 5
3	北京	84. 3	94. 6	82. 1	92. 4	80. 1	86. 7
4	广东	82. 5	95. 4	87. 8	82. 8	83. 2	86. 4
5	江苏	76. 3	82. 1	83. 4	74. 8	72. 5	77. 8
6	福建	72. 8	76. 6	70. 3	72. 2	70. 1	72. 4
7	山东	71. 3	68. 3	80. 8	70. 3	68. 1	71. 8
8	天津	70. 5	78. 6	67. 9	69. 9	71. 2	71. 6
9	重庆	70. 8	73. 4	67. 4	73. 4	68. 0	70. 6

续表

序号	省份	数字基础设施	数字产业	产业数字化转型	公共服务数字化变革	数字经济生态环境	总分
10	湖南	63.2	76.0	77.1	60.2	64.1	68.1
11	河北	65.2	71.3	71.3	63.0	64.0	67.0
12	河南	62.9	69.6	65.7	66.4	68.1	66.6
13	四川	63.9	76.4	64.7	59.3	65.9	66.1
14	湖北	65.9	69.3	74.6	61.4	58.4	65.9
15	贵州	58.2	80.5	63.8	59.6	58.0	64.0
16	安徽	64.1	63.7	58.8	59.3	58.3	60.8
17	陕西	61.4	59.3	63.6	60.9	57.9	60.6
18	黑龙江	58.2	62.9	66.3	53.5	59.0	60.0
19	海南	60.3	55.9	56.5	58.3	62.8	58.8
20	江西	62.9	49.1	61.7	55.7	60.2	57.9
21	辽宁	51.9	62.7	64.2	55.9	47.8	56.5
22	云南	50.5	57.0	61.1	49.4	49.0	53.4
23	山西	59.6	54.2	54.8	51.6	46.1	53.3
24	青海	61.2	38.5	57.2	50.4	57.3	52.9
25	吉林	52.3	49.7	56.2	49.5	53.2	52.2
26	内蒙古	49.0	49.0	46.2	46.1	47.1	47.5
27	甘肃	44.3	46.6	57.6	48.6	36.4	46.7
28	广西	54.9	35.6	52.3	46.2	38.9	45.6
29	新疆	41.8	40.5	53.2	47.6	42.5	45.1
30	宁夏	42.6	39.4	47.0	45.9	36.9	42.3
31	西藏	35.4	23.4	44.2	41.4	32.6	35.4

注：不包括港澳台地区。

（一）第一梯队：全面建设，打造数字经济创新高地

如图8-1所示，浙江、上海、北京和广东数字经济发展水平得分均超过80分，各单项指标名列前茅，是我国数字经济发展的先行者和示范者。浙江作为我国首个国家信息经济示范区，多年来把数字经济作为发展的"一号工程"，推出了"最多跑一次""城市大脑""移动支付之省"等全国领先的标志性项目。疫情期间，线上办公、健康码等应用在省内甚至全国迅

速铺开，高效助力复工复产，数字经济发展水平得分以 88.9 分领先全国。上海作为我国经贸中心，依托上海自贸区和传统贸易领域优势率先发力数字贸易，打造“数字贸易国际枢纽港”，数字经济发展水平得分 87.5 分，位列第二。北京和广东名校学府云集、国内外知名企业汇聚，数字技术创新能力和成果转化能力全国领先，占据国内数字产业半壁江山，数字经济发展水平得分分别为 86.7 分和 86.4 分。

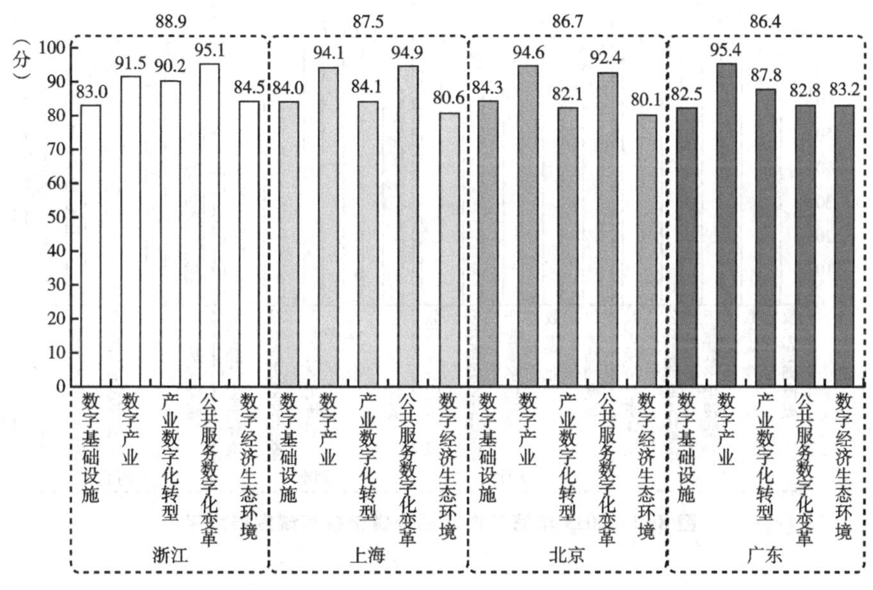

图 8-1　2019 年第一梯队省份各领域发展水平

（二）第二梯队：因地制宜，打造数字经济产业生态

江苏、福建、山东、天津、重庆、湖南、河北、河南、四川、湖北数字经济发展水平得分均在 65 分以上，超过全国水平，近年来纷纷结合各自优势和产业结构特点，推动数字产业化和产业数字化发展，打造全新的数字经济产业生态。江苏作为制造大省，积极发展云计算等数字产业并向制造业赋能，“江苏制造”正在转变为“江苏智造”，各项指标均位居第二梯队首位，数字经济发展水平得分 77.8 分。天津和河北紧抓承接北京非首都功能的战略任务，加速发展“大智移云”相关产业和产业集群，以雄安、张家口等

为代表的环京数字产业带已初步形成，数字经济发展水平得分分别为71.6分和67.0分。湖南作为我国“大粮仓”，以“数字乡村”建设打造“数字湖南”，通过物联网等技术建立数据感知网络，构建农业基础数据体系，推动农业全产业链数字化管理，“数字产业”和“产业数字化转型”一级指标得分分别为76.0分和77.1分（见图8-2）。

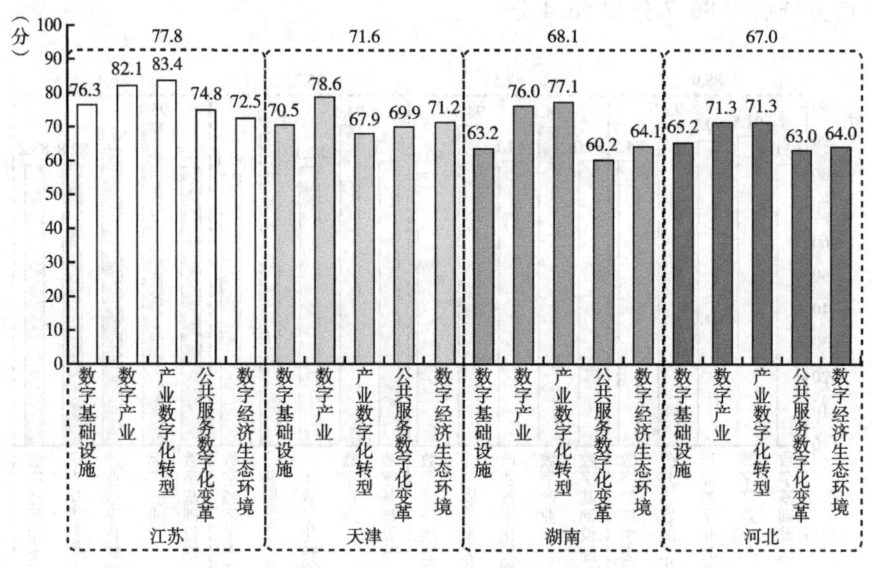

图8-2　2019年第二梯队部分省份各领域发展水平

（三）第三梯队：分步推进，明确数字经济发展重点

贵州、安徽、陕西、黑龙江、海南、江西、辽宁、云南、山西、青海、吉林数字经济发展水平得分均在50分以上，为把握数字经济发展的重要机遇，纷纷明确优先重点发展方向，旨在“以点带面”实现经济跨越式发展。贵州作为我国首个大数据综合试验区，聚集国内外各大互联网公司数据中心，4年来从无到有，大数据已成为贵州的一张新名片，“数字产业”一级指标得分高达80.5分。安徽以人工智能产业为抓手，已形成以科大讯飞为核心，以中国声谷为基地，以智能语音、芯片、智能制造等为主的多元化人工智能产业布局，“数字产业”一级指标得分63.7分。陕西以农业数字化为重点，通过促进“工业品下乡”和“农产品进城”双向流通推动农村一、

二、三产业相互融合，“产业数字化转型”一级指标得分 63.6 分。黑龙江着力从制造业数字化转型入手破解产业结构和经济结构问题，充分发挥哈尔滨工业大学等高校科研和产业优势，组建燃气轮机、电力装备、机器人等十大产业联盟，“产业数字化转型”一级指标得分 66.3 分（见图 8-3）。

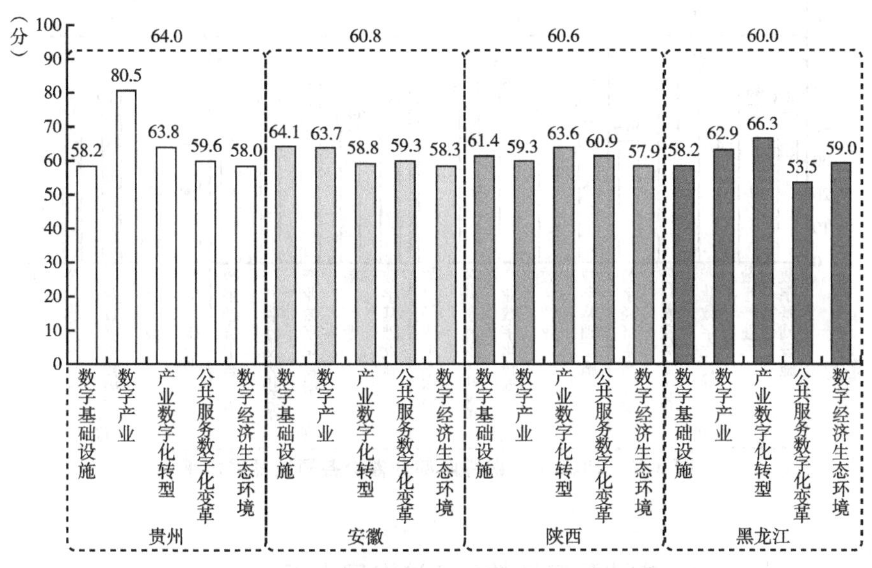

图 8-3　2019 年第三梯队部分省份各领域发展水平

（四）第四梯队：补齐短板，加快数字经济单点突破

内蒙古、甘肃、广西、新疆、宁夏、西藏数字经济发展水平得分不足 50 分，既要“补课”，也要“加量”，近年来着力实现单项突破。甘肃作为西北地区数字经济“河西走廊”，致力于建设以数字化供应链为代表的“新基建”和区块链信任基础设施平台，数字经济发展水平得分 46.7 分。新疆依托地缘优势，与哈萨克斯坦、吉尔吉斯斯坦、塔吉克斯坦三个国家实现光缆系统对接，成为我国重要的西向国际电信网络枢纽，数字经济发展水平得分 45.1 分。宁夏以“智慧银川”“云天中卫”建设为契机，带动宁夏大数据、云计算等新兴产业发展，数字经济发展水平得分 42.3 分。西藏抓住 5G“机会窗口”建设“高原 5G 应用标杆区”，并借力 5G 打造

“云游布宫”、珠峰“云登顶”，带动西藏旅游业发展，数字经济发展水平得分 35.4 分（见图 8-4）。

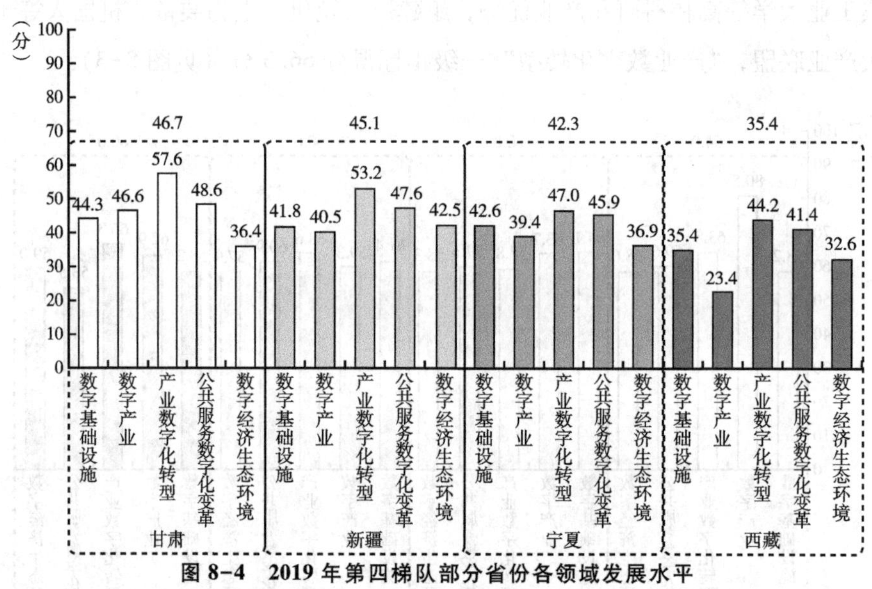

图 8-4　2019 年第四梯队部分省份各领域发展水平

三　长三角、京津冀区域数字经济发展水平

（一）长三角

长三角地区是我国经济发展最活跃、开放程度最高、创新能力最强的区域之一，在国家现代化建设大局和全方位开放格局中具有举足轻重的战略地位。从地理位置上看，长三角城市群位于长江下游地区，濒临黄海与东海，地处江海交汇之地，沿江沿海港口众多，是长江入海之前形成的冲积平原，是“一带一路”与“长江经济带”的重要交汇地带。从经济总量上看，2021 年上半年，长三角一市三省 GDP 超过 13 万亿元，约占全国的 1/4，在农业生产和供应稳定增长的同时，工业和服务业的增加值均以两位数增长，成为经济增长的主要动力①。从企业发展来看，长三角地区龙头企业集中度

① 《长三角经济半年报：GDP 总量超 13 万亿元 约占全国的四分之一》，金台资讯，2021 年 8 月 11 日。

较高，2021 年《财富》中国 500 强企业榜单中，长三角城市群上榜企业总数为 130 家，占比超过 1/4；世界 500 强企业榜单中，长三角地区共有 23 家企业上榜，占全国上榜企业总数的 16.1%。

三年来，长三角城市群数字经济发展水平稳步提升，总分从 2019 年的 58.3 分升至 2020 年的 60.5 分，再到 2021 年的 63.7 分，实现三级连跳，增长率从 3.8%提升至 5.3%，表现出强大的发展潜力。从各项分指标来看，除了产业数字化分指标得分的增加幅度与上年相比稍有回落以外，其余四项分指标较 2020 年均有明显提升（见图 8-5）。

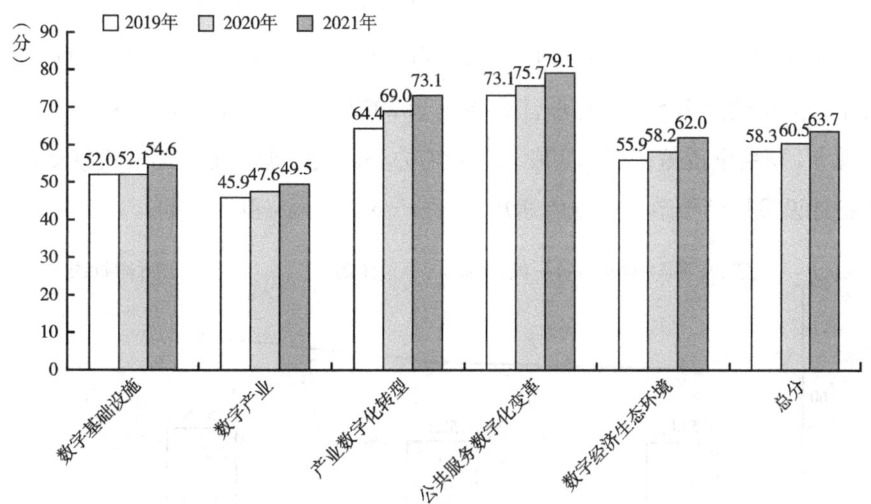

图 8-5　2019~2021 年长三角数字经济发展水平得分

1. 数字基础设施建设水平较上年提升明显，以 5G 为代表的新型信息基础设施加速建设

一级指标数字基础设施包括固定宽带、移动宽带和新一代信息基础设施 3 个二级指标。当前，数字基础设施对经济社会转型发展的驱动作用进一步增强。习近平总书记强调，加快 5G 网络、数据中心等新型基础设施建设，强化信息资源深度整合，打通经济社会发展的信息“大动脉”。“十四五”规划纲要提出，加快建设新型基础设施。

长三角地区数字基础设施建设加速向前推进。数字基础设施发展水平得分从 2020 年的 52.1 分上升至 2021 年的 54.6 分（见图 8-6），增长 4.8%。其中，2021 年，固定宽带、移动宽带和新一代信息基础设施三项二级指标的得分分别为 70.7 分、61.7 分和 31.4 分。长三角城市的固定宽带和移动宽带建设相对完善，90%以上的城市移动电话普及率超过 100%，人均拥有一部以上的手机。新一代信息基础设施处于建设起步阶段，得分相对较低，但发展势头迅猛，2021 年增长 20.3%，各城市瞄准 5G、数据中心、物联网、区块链等新一代信息基础设施开始发力，特别是 5G 建设成为各城市发展数字经济的重要抓手，各地密集布局，以求在数字基础和应用场景中抢占先机。例如，上海发布“新基建 35 条”，计划到 2022 年底，新建 3.4 万个 5G 基站；安徽发布《2020 年安徽省 5G 发展工作要点》要求年内全省完成 5G 基站建设 2 万个，力争达到 2.5 万个；浙江省提出到 2022 年，县城以上城市和重点区域实现 5G 网络全覆盖；江苏印发《省政府办公厅关于加快推进第五代移动通信网络建设发展若干政策措施的通知》，进一步落实网络强省战略。

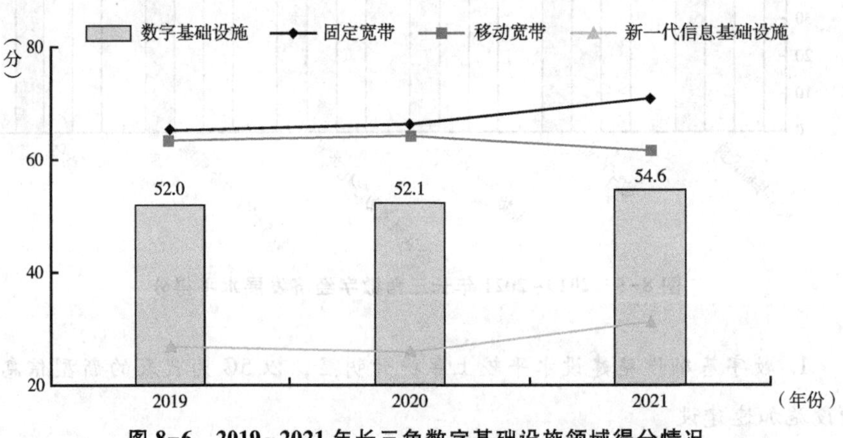

图 8-6　2019~2021 年长三角数字基础设施领域得分情况

2. 长三角各地合力打造数字产业发展高地，数字先导产业得分同比增长率高达 12.4%

一级指标数字产业包括数字先导产业和数字支柱产业 2 个二级指标。其中，数字先导产业是指大数据产业、人工智能产业等，当前已发展成为国民经济战略性、基础性、先导性产业，是引领新一轮科技革命和产业变革的关键力量。数字支柱产业是指信息通信业、电子信息制造业、软件和信息技术服务业等传统信息产业。习近平总书记强调，加快推动数字产业化，依靠信息技术创新驱动，不断催生新产业新业态新模式，用新动能推动新发展。长三角城市群立足重大技术突破和重大发展需求，不断增强产业链关键环节竞争力，完善核心产业供应链体系，加快数字产业发展步伐。

2021 年，长三角城市数字产业得分 49.5 分，与上年相比提高了 1.9 分（见图 8-7），其中二级指标数字先导产业和数字支柱产业得分分别为 41.8 分和 57.2 分，数字产业同比增长率从 2020 年的 3.7% 增长至 2021 年的 4.0%，反映了长三角地区数字产业正在加速发展。与数字支柱产业相比，数字先导产业的进步更加明显，2021 年得分较上年同期增长 12.4%，沪苏浙皖合力打造数字产业发展高地初见成效，《中国新一代人工智能发展报告 2020》显示，长三角与京津冀和粤港澳大湾区一起已成为我国人工智能发展的三大区域性引擎，2021 年 5 月发布的《全国一体化大数据中心协同创新体系算力枢纽实施方案》将长三角作为全国一体化算力网络国家枢纽节点之一，重点发展数据中心集群。

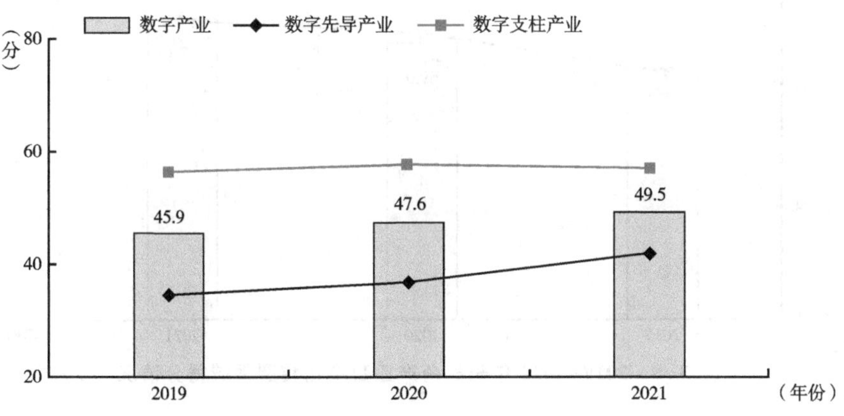

图 8-7　2019~2021 年长三角数字产业领域得分情况

3. 产业数字化增长趋缓，传统产业数字化转型升级进入沉淀积累期

一级指标产业数字化转型包括农业、工业和服务业的数字化转型 3 个二

级指标，分别从数字技术应用、企业电子商务和企业数据开发利用三个角度衡量。当前，数字化转型是企业关乎生存和长远发展的“必修课”。习近平总书记强调，要推动产业数字化，利用互联网新技术新应用对传统产业进行全方位、全角度、全链条的改造，提高全要素生产率，释放数字对经济发展的放大、叠加、倍增作用。

长三角地区牢牢把握数字化、网络化、智能化方向，推动互联网、大数据、人工智能与农业、工业、服务业深度融合。2021 年，长三角城市产业数字化转型得分 73.1 分，与上年相比提高了 4.1 分（见图 8-8），其中二级指标农业、工业、服务业得分分别为 72.5 分、70.3 分和 76.7 分，服务业数字化转型与上年相比增长了 9.1%，其次是工业 6.5%和农业 2.5%，反映了长三角地区服务业新模式新业态蓬勃发展。同时也要看到，产业数字化转型分指标的同比增长率呈现小幅回落，从 2020 年的 7.1%降至 2021 年的 5.9%，反映了我国产业数字化转型经过近年来的高速发展，正在步入发展的沉淀积累期，为下一轮高速增长积蓄能量。

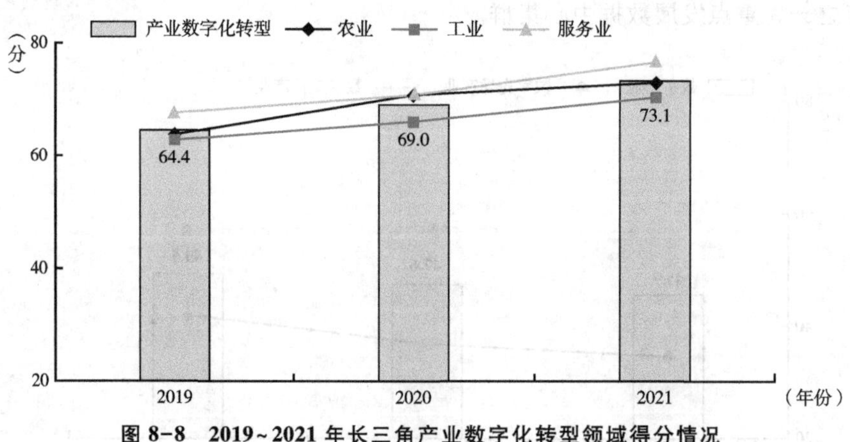

图 8-8　2019~2021 年长三角产业数字化转型领域得分情况

4. 长三角不断拓展公共服务数字化新空间，树立全国电子政务实践标杆

一级指标公共服务数字化变革主要衡量数字技术对公共服务的提质增效情况，包括电子政务和公共服务数字化能力 2 项二级指标。其中电子政务包

括电子政务成熟度和数字政府建设；公共服务数字化能力包括教育、医疗、社保、治安、交通、生态环境的数字化变革。习近平总书记 2020 年 3 月在视察杭州城市大脑运营指挥中心时指出，运用大数据、云计算、区块链、人工智能等前沿技术推动城市管理手段、管理模式、管理理念创新，从数字化到智能化再到智慧化，让城市更聪明一些、更智慧一些，是推动城市治理体系和治理能力现代化的必由之路。

2021 年，长三角城市在公共服务数字化变革领域平均得分 79.1 分，与上年相比提高了 3.4 分（见图 8-9），其中二级指标电子政务和公共服务数字化能力的得分分别为 75.0 分和 83.2 分。与其他一级指标相比，长三角各城市在该指标的得分差异较小，反映了各地充分将数字技术运用于政府治理以及教育、医疗、交通、治安等生活的各个方面，并取得良好成效。值得注意的是，长三角电子政务建设不断取得新突破，自 2019 年携手共建长三角地区政务服务“一网通办”以来，政务服务数据实现跨省融通共享，在线服务能力不断强化，得分从 2019 年的 70.9 分到 2020 年的 72.3 分再到 2021 年的 75.0 分，为全国一体化在线政务服务提供了改革经验。

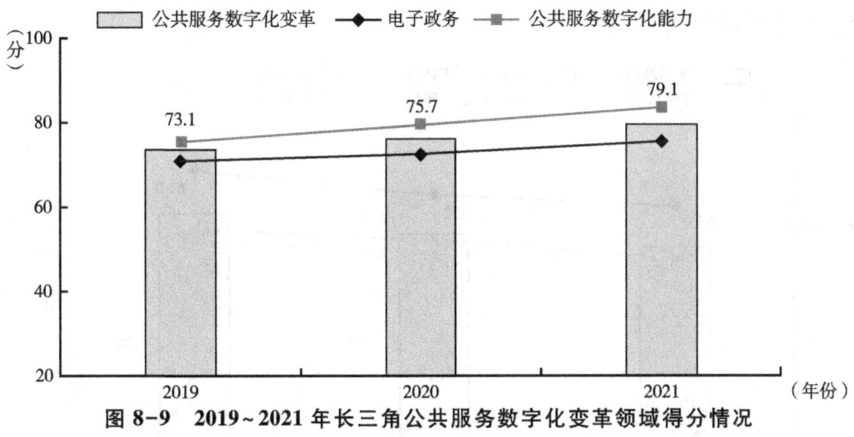

图 8-9　2019~2021 年长三角公共服务数字化变革领域得分情况

5. 数字经济生态环境稳中向好，经济环境、创新环境、营商环境、安全环境、人才环境得分均排在全国前列

一级指标数字经济生态环境衡量城市促进数字经济发展的外部环境情

况，包括经济环境、创新环境、营商环境、安全环境、人才环境 5 项二级指标。一个地区的经济、创新、营商、安全、人才等环境的好坏直接影响当地数字经济发展是否能够行稳致远，数字经济与这五方面因素多维关联、相互促进、动态影响，与当地数字经济发展水平高度相关。

2021 年，长三角数字经济生态环境分指标得分 62.0 分，比 2020 年得分增长 6.5%，比 2019 年增长 10.9%（见图 8-10）。与其他一级指标相比，该分指标城市排名波动变化较小，排名前十的城市中，除了湖州提升了三位以外，其他城市排名上下变化在两位以内，反映了长三角城市群整体数字经济外部环境呈现稳定向好的发展态势。总体来看，长三角是我国经济最活跃的地区之一，GDP 约占全国的 1/4，经济环境良好。并且知名学府云集，对人才有较强的吸引力和集聚力，是吸纳劳动力的“强磁场”，2020 年底拥有劳动力总量 1.64 亿左右，约占全国的 16.7%，远高于京津冀的 8.13%和珠三角的 5.18%[①]，创新环境与人才环境得分也处于较高水平。数字经济政策起步早、体系完备。近年来，长三角地区城市发力营商环境建设，以上海为龙头，带动引领周边城市营商环境优化提升明显。经济、创新、营商、安全、人才环境均发展良好。

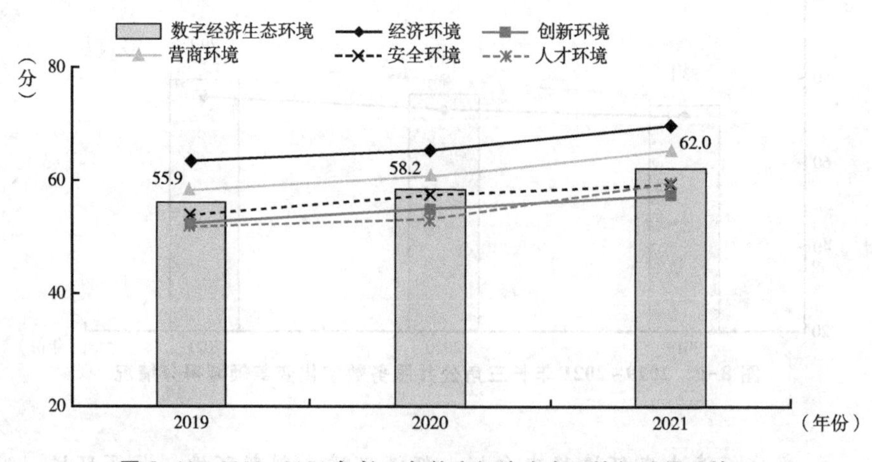

图 8-10　2019~2021 年长三角数字经济生态环境领域得分情况

① 翁章好、孙伟、陈雯：《长三角哪座城市最能吸引劳动力？》，上观新闻，2021 年 5 月 5 日。

（二）京津冀

自 2014 年习近平总书记在京津冀协同发展座谈会上讲话中首次将京津冀协同发展上升到国家战略以来，三地合力打造以北京为核心的世界级都市群。2018 年，京津冀经济总量 8. 4 万亿元，占全国的 9. 3%。为更好评估京津冀地区数字经济发展水平，运用“数字经济测度工具箱”①，基于两化融合服务平台以及官方数据，以京津冀地区作为评估对象，对北京市、天津市、河北省的数字经济发展水平进行定量测评。

1. 北京是京津冀数字经济发展的引领者和主导者

北京数字经济发展水平在京津冀三地中遥遥领先，数字经济发展成果全面开花，在数字基础设施、数字产业、产业数字化转型、公共服务数字化变革、数字经济生态环境 5 个一级指标中得分均位居第一，11 项二级指标中有 10 项指标得分位列第一，并且在移动宽带、数字先导产业、数字支柱产业、电子政务和创新环境等方面具有明显优势（见图 8-11）。

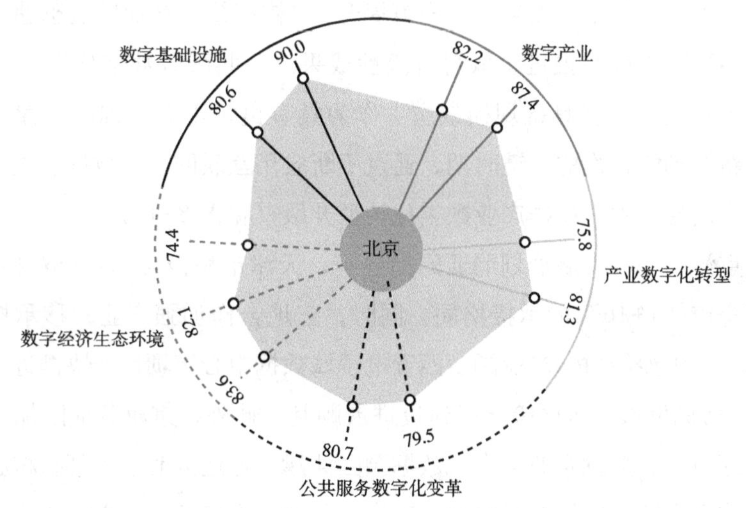

图 8-11　2018 年北京数字经济发展水平

① “数字经济测度工具箱”指标包括：数字基础设施（二级指标：固定宽带、移动宽带），数字产业（二级指标：数字先导产业、数字支柱产业），产业数字化转型（二级指标：工业数字化转型、服务业数字化转型），公共服务数字化变革（二级指标：电子政务、公共服务数字化能力），数字经济生态环境（二级指标：经济环境、创新环境、政策环境）。

作为全国科研和创新中心，北京拥有强大的内生动力和完善的数字经济生态环境，通过创新不断驱动数字产业发展，已培育出百度、京东、360等近百家人工智能、大数据、云计算相关领域上市企业。2018年北京信息通信产业实现增加值4940.7亿元，占地区生产总值的比重为16.3%，软件和信息技术服务业、电子信息制造业等数字产业成为带动城市经济发展的新极点。

北京通过资本辐射、创新驱动、产业引领在京津冀协同发展中发挥着龙头作用。北京不但在京津冀资本互投中主导作用显著，而且已成为三地科技创新的核心驱动力，科技资源不断加速辐射周边地区，正打造“高精尖”经济格局，实现产业链条向津冀延伸。同时，北京优质公共服务资源外溢效应显著，三地公共服务全面对接。

2. 天津是京津冀数字经济协同发展的桥梁和纽带

天津市数字经济发展处于京津冀地区中间水平，在产业数字化转型和经济环境方面具有一定优势。天津市政府不断完善数字经济政策体系，推进形成工作合力。信息基础设施水平显著提升，“核高基”产业发展迅速。工业数字化转型正在稳步推进，取得阶段性成果。公共服务数字化正“以点带面”快速推进，逐步具备规模效应。作为具有良好工业基础的天津，在实现经济新旧动能转换的关键时期，通过不断应用互联网、大数据、人工智能等新一代信息技术，助推产业数字化转型升级（见图8-12）。

在京津冀协同发展规划纲要的指导下，天津市积极与北京市对接合作，确立了全市“1+16”的承接格局。同时，三地合作加强产业转移承接重点平台建设，中沙新材料产业园、西青电子城数据中心等项目加快推进，津冀（芦台）协同发展示范区等园区建设进展顺利。此外，京津冀地区加速推动数据资源对接、数据企业合作、数据园区共建，打造以北京为创新核心，以天津为综合支撑，以河北张家口、廊坊、承德、秦皇岛、石家庄为应用拓展的大数据产业一体化格局。2017年8月，以国家超级计算天津中心为基础建设的京津冀大数据协同处理中心成立，三地将互联共享“数据走廊”。

3. 河北是京津冀数字经济发展的新增长极

数字经济已成为河北产业转型升级、经济结构战略性调整的重要支撑。近

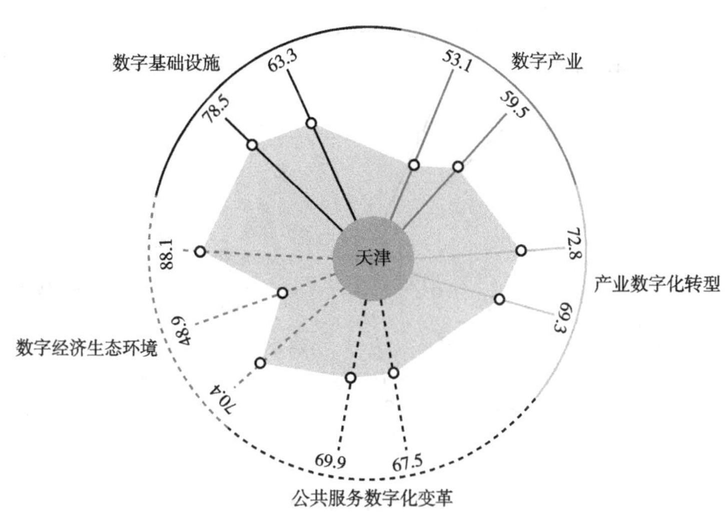

图 8-12　2018 年天津数字经济发展水平

年来，河北省委、省政府出台了《关于加快发展数字经济的实施意见》《关于推动互联网与先进制造业深度融合加快发展工业互联网的实施意见》等政策措施，基本构建了全省数字经济发展的政策推进体系，明确了发展方向和路径。

图 8-13 显示，河北省在数字基础设施、产业数字化转型、公共服务数字化变革等方面表现较好。河北加速发展以“大智移云”为重点的基础设施建设和网络信息产业，建设京津冀国家级产业集群，推进“云上河北”等工程建设。河北加快发展工业互联网，推动制造业数字化网络化智能化转型。截至 2018 年底，全省数字化研发设计工具普及率和关键工序数控化率分别达到 62. 8%、52. 0%，较上年显著提高。公共服务关乎民生，连接民心。建立数字化公共服务模式能够有效提升公共服务质量，满足多样化的民生需求。总体来看，河北公共服务数字化水平超过天津。2019 年 1 月，河北 5 个城市率先接入电子社保卡，社保服务迈入“码时代”，申请领卡、查询信息、挂号交费等均通过刷手机即可完成。

四　重点城市数字经济发展水平

城镇化是推动我国经济社会高质量发展的重要路径和重要动力之一，以

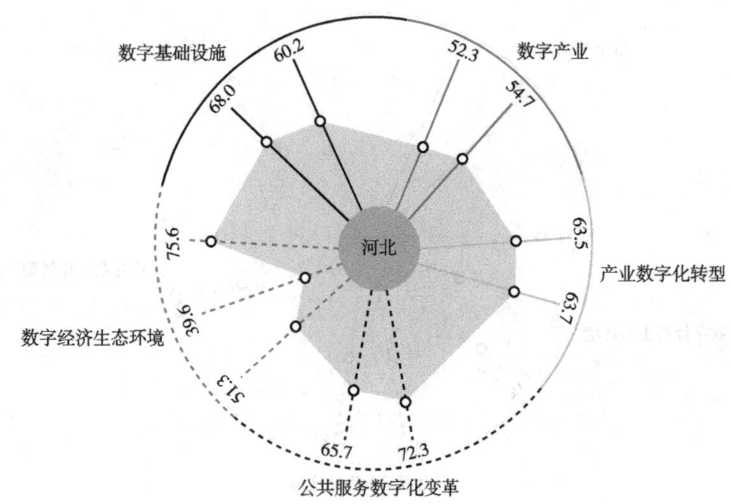

图 8-13　2018 年河北数字经济发展水平

中心城市为引领的区域数字经济发展已经成为实现我国数字经济跨越式发展的新趋势（见表 8-3）。经济基础和人才资源作为城市发展的关键支撑，近年来受重视程度不断攀升，已经成为城市数字经济比拼中的重要力量。

表 8-3　2019 年全国部分城市数字经济发展水平

单位：分

序号	城市	总分	序号	城市	总分	序号	城市	总分
1	杭州市	90.9	13	重庆市	70.6	25	金华市	63.2
2	深圳市	89.1	14	西安市	70.5	26	大连市	60.9
3	上海市	87.5	15	成都市	69.7	27	张家口市	60.8
4	北京市	86.7	16	温州市	69.4	28	昆明市	60.1
5	广州市	83.3	17	青岛市	68.7	29	绍兴市	59.8
6	南京市	80.5	18	厦门市	68.1	30	佛山市	59.6
7	苏州市	79.5	19	郑州市	67.7	31	舟山市	59.0
8	宁波市	75.5	20	台州市	67.2	32	常州市	58.7
9	武汉市	75.4	21	石家庄市	67.1	33	海口市	58.4
10	长沙市	72.2	22	合肥市	65.9	34	哈尔滨市	57.4
11	天津市	71.6	23	济南市	65.5	35	嘉兴市	57.2
12	福州市	71.1	24	无锡市	63.9	36	保定市	55.9

续表

序号	城市	总分	序号	城市	总分	序号	城市	总分
37	贵阳市	55.8	55	唐山市	50.5	73	达州市	44.1
38	珠海市	55.7	56	兰州市	50.4	74	南充市	44.1
39	廊坊市	55.6	57	安庆市	50.4	75	泸州市	43.9
40	湖州市	54.0	58	宣城市	50.1	76	宜宾市	43.9
41	长春市	53.9	59	江门市	50.0	77	绵阳市	42.9
42	南通市	53.9	60	滁州市	49.7	78	眉山市	42.9
43	沈阳市	53.8	61	肇庆市	49.7	79	承德市	42.3
44	太原市	53.7	62	西宁市	49.4	80	资阳市	42.1
45	中山市	53.6	63	马鞍山市	48.5	81	池州市	40.9
46	泰州市	53.5	64	南昌市	47.9	82	遂宁市	40.6
47	扬州市	53.3	65	铜陵市	47.3	83	德阳市	40.4
48	盐城市	53.1	66	自贡市	46.6	84	雅安市	40.3
49	银川市	52.6	67	邢台市	46.5	85	衡水市	40.2
50	东莞市	52.3	68	沧州市	46.4	86	乌鲁木齐市	39.4
51	秦皇岛市	51.9	69	邯郸市	45.9	87	广安市	39.3
52	芜湖市	51.2	70	南宁市	45.7	88	内江市	39.0
53	镇江市	50.9	71	呼和浩特市	45.2	89	拉萨市	33.9
54	惠州市	50.7	72	乐山市	44.3			

注：包括各副省级城市、省会城市和京津冀、长三角、粤港澳、成渝四大城市群的全部城市。

（一）北京、上海、武汉、重庆等中心城市辐射引领城市群数字经济高质量发展

中心城市正在成为引领区域数字经济发展的重要载体。以上海为中心的长三角地区，汇聚形成全国数字经济发展高地，杭州、南京、苏州、宁波等城市优势互补、差异化发展，数字经济总分排名均跻身前十。武汉、重庆、成都、郑州、西安等中西部城市总分排名靠前，这些城市立足自身特点找突破点，数字经济已实现从跟跑到并跑，甚至某些领域向领跑发展，成为我国中西部数字经济发展中坚力量。北京作为全国科研创新中心，培育出众多人工智能、大数据、云计算等领域上市企业，数字产业发展全国领先，通过资本辐射、创新驱动在北部地区发挥龙头作用（见图 8-14）。

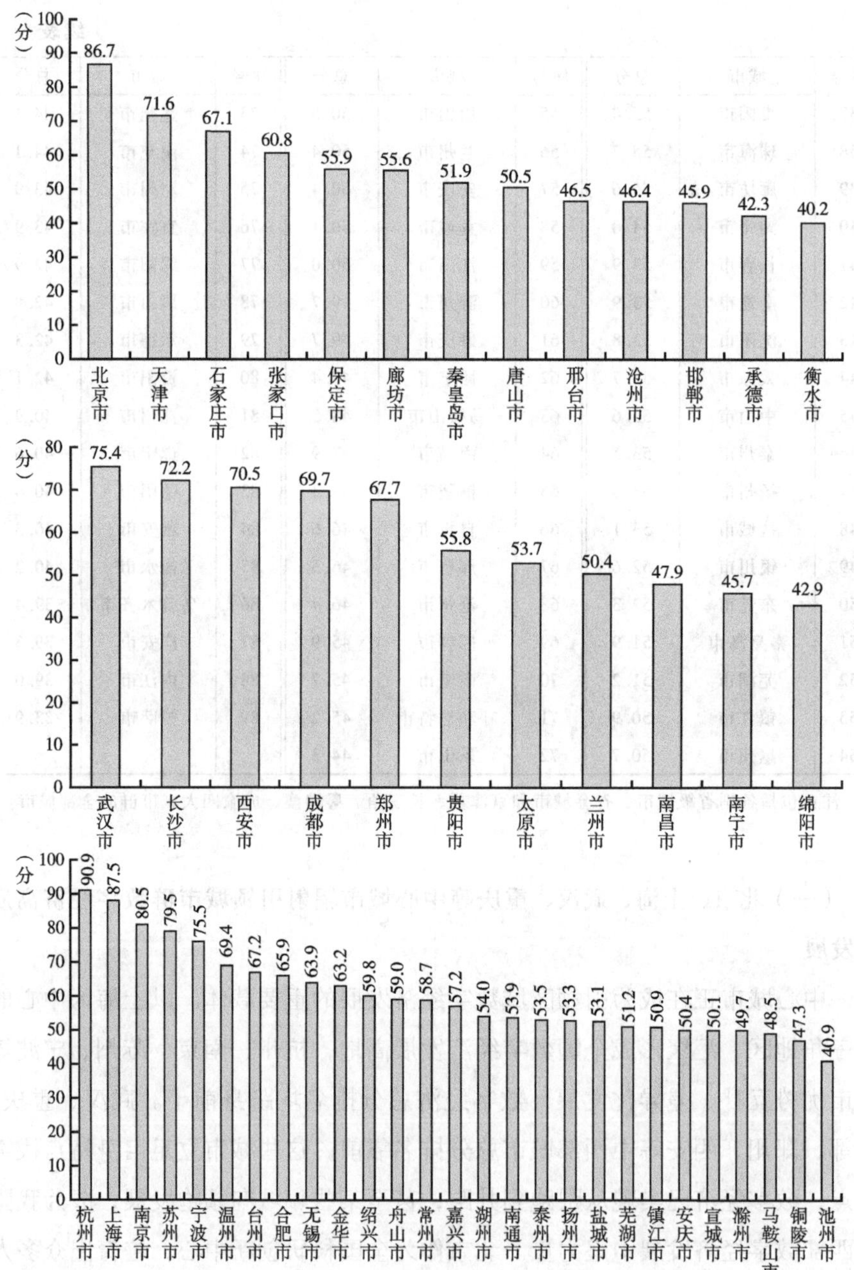

图 8-14　2019 年以中心城市为引领的区域数字经济发展情况

（二）南京、宁波、郑州、青岛超越经济发展水平跻身“数字一线城市”

城市经济发展可以为其数字经济持续繁荣提供强大、稳定的支撑基础，城市各行业数字化转型又为经济发展提供新动能，中国城市格局在数字化加持下正在悄然发生改变，城市数字经济发展与经济水平显著正相关，杭州、深圳、上海、北京、广州等数字经济总分排名前十的城市在 GDP 排行榜上稳稳占据领先地位，这些城市 2019 年 GDP 均超过两万亿元。南京、宁波、郑州、青岛等城市凭借各自在数字经济分领域的优秀表现，迈入数字新一线城市阵容。西安、福州等 9000 亿元 GDP 级别城市数字经济发展也取得了明显超越其 GDP 发展水平的成绩（见图 8-15）。

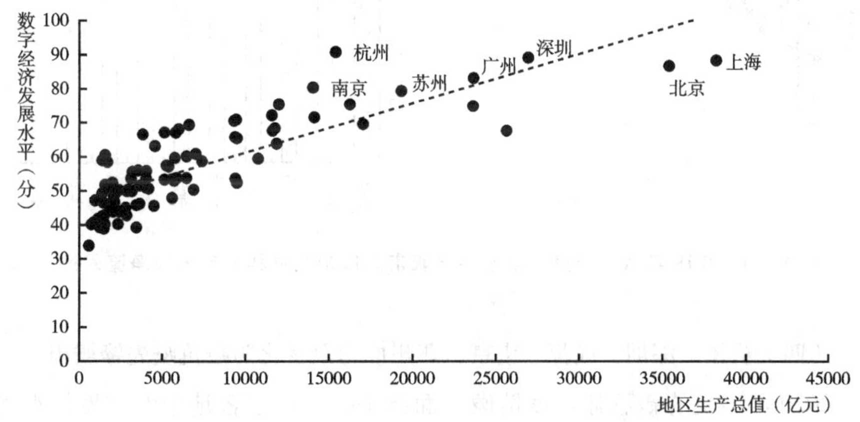

图 8-15 2019 年数字经济发展与地区生产总值之间的相关性

（三）杭州、深圳、广州、长沙汇聚数字人才为城市数字化转型提供持续动力

年轻数字劳动力的加入为城市数字化转型升级提供了源源不断的人才动力，城市数字经济发展所提供的大量就业机会和良好的软环境又是吸引人才的重要因素。杭州着力打造“全国数字经济第一城”，面向全球实施引才“521”计划，其完善的互联网服务体系和生产生活出行高度便利化，也成为吸引人才的重要“砝码”，杭州成为 2019 年人口净流入量最多的城市。深圳、广州等城市 2019 年人口净流入量仅次于杭州，分列第二和第三名

（见图 8-16），数字技术人才涌入为数字产业发展注入强大动力，新产业、新模式、新业态的不断涌现又持续扩大了对人才的需求，创造大量就业机会。长沙、宁波等城市近年来产业数字化转型发展迈出坚实一步，强势入场“抢人大战”，连续出台吸引人才的优惠政策，实现城市数字人力资源快速增长。

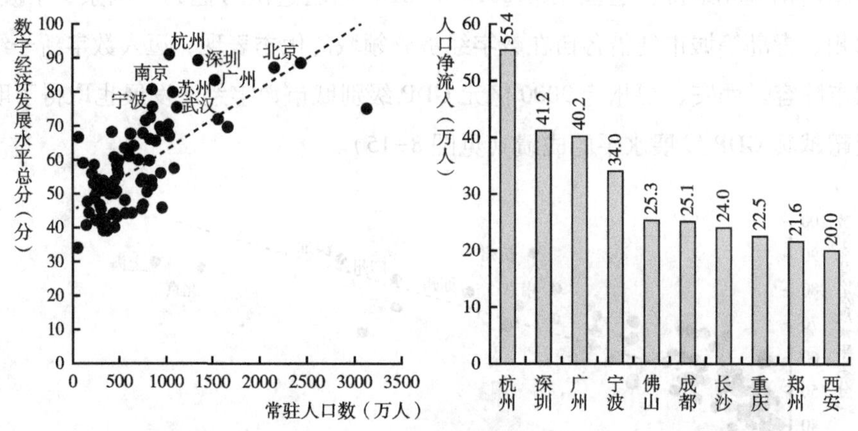

图 8-16　2019 年数字经济发展水平与城市人口相关性和城市人口净流入量

（四）杭州、深圳、成都、南京、郑州成为数字化防疫抗疫先锋城市

2020 年突发的新冠肺炎疫情像一面镜子，反映了各地应对突发情况的能力。根植于其长期数字化积累，杭州、深圳、成都、南京、郑州等城市在数字化防疫抗疫中脱颖而出，为其他城市创新数字技术应用场景、推动新经济走深向实提供了优秀样板（见图 8-17）。

杭州数字基础设施和 5G 基站建设水平均位列全国第一，在基础设施支撑下数字经济全线发力，“城市大脑”确保疫情防控和经济社会发展“两战全胜”，全国首发“红黄绿”动态管理健康码有效助力分类有序复工复产，“亲清在线”使政府服务常态化直达所有企业和员工，惠企政策在线兑付。深圳数字产业总分排名第一，腾讯、华为、大疆创新这些深圳成长起来的高科技企业奋勇担当，积极运用数字技术助力疫情防控。成都抢抓疫后发展机遇，2020 年 3 月底召开“2020 成都新经济新场景新产品首场发布会”，年

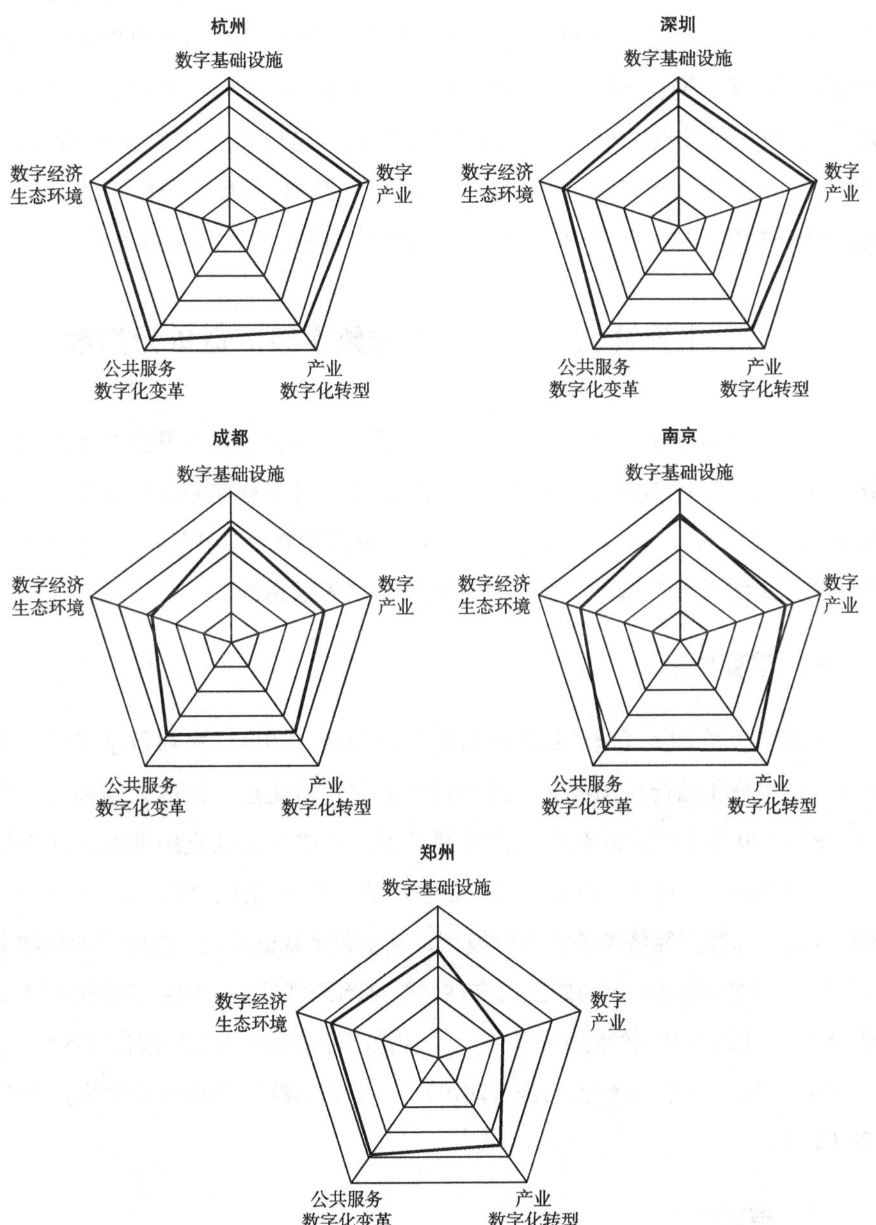

图 8-17　2019 年杭州、深圳、成都、南京、郑州数字经济各领域发展水平

内面向全球持续发布1000个新场景、1000个新产品，为新经济企业提供场景赋能。2020年，在各大城市受疫情影响第一季度GDP增速出现明显下降的背景下，南京逆势实现1.6%的正增长，新兴产业成为拉动南京经济发展的核心动力。郑州是新冠肺炎疫情发生后最早启用智能防疫系统的城市，“发热门诊登记系统”“疫情物资管理系统”等10套数字防疫系统轮番登场，郑州构建起数字化“郑州之盾”，治理能力现代化水平初步显现。

第二节　上海社会科学院“全球数字经济竞争力指数”

上海社会科学院在数字经济领域进行了深入研究，率先开启数字经济竞争力测算研究，在国内外产生较大影响力。上海社会科学院开展数字经济指标体系研究相对较早，其全球数字经济竞争力指数于2017年12月首次发布，重点关注世界各国和主要城市的数字经济发展情况。

一　演变脉络

上海社会科学院《全球数字经济竞争力指数（2017）》将数字经济分为主体产业部分和融合应用部分。该指数主要采用对比法，通过大规模采集和分析全球120多个国家的数字经济发展数据，形成综合性及多维度的评价报告。该指数构建了由数字基础设施、数字产业、数字创新、数字治理等4个维度构成的全球数字经济竞争力分析模型，其中数字基础设施、数字产业和数字创新是一国数字经济竞争力的三大支柱，数字治理则是这一体系健康运行的保障。随后，上海社会科学院相继发布《全球数字经济竞争力发展报告（2018）》《全球数字经济竞争力发展报告（2019）》《全球数字经济竞争力发展报告（2020）》。

二　指标体系

上海社会科学院《全球数字经济竞争力指数（2017）》指标体系如表8-4所示，其后续研究在此基础上不断完善改进。上海社会科学院《全球数字经济竞争力发展报告（2018）》中的指标评价体系与其 2017 年报告类似，包括数字创新竞争力、数字基础设施竞争力、数字产业竞争力、数字治理竞争力 4 个一级指标，每个一级指标下有 2~3 个二级指标，每个二级指标又包括 2 个三级指标。在后续报告中上海社会科学院延续该指标体系并进行适当调整。

表 8-4　上海社会科学院《全球数字经济竞争力指数（2017）》指标体系

一级指标	二级指标
数字基础设施竞争力	云服务、智能终端、链接“云”和“端”之间的各种设备
数字产业竞争力	经济产出、国际贸易、平台企业
数字创新竞争力	技术研发、人才支撑、创新转化
数字治理竞争力	公共服务、治理体系、安全保障

资料来源：上海社会科学院《全球数字经济竞争力指数（2017）》。

三　评价结果

《全球数字经济竞争力指数（2017）》采集和分析全球 120 多个国家的数字经济发展数据，形成了综合性及多维度的评价。分级结果显示，全球数字经济竞争力排在前十的国家分别为美国、中国、新加坡、英国、日本、韩国、芬兰、德国、瑞典、荷兰。美中两国呈现“双引擎”引领态势，美国综合优势明显，中国产业动能强劲，而其他国家数字经济竞争力与中美两国存在一定差距，短期内难以撼动两国在数字经济领域的地位。而且，很多发展中国家其综合得分都在 40 分以下，与美国、中国等数字经济大国存在明显的数字鸿沟。

《全球数字经济竞争力发展报告（2018）》与 2017 年报告相比，全球数字经济竞争力排名前 50 中，约 2/3 的国家在一年内的排名情况有所变动，各个国家之间的竞争十分激烈。美国、中国、新加坡这三个国家始终位居前三，其他国家与这三个国家在数字经济领域存在较大的差距。美国以 84. 24 分的明显优势位居榜首，并且在数字创新、数字基础设施、数字产业、数字治理4个指标上相对其他国家都保持了十分显著的领先优势。中国位居第二，但总分是63.05分，与美国相差21.19分。而在4个一级指标中，中国只有在数字产业竞争力方面表现十分出色，与美国相比差距很小，其余三项得分仅在55~65分，与美国的85分以上存在较大差距。中国的数字创新竞争力排在第21位，在技术研发、人才支撑、创新转化上，都与发达国家有一定差距，尤其是人才支撑和创新转化方面，差距更大。

《全球数字经济竞争力发展报告（2019）》分析结果显示，2018年，美国、新加坡、中国占据全球数字经济国家竞争力榜单前三。在国家竞争力层面，美国数字经济的综合优势地位短期内不会改变。中国在数字产业竞争力方面反超美国成为全球第一，但中国在数字治理等领域仍然存在竞争力短板。2018年全球数字经济竞争力居第一位的是美国，其竞争力得分为75.94分。美国已连续三年位居全球数字经济竞争力榜首，这呈现其在数字经济领域的绝对优势地位。从分项竞争力的4个指标来看，美国在数字产业竞争力、数字创新竞争力、数字设施竞争力和数字治理竞争力方面得分均衡。新加坡反超中国位居榜单第二，其竞争力得分为60.96分。从其竞争力内部结构看，新加坡数字创新竞争力得分超越美国；数字治理竞争力得分也远超中国，新加坡在数字治理竞争力上的强势表现是其能反超中国的重要原因。中国得分为57.37分。从中美数字经济竞争力近三年的差距变化来看，差距正逐年缩小。2016年，中美数字经济竞争力差距为23.82分，2017年为21.19分，2018年两国差距进一步缩小为18.57分。在城市竞争力层面，2018年美国城市在数字经济竞争力方面具有显著优势，较其他国家的城市处于显著领先地位。波士顿的数字经济竞争力得分居所调查的30个主要城市之首。洛杉矶、首尔、旧金山和纽约紧随其后，居第2~5位。中国两个主要城市——北京和上海，分别排名第9和第14。其中，在城市创新竞争力、城市人才竞争力、城市经济和基础设施竞争力这三个分项指标中，北京和上海均跻身城市经济和基础设施竞争力榜单前十名。

《全球数字经济竞争力发展报告（2020）》分析结果显示，中国的数字产业竞争力连续四年位居全球首位，且与位居第二的美国相比领先优势有逐年扩大的趋势；但数字创新竞争力和数字治理竞争力指标得分偏低。数字产业、数字创新、数字设施、数字治理是此次构建数字经济竞争力评价指标体系的 4 个分项。从总体得分情况来看，美国连续四年数字经济竞争力位居全球首位，新加坡和中国位居第二、三位，其中中国与美国在数字经济竞争力上的差距呈逐年缩小态势。从区域维度来看，北美、东亚和西欧国家数字经济竞争力较强，非洲、拉丁美洲地区国家数字经济竞争力较弱，东南亚地区国家数字经济呈快速发展态势，且其区域内部国家数字经济竞争力差异巨大。就城市而言，纽约、波士顿、伦敦、新加坡和东京位居数字经济城市竞争力前五，中国的两个城市——北京和上海的竞争力排名较此前均有显著上升，北京排名第 8，较 2019 年上升一位，上海位居第 12，较 2019 年上升 2 位。与 2019 年相比，30 个上榜城市中有 80%的城市排名发生显著变化，表明全球城市层面的数字经济竞争日趋激烈。从分项指标得分情况来看，美国的城市在数字人才竞争力和数字创新竞争力两个分项指标上占据绝对优势，但是在经济和基础设施竞争力方面，亚洲城市开始占据优势。在企业层面，美国、日本和中国继续成为 2019 年世界数字企业竞争力的前三强。

四　不足之处

上海社会科学院设计的指标体系相比其他指标体系，竞争力指数强化了治理的作用，在操作层面，选取联合国电子政务调查等统计和调查数据作为来源，考察政府服务、数据开放等水平，在数字治理层面的研究具有一定的前瞻性和完备性，对于我国建立数字经济发展指数有一定的参考价值。

第三节　中国信息通信研究院“数字经济竞争力指数”

中国信息通信研究院（简称“中国信通院”）在数字经济领域深耕多年，率先开启数字经济规模测算研究，其测算数据被广泛引用，在国内外产生较大影响力。在指标体系构建方面，与国内其他机构相比，中国信通院开展数字经济指标体系研究相对较晚，2020 年 12 月发布首次编制的“数字经济竞争力指数”，并于第二年进一步更新完善指标体系，重点关注城市的数字经济发展情况。

一 演变脉络

2020 年 12 月，中国信息通信研究院政策与经济研究所联合中央广播电视总台上海总站发布《中国区域与城市数字经济发展报告（2020 年）》，首次编制数字经济竞争力指数（Digital Economy Competitive Index，简称 DECI），从技术、人才、产业、应用、需求、基础等多个维度综合反映各省份和城市数字经济发展潜力，科学量化各地数字经济发展的优势、短板，总结各地数字经济发展的路径差异。

2021 年 12 月，中国信息通信研究院政策与经济研究所联合中央广播电视总台上海总站发布同系列报告——《中国城市数字经济发展报告（2021 年）》，聚焦城市数字经济发展，并且进一步丰富了城市数字经济竞争力指数，力图更加全面地刻画我国城市数字经济发展状况。与上一版相比，新版指标体系省略了原二级指标，将三级指标体系简化为两级指标体系。更加突出城市在全国数字经济建设中的地位，提出“城市作为经济活动的重要承载空间，其数字经济发展状况客观体现了我国数字经济的建设水平”。

二 指标体系

该指标体系以数字创新要素、数字基础设施、核心数字产业、数字融合应用、数字经济需求、数字政策环境 6 个方面为分析视角，利用“熵权法”确定各级指标的权重，根据无量纲化后的指标及其对应的权重，通过由下而上逐层加权平均的方法得到数字经济竞争力指数。2021 年中国信通院进一步完善了该指标体系，从三级指标体系简化为两级指标体系，使评价框架更加简洁。具体来说，新版框架在一级指标“数字经济需求”下增加了一项评价指标“拥有典型数字产业化与产业数字化企业数量”，并且将一级指标“数字政策环境”进一步细化，分为政策体系完备评分、配套保障完善评分和政策实施效果评分三个评价指标（见表 8-5）。

表 8-5　数字经济竞争力评价指标体系

一级指标	2020 年		2021 年
	二级指标	三级指标	二级指标
数字创新要素	ICT 技术	R&D 研发投入强度	研发投入强度
	信息化人力资本	每万人口信息传输、软件和信息技术服务业就业人员数	每万人口信息传输、软件和信息技术服务业就业人员数
		每万人口中研发人员数	每万人口中研发人员数
数字基础设施	信息基础设施	移动互联网普及率	移动互联网普及率
		互联网宽带普及率	互联网宽带普及率
		固定宽带平均下载速率	固定宽带平均下载速率
核心数字产业	ICT 产业	每万元 GDP 信息产业主营业务收入	每万元 GDP 信息产业主营业务收入
数字融合应用	企业数字化	每百家企业拥有网站数	每百家企业拥有网站数
		企业电子商务采购和销售额占比	企业电子商务采购和销售额占比
	行业数字化	农业数字化投入占比	农业数字化投入占比
		工业数字化投入占比	工业数字化投入占比
		服务业数字化投入占比	服务业数字化投入占比
	政府数字化	政务服务数字化	政务服务数字化
		人民政府网站访问热度	政府网站访问热度
数字经济需求	数字经济消费	网上零售额占比	网上零售额占比
	数字经济领域投资	信息传输、计算机服务和软件业固定资产投资完成额占比	信息传输、计算机服务和软件业固定资产投资完成额占比
	数字贸易	ICT 产业省外贸易额占比	ICT 产业省外贸易额占比
			拥有典型数字产业化与产业数字化企业数量
数字政策环境	数字经济政策支持	数字经济政策指数	政策体系完备评分
			配套保障完善评分
			政策实施效果评分

资料来源：中国信息通信研究院。

（一）数字创新要素

数字创新要素反映数字经济发展所需的技术、人才等投入情况，涉及ICT技术、信息化人力资本，具体包括R&D研发投入强度，每万人口信息传输、软件和信息技术服务业就业人员数，每万人口中研发人员数。

（二）数字基础设施

数字基础设施反映数字经济发展的网络基础设施建设及普及情况，包括移动互联网普及率、互联网宽带普及率、固定宽带平均下载速率。

（三）核心数字产业

核心数字产业衡量ICT产业供给能力，用每万元GDP信息产业主营业务收入指标表示。

（四）数字融合应用

数字融合应用反映新一代信息技术与传统经济社会融合情况，从企业数字化、行业数字化、政府数字化三个维度选取指标，具体包括每百家企业拥有网站数、企业电子商务采购和销售额占比、农业数字化投入占比、工业数字化投入占比、服务业数字化投入占比、政务服务数字化、人民政府网站访问热度。

（五）数字经济需求

数字经济需求反映国内外市场对数字经济产品、服务的需求潜力，从数字经济消费、数字经济领域投资、数字贸易三个维度进行量化，具体包括网上零售额占比，信息传输、计算机服务和软件业固定资产投资完成额占比，ICT产业省外贸易额占比。

（六）数字政策环境

数字政策环境反映数字经济发展的政策支持，通过构建数字经济政策指数以及德尔菲法对其进行评价。

三　评价结果

（一）我国区域数字经济竞争力排名

中国信通院的“区域数字经济竞争力”实际上评价的是省（区、市）

的数字经济发展水平。基于指标体系，2020 年的报告评选出 2019 年数字经济竞争力指数排名前 15 的省（区、市）分别为广东、北京、上海、江苏、浙江、山东、天津、福建、四川、重庆、湖北、安徽、河南、陕西、湖南。在数字创新要素方面，北京凭借较高的研发投入和较强的数字人力资本优势排名第一；在数字基础设施方面，浙江网络基础设施普及程度最高；广东在核心数字产业、数字融合应用和数字经济需求三个一级指标上排名均第一；数字政策环境方面，浙江依托其较为完备的数字经济相关政策，排名第一。

（二）我国城市数字经济竞争力排名

从城市水平来看，2019 年数字经济竞争力指数排名前 15 的城市分别为北京、上海、深圳、广州、南京、杭州、天津、成都、重庆、宁波、武汉、福州、西安、厦门、青岛。共有 11 个东部城市上榜，且排名前三的北京、上海、深圳也均为东部城市，反映出数字经济竞争力较高的城市仍主要集中在东部经济发达地区。武汉是唯一上榜的中部城市，西部城市成都、重庆、西安位列 TOP15 排行榜中。北京、上海等省级直辖市同样参加城市水平的数字经济竞争力评价，北京依然在一级指标数字创新要素中排名第一，上海在数字基础设施、数字融合应用、数字经济需求三项一级指标中排名第一，深圳则由于其先进的 ICT 产业和完备的政策体系在核心数字产业、数字政策环境两项一级指标中位列第一。

2020 年，在全国 52 个重点城市中评选出数字经济竞争力指数排名前 15 的城市，并将所有城市划分为综合引领型、特色开拓型和潜力提升型三个梯队。北京、上海、深圳依然位列前三，是综合引领型城市，其中北京是总体最具数字经济竞争力的城市，在数字创新要素和数字融合应用方面遥遥领先。广州、杭州、南京、成都、天津、宁波、苏州、武汉、重庆、青岛、福州、厦门等 12 个城市是数字经济特色开拓型城市，是我国数字经济发展的重要支撑力量。其他城市均属于数字经济潜力提升型城市。

第四节 赛迪研究院“中国数字经济指数”

一 演变脉络

2017年11月，赛迪顾问发布《2017中国数字经济指数（DEDI）》白皮书，报告在对数字经济的发展演变和特点进行分析的基础上，将数字经济划分为基础型、资源型、技术型、融合型和服务型，对全国31个省级行政区域进行测算。DEDI兼顾了全国各省（区、市）的测评和5个维度数字经济分指数的评估，并运用了互联网企业的用户数据，反映数字经济在服务领域的渗透情况。2018年4月，赛迪顾问发布《2018中国数字经济指数白皮书》。2019年1月，赛迪研究院发布《2019中国数字经济发展指数白皮书》，此次发布的数字经济发展指数围绕四大维度构建指标体系，对省级区域的数字经济发展水平进行评价分析，并提出进一步规划发展数字经济应关注的四个方面。2020年11月，赛迪顾问发布《2020中国数字经济发展指数（DEDI）》聚焦新形势下区域数字经济发展的新格局、新特点、新动力，对全国31个省（区、市）数字经济发展情况进行了全面评估与分析，为后疫情时代各地区打造数字经济关键优势提供路径参考。2021年4月，赛迪顾问与四川德阳联合发布了中国数字经济发展指数（即“德阳指数”）。德阳指数是国内首个以发布地冠名的全国性数字经济发展指数、首个通过大数据平台智能发布的数字经济发展指数、首个以季度为监测周期的数字经济发展指数。该指数是定量评估全国数字经济整体发展情况的监测指标体系与结果集合，选取数字经济各维度典型指标数据，利用统计方法合成计算结果，全面、及时、科学地反映全国数字经济发展水平及动态特征，以期为中国数字经济发展提供参考和依据。赛迪顾问联合德阳搭建“中国数字经济大数据平台”，线上发布中国数字经济发展指数，开创国内智能化指数发布新模式，是国内首个通过大数据平台线上发布的数字经济季度监测指数。

二　指标体系

赛迪顾问《2017 中国数字经济指数（DEDI）》指标体系如表 8-6 所示，赛迪顾问《2020 中国数字经济发展指数（DEDI）》在此基础上对指标体系进行了优化（见表 8-7），遵循系统、科学、可操作、可对比等基本原则，从基础、产业、融合、环境四大关键维度 10 个核心指标 41 个细分指标，对全国 31 个省（区、市）（不包括我国港澳台地区）的数字经济发展情况进行评估。2021 年，赛迪顾问推出“德阳指数”，借鉴国内外数字经济评估方法，采用“4+3+N”指标体系（见表 8-8 至表 8-10），指标设定覆盖数字经济内涵构成、数字经济发展要素、数字经济民众参与程度三大方面。该指数为定基指数，以 2017 年第四季度为对比基期，考量 8 项一级指标 55 项二级指标，动态反映中国数字经济发展进程。其数据来源于赛迪顾问大数据平台、国家统计局、工业和信息化部、国家发改委、国家政务服务平台、国家知识产权局、科技部等权威机构。方法上运用主成分分析法、层析分析法、德尔菲法确定各项指标权重，通过离差标准值法去除指标单位干扰，并通过加权平均法运算得出最终结果。

表 8-6　赛迪顾问《2017 中国数字经济指数（DEDI）》指标体系

一级指标	二级指标
基础型数字经济	电子信息制造业规模、信息传输业规模、软件和信息技术服务业规模、互联网普及率、固定宽带签约率、宽带用户平均下载速率、移动电话普及率
资源型数字经济	上市大数据企业数、数据交易中心数量、政府数据开放水平、移动互联网接入流量、移动宽带用户数、固定互联网宽带接入时长、固定宽带用户数
技术型数字经济	高技术产业 R&D 人员折合全时当量、高技术产业 R&D 经费内部支出、高技术产业专利情况、高技术产业技术获取与技术改造支出
融合型数字经济	农业互联网平台数、有电子商务交易活动企业占比、两化融合国家级示范企业数、数字化研发设计工具普及率、关键工序数控化率、智能制造就绪率
服务型数字经济	即时通信——微信用户分布、旅游——携程用户分布、生活服务——新美大用户分布、网上购物——网络零售额、互联网金融——支付宝用户分布、娱乐——爱奇艺用户分布、教育——中小学互联网接入率、互联网医疗——平安好医生用户分布、出行——滴滴出行用户分布、政务——我国分省（区、市）.gov.cn 域名分布

资料来源：赛迪顾问《2017 中国数字经济指数（DEDI）》。

表 8-7　赛迪顾问《2020 中国数字经济发展指数（DEDI）》指标体系

四大维度	10 个核心指标	41 个细分指标
基础指标	传统数字基础设施	4G 用户数、4G 平均下载速率、固定宽带用户数、固定宽带平均下载速率、互联网普及率、网页数量、域名数量
	新型数字基础设施	数据中心招标数量、数据中心招标金额、5G 试点城市数量、规划 5G 基站数量、IPv6 比例
产业指标	产业规模	计算机、通信和其他电子设备制造业总产值，信息传输、软件和信息技术服务业总产值，电信业务总量
	产业主体	ICT 领域主板上市企业数量、互联网百强企业数量、独角兽企业数量
融合指标	工业和信息化融合	“两化融合”水平、生产设备数字化率、数字化研发设计工具普及率、应用电子上网比例、实现网络化协同企业比例、“两化融合”贯标企业数量、关键工序数控化率
	农业数字化	数字农业农村创新项目数量、淘宝村数量
	服务业数字化	第三方支付金融牌照数量、电子商务交易额、互联网医院数量、国家信息化教育示范区数量、智慧景区数量
环境指标	政务新媒体	政府网站数量缩减比例、政务机构微博数量、政务头条号数量
	政务网上服务	政府网上政务服务在线办理成熟度、政府网上政务服务在线服务成熟度
	政务数据治理	政务数据治理平台项目数量、政务数据平台建设资金投入、政务数据治理工作推动力、省级以上政务数据开放平台建设情况

资料来源：赛迪顾问《2020 中国数字经济发展指数（DEDI）》。

表 8-8　赛迪顾问“德阳指数”指标体系（“4”构成）（2021 年）

一级指标	数字基础	数字产业	数字融合	数字治理
二级指标	移动电话普及率	电信业务总量	数字化产品研发设计工具普及率	数字政务服务办件数
	4G 移动用户数	电信新兴业务收入占比	网络化协同企业比例	数字政府服务用户数
	互联网宽带接入情况	电子信息制造业规模增速	生产设备数字化率	政务数据开放情况
	城市宽带接入情况	电子信息制造业利润增速	工业电子商务比例	政务平台建设情况
	农村宽带接入情况	信息传输、软件和信息技术服务业规模	双创平台普及率	
	光纤接入情况	物联网及相关服务收入	智能制造就绪率	
	移动互联网接入量情况	软件产业利润	农业电商水平	
	蜂窝物联网终端用户情况	重点数字产品产量	网络零售额	

表 8-9　赛迪顾问“德阳指数”指标体系（“3”要素）（2021 年）

一级指标	主体活力	资本热力	创新动力
二级指标	软件企业数	数字经济投融资事件数	发明专利申请数
	电子设备制造企业数	数字经济投融资额数	发明专利授权数
	数字经济上市企业数	数字经济上市企业市值	数字技术合同成交额

资料来源：《2021 中国数字经济发展指数（德阳指数）》。

表 8-10　赛迪顾问“德阳指数”指标体系（“N”种民众参与）（2021 年）

办公商务	出行服务	住房服务	健康美容	教育学习	金融理财
旅游服务	汽车服务	生活服务	手机游戏	电子阅读	新闻资讯
医疗服务	移动购物	移动社交	移动视频	移动音乐	育儿母婴

资料来源：《2021 中国数字经济发展指数（德阳指数）》。

三 评价结果

赛迪顾问《2017 中国数字经济指数（DEDI）》针对 2016 年全国 31 个省级行政区域的数字经济发展水平进行测算，并对各级指标的重要性进行打分，通过使用层次分析法计算指标权重，并最终得出了报告结果。DEDI 指数具体排名如表 8-11 所示。

表 8-11 赛迪顾问《2017 中国数字经济指数（DEDI）》评价结果（2017 年）

地区	DEDI	DEDI 排名	GDP(万亿元)	GDP 排名	DEDI 与 GDP 排名差
广东	79.63	1	8.57	1	0
江苏	66.33	2	7.83	2	0
浙江	60.46	3	4.65	4	-1
山东	53.64	4	6.72	3	1
北京	52.03	5	2.49	13	-8
上海	47.85	6	2.75	11	-5
福建	44.19	7	2.84	10	-3
四川	40.6	8	3.48	6	2
湖北	40.04	9	3.38	7	2
湖南	37.54	10	3.32	8	2
安徽	37.47	11	2.46	14	-3
河南	36.69	12	4.05	5	7
天津	35.34	13	1.79	19	-6
河北	35.24	14	3.28	9	5
辽宁	33.29	15	2.71	12	3
陕西	31.67	16	1.91	16	0
重庆	31.63	17	1.76	20	-3
贵州	29.89	18	1.3	25	-7
江西	28.18	19	1.86	17	2
吉林	26.85	20	1.56	22	-2
山西	24.2	21	1.31	24	-3
黑龙江	23.81	22	1.59	21	1
广西	23.43	23	1.83	18	5
内蒙古	22.98	24	2.13	15	9
海南	22.93	25	0.4	28	-3
宁夏	22.28	26	0.29	29	-3

续表

地区	DEDI	DEDI 排名	GDP(万亿元)	GDP 排名	DEDI 与 GDP 排名差
云南	21.54	27	1.51	23	4
新疆	19.31	28	0.96	26	2
甘肃	17.57	29	0.71	27	2
青海	17.24	30	0.26	30	0
西藏	6.04	31	0.12	31	0

资料来源：赛迪顾问《2017 中国数字经济指数（DEDI）》。

赛迪顾问《2020 中国数字经济发展指数（DEDI）》报告测算得到 2020 年中国经济发展指数平均得分为 29.6，其中 10 个省（区、市）位于平均水平以上，前五名省（区、市）与 2019 年相同（仅浙江与上海名次互换），我国数字经济头部成员基本稳定，其中广东省更是连续 4 年排名全国数字经济发展水平第一（见表 8-12）。

表 8-12　2020 年中国数字经济发展指数排名

排名	省(区、市)	指数值	排名	省(区、市)	指数值
1	广东	65.3–	17	广西	26.2
2	北京	55.0–	18	天津	24.9
3	江苏	52.2–	19	贵州	24.7
4	浙江	51.5▲1	20	辽宁	23.5
5	上海	45.5▼1	21	云南	21.3
6	山东	42.80	22	山西	21.1
7	福建	38.60	23	黑龙江	20.5
8	四川	35.60	24	甘肃	19.3
9	河南	35.00	25	内蒙古	18.9
10	湖北	32.50	26	新疆	18.1
11	河北	29.40	27	海南	17.8
12	湖南	29.40	28	吉林	17.4
13	安徽	29.30	29	宁夏	17.1
14	重庆	28.80	30	青海	13.8
15	江西	28.50	31	西藏	8.0
16	陕西	26.30			

资料来源：赛迪顾问《2020 中国数字经济发展指数（DEDI）》。

2021 年 4 月发布的中国数字经济发展指数（即“德阳指数”）显示，自 2017 年第四季度以来，中国数字经济发展整体呈现上升态势，2020 年第四季度达到 161.1，三年增长逾 60%。新冠肺炎疫情给数字经济发展造成了一定的冲击，2020 年第一季度中国数字经济发展指数回落明显。但与此同时，长期的居家隔离触发了疫情后的全民数字化生存新机制，2020 年第二季度数字经济指数大幅提升至 145.0，环比增长 10.6%。整体来看，中国数字经济发展指数自 2018 年逐渐超越 GDP 指数且差距不断扩大，数字经济对 GDP 增长的拉动力日益增强，依然成为国家经济发展的关键引擎。

四 不足之处

赛迪顾问“中国数字经济指数”（DEDI）具有一定的创新性，但是数据来源不一定稳定、无法国际可比是其指标的不足。赛迪顾问 2021 年新发布的“德阳指数”，与其以往发布的“中国数字经济指数”（DEDI）相比有了纵向可比性，并且季度更新，具有创新性，但指标体系中部分指标是否可以持续纵向比较存疑，如数字政务服务办件数，数字政务发展到一定程度，服务办件数可能趋于波动状态，不再具有纵向可比性。

第五节 财新智库等“中国数字经济指数”

一 演变脉络

2017 年 5 月，财新智库等机构发布中国数字经济指数（China Digital Economy Index，简称 CDEI），采用对比法，主要关注数字经济对整个社会效率提升的能力。该指数由贵州省大数据产业发展应用研究院、财新智库、数联铭品（BBD）联署推出，用大数据度量数字经济对整个社会效率提升的能力，属于新经济系列指数之一。

二 指标体系

财新智库的中国数字经济指数指标体系包括产业指数、融合指数、溢出指数和基础设施指数 4 个部分（见表 8-13）。CDEI 从网络大数据、传统统计数据和各类商业统计数据中获取数字经济指数的各项数据。中国数字经济的结构包括横向与纵向两个部分。在横向上，通过各地区的数字经济指数进行比较，观察每个地区的数字经济对实体经济的拉动情况。在纵向上，通过对不同时间段的中国数字经济指数进行比较，判断数字经济对整体经济拉动能力随时间的变化趋势。

表 8-13　财新智库等中国数字经济指数指标体系（2017 年）

一级指标	二级指标
数字经济产业指数	大数据产业、互联网产业的劳动投入、人工智能产业
数字经济融合指数	工业互联网、智慧供应链、共享经济、金融科技
数字经济溢出指数	制造业占比、其他行业对数字经济的利用率（共 8 类）、其他行业分别占比（共 8 类）
数字经济基础设施指数	数据资源管理体系、互联网基础设施、数字化生活应用普及程度

三　评价结果

2017 年 5 月发布的《中国数字经济指数》报告显示，我国的数字经济指数为 1067，与 2016 年 1 月相比增长 176%，当前数字经济对整个社会发展的推动作用相比 2016 年初大幅增加。2017 年 4 月，北京、上海、广东数字经济指数排名前三，相对其他地区优势明显。广东、北京、上海位列数字经济生产能力排名前三，广东制造创新、北京吸引资本、上海聚集人才的格局已经形成。

四　不足之处

CDEI 作为媒体发起的指标体系，亮点突出，更具备时代特征，能够反映当下的市场活力和重点领域的发展状况，但是指标的理论基础有待商榷，抓取的企业数据不一定能够客观反映我国数字经济的宏观情况。

第六节　腾讯“互联网+”数字经济指数

一　演变脉络

自 2015 年起，腾讯联合京东、滴滴等机构统计了涵盖腾讯的微信、支付、城市服务、众创空间等 10 余个核心平台的全样本数据，以及京东、滴滴、携程等企业的行业数据，构建了中国“互联网+”数字经济指数。2016 年 6 月，腾讯研究院与京东、滴滴、携程等互联网企业代表，共同发布了《中国“互联网+”指数（2016）》报告。随后，腾讯研究院联合互联网企业代表相继发布了《中国“互联网+”数字经济指数（2017）》《中国“互联网+”指数报告（2018）》《数字中国指数报告（2019）》《数字中国指数报告（2020）》《数字化转型指数报告 2021》。

二　指标体系

腾讯研究院联合京东大数据研究部、滴滴研究院、携程研究团队、新美大数据研究院，统计了涵盖腾讯的微信、QQ、支付、新闻、视频、云、城市服务、众创空间等 10 余个核心平台的全样本数据，京东的电商数据，滴滴的出行数据，新美大的生活服务及餐饮住宿数据和携程的旅游数据。采用对比法，下设基础、产业、创新创业、智慧民生 4 个分指数，共涵盖 14 个一级指标 135 个二级指标，内容涉及社交、新闻、视频、云计算、三次产业的 17 个主要子行业、基于移动互联的创新创业、智慧民生等，直观反映“互联网+”数字经济在全国 31 个省（区、市）、351 个城市的落地情况。这些互联网企业数据资源丰富，一手数据可以动态更新，这是互联网企业牵头制订指数的核心优势。而且相关企业业务覆盖范围广泛，行业渗透率高，能够较为精准、及时地反映出市场的活力和数字经济发展的真实情况。

三　评价结果

《中国“互联网+”指数（2016）》显示，2015 年，在二、三线城市的强力拉动下，“互联网+”在全国 351 个城市均取得增长，徐州、佛山、泉州、金华等二、三线城市的增速全面超越一线城市。“互联网+”将为二线以下城市带来更多机遇。华东地区作为全国“互联网+服务业”发展的排头兵，其“互联网+旅游”表现最为抢眼；华南地区“互联网+医疗”“互联网+商业服务”齐头并进；“互联网+教育”是华北地区发展核心；餐饮住宿则是东北地区“互联网+”发展的优势产业；西南地区整体发展虽不敌全国平均水平，但“互联网+旅游”发展得天独厚；华中地区、西北地区“互联网+生活服务”开始崭露头角。“互联网+产业”分指数排名前 50 城市加总占到全国总量的 69.3%；相比之下，“互联网+智慧城市”分指数排名前 50 城市加总占到全国总量的 37.4%。与产业发展相比，“互联网+智慧城市”的发展在行政力量的推动下扩散到更多的二、三线及以下城市。“互联网+”成为新动能，带动中小城市发展。

《中国“互联网+”数字经济指数（2017）》显示，数字经济成为我国经济重要组成部分。数字经济的发展能够提高经济发展效率，有效激活发展潜能，拉动地区经济快速发展。根据回归模型测算，“互联网+”数字经济指数每增长 1 点，GDP 大致增加 1406.02 亿元。截至 2016 年底，全国“互联网+”数字经济指数增加 161.95 点，由此估算出 2016 年全国数字经济体量大约为 22.77 万亿元，占 2016 年 GDP 的 30.61%。

《中国“互联网+”指数报告（2018）》显示，2017 年全国数字经济体量较 2016 年增长 17.24%，为 26.70 万亿元人民币。相较 2017 年全年 6.9% 的 GDP 增速，中国数字经济的增长速度迅猛。而且，数字经济总量占国内生产总值的比重也由 2016 年的 30.61%上升至 2017 年的 32.28%，数字经济在国民经济中的地位稳步提升。

《数字中国指数报告（2019）》显示，中国数字化进程开始转向产业互联网主导并进入发展黄金期。2018 年，我国数字产业指数达到 1538.64 点，同比增长 184.10%，在数字中国指数四大分指数中规模和增速最高。

《数字中国指数报告（2020）》显示，2019 年数字中国指数继续保持高速增长，其中，以珠三角为代表的 11 大城市群是推动我国数字化进程的中坚力量。此外，全国用云量也实现了 118%的增长，上半年各月份的用云量均明显高于上年同期，并且传统产业增速尤为明显。

《数字化转型指数报告 2021》显示，全国数字化转型指数持续走高，在 2021 年第一季度达到 307.26，同比增长 207.4%，全国用云量（云计算指数）和赋智量（AI 指数）持续增长，年增长量分别达 57%和 93%。

四　不足之处

前期中国“互联网+”指数系列报告的不足在于，数据往往受限于相关企业的市场份额和业务类型，是否能够代表数字经济的整体水平有待商榷，而且对于宏观层面如信息基础设施以及传统制造业的数字化转型等内容几乎没有涉及。后期《数字中国指数报告（2019）》《数字化转型指数报告 2021》等报告分析了数字化转型，弥补了前期报告的不足之处。但该系列报告无法进行国际比较。同时，虽然与其他机构的报告相比反映出其商业角色获取数据的优势，但其对数字经济的关注点和理念方法也存在一定的目的性的差异。

第四篇　专题篇

第九章
数字贸易的概念界定与试测算

第一节　数字贸易的概念和发展框架

目前，国际和国内社会对数字贸易的内涵和定义仍未达成共识，主要争议在于交易形式、交易性质和交易标的上。

一　数字贸易的内涵定义

当前国际上对数字贸易概念存在两种较为权威的说法。

（一）数字贸易“宽口径”定义

以 OECD、WTO、IMF 为代表的国际组织发布《关于衡量数字贸易的手册》（2020），其中数字贸易被定义为“所有通过数字化形式订购和/或交付的贸易”，将数字贸易划分为数字订购贸易（digitally ordered trade）、数字交付贸易（digitally delivered trade）、数字中介平台赋能贸易（digital intermediary platform enabled trade）三个部分。其中，数字订购贸易是指“通过专门用于接收或下达订单的方法在计算机网络上进行的买卖”，如在线购买物品、预订酒店等，贸易的主体既包括货物也包括服务；数字交付贸易是指“通过 ICT 网络以电子可下载格式远程交付的所有跨境交易”，如电子书、视频类课程等；数字中介平台赋能贸易是指“为买卖双方提供交易平台和中介服务的行为”，中介平台如淘宝、亚马逊等（见图 9-1）。此外，美国国际贸易委员会（USITC）在《美国和全球经济中的数字贸易》（2014）报告中也提出了宽口径的数字贸易定义，即“通过互联网和互联网技术进行订购、生产或交付产品和服务”。

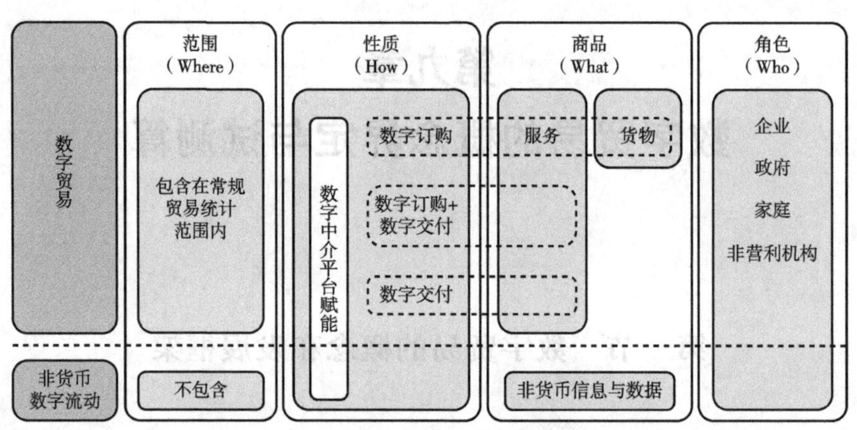

图 9-1 OECD-WTO-IMF 数字贸易概念框架

资料来源：《关于衡量数字贸易的手册》，2020 年 3 月更新。

国内马述忠、沈玉良等学者赞同“宽口径”概念，马述忠认为，“数字贸易是以现代信息网络为载体，通过信息通信技术的有效使用实现传统实体货物、数字产品与服务、数字化知识与信息的高效交换，进而推动消费互联网向产业互联网转型并最终实现制造业智能化的新型贸易活动，是传统贸易在数字经济时代的拓展与延伸”。沈玉良认为，“数字贸易的基本特征是从订阅到交付都需要通过电子方式传输，这种贸易既可能与货物有关，也可能与服务有关”。这些学者认为宽口径理解数字贸易符合数字贸易融合发展潮流，便于参与全球数字贸易规则构建，有利于我国提升制造业智能化转型的国际竞争力。

（二）数字贸易“窄口径”定义

数字贸易的窄口径定义是指“通过数字化交付的服务贸易”，其交易标的以无形的服务和信息为主，不包括在线订购的货物和有数字对应物的实体货物。联合国贸发会议（UNCTAD）在《数字经济报告 2019》中提出了

“数字可交付贸易”（trade in digitally delivered services）的定义，为“通过ICT网络远程交付的服务”。此外，美国国际贸易委员会《全球数字贸易Ⅰ：市场机遇和主要国外贸易限制》（2017）和美国国会研究服务中心（CRS）《数字贸易和美国贸易政策》都采用了“窄口径”定义，为其参与全球数字贸易规则制定和市场竞争奠定了理论基础。“宽口径”和“窄口径”定义的区别在于前者涵盖了跨境电子商务，后者则认为数字贸易是服务贸易的一部分，不涵盖跨境电商类的货物贸易。

国内也有学者认为要重视“窄口径”数字贸易概念，认为数字贸易和电子商务概念并行独立，前者侧重于服务贸易，后者侧重于货物贸易，可发挥相辅相成的作用。例如，贾怀勤在中国参与数字贸易国际规则制定博弈的建议中提出，海关统计跨境电商货物贸易已相对定型，数字贸易统计的重点仍是如何测度数字服务的跨境流动。我国商务部也持“窄口径”数字贸易观点，2020年9月，商务部副部长王炳南在2020年中国国际服务贸易交易会数字贸易发展趋势和前沿高峰论坛上指出，“数字贸易不同于电子商务，是采用数字技术进行研发、设计、生产并通过互联网和现代信息技术手段，为用户交付的产品和服务，是以数字服务为核心，数字交付为特征的贸易新形态”。题为《数字贸易测度的融合比法：从构念到实测》的研究论文中也曾提出“数字贸易是以数字技术为内在驱动力，以信息通信网络为主要交付形式，以服务和数据为主要标的的跨境交易活动”。

《商务部办公厅 中央网信办秘书局 工业和信息化部办公厅关于组织申报国家数字服务出口基地的通知》（商办服贸函〔2019〕245号）中将数字服务定义为“采用数字化技术进行研发、设计、生产，并通过互联网和现代信息技术手段为用户交付的产品和服务”，包括信息技术服务、数字内容服务和通过互联网交付的离岸服务外包三个类别。贾怀勤教授认为数字贸易包括通信服务全部贸易和数字技术已融合的服务贸易。其中，数字技术已融合服务（Digital Technology-Integrated Services）指的是数字技术可融合服务（Digital Technology-Integratable Services）中已实现融合的部分，排除了“尚未被数字技术融合的贸易”。测算数字技术已融合服务的贸易数据，可先通过重点企业服务贸易统计监测调查问卷测算融合比。

为了与国际数字贸易统计接轨，更加积极地参与国际贸易规则制定和全球市场竞争，本书中采用数字贸易的“窄口径”定义，认为数字贸易是以数字技术为内在驱动力、以信息通信网络为主要交付形式、以服务和数据为主要标的的跨境交易活动。具体而言，从交易性质来看，数字贸易包括通过数字化形式交付的服务贸易和数字中介平台赋能的贸易。其中，数字中介平台赋能贸易指的是为买卖双方提供交易平台和中介服务的贸易活动，如滴滴、美团等在线平台为商家和用户提供数据服务的行为。从交易标的来看，数字贸易的主要标的是服务、信息和数据。部分信息和数据可通过非货币形式来呈现，如百度等搜索引擎为用户提供的免费搜索服务。

二　数字贸易的特点

作为一种新型贸易形态，数字贸易是新一代信息通信技术与全球产业链、价值链深度融合的产物。其特点可归纳为三点。

（一）以数据为生产要素和交易对象

数字贸易通过数据流动，强化各产业间知识和技术要素共享，促使制造业、服务业紧密融合，带动传统产业数字化转型。麦肯锡发布《数据全球化：新时代的全球性流动》报告认为，金融危机以来，传统货物贸易、服务贸易和资本流动增长趋稳趋缓，跨境数据流动则快速增加，支撑和促进了几乎所有其他跨境贸易，成为全球经济增长的新动能。张春飞在《数字贸易的主要特征、发展趋势和对策研究》一文中指出，跨境数据流动为不同经济体的信息传递提供支撑，实现价值链高效配置，推动货物流、服务流、资金流向更低成本、更高效率、更贴近用户方向发展，同时也促使搜索引擎、社交媒体、云计算等基于数据流动的新模式新业态成为国际贸易的重要组成部分。

（二）以数字技术为主要推动力

数字技术带来各领域颠覆性创新，数字技术的发展使线上研发、设计、生产、交易活动成为可能，改变了服务的生产和提供方式，使服务变得可存储、复制和线上交付，降低服务的边际成本，扩展服务的内容和范围。数字技术在各领域广泛应用，催生了远程医疗、在线教育、共享平台、协同办公、跨境电商等新模式新业态，同时，通过在线交付，促进各类服务实现跨境提供，极大地促进了数字贸易的发展。美国凭借数字技术和产业的绝对优势，拥有苹果、谷歌、亚马逊、微软等超大型跨国企业，数字服务贸易规模位居世界首位。

（三）以数字交付服务贸易为核心

国际上对数字贸易的认识还存在“宽口径”“窄口径”的分歧，但是无论是联合国贸发会议主张的数字贸易窄口径定义，还是经合组织、世界贸易组织、国际货币基金组织所持的数字贸易宽口径定义，均将数字形式交付的服务贸易作为其重要组成部分。综合国内外数字贸易研究，贾怀勤等在《数字贸易测度的概念架构、指标体系和测度方法初探》一文中提出了“二元三环”的数字贸易指标架构，强调了以子范畴 A+B，即数字交付服务贸易为核心的数字贸易框架，其中子范畴 A 代表的通信、计算机和信息服务是核心中的核心（见图 9-2）。

图 9-2　“二元三环”数字贸易指标架构示意

资料来源：贾怀勤等《数字贸易测度的概念架构、指标体系和测度方法初探》，《统计研究》2021 年第 12 期。

三　数字贸易的发展框架

数字贸易发展框架内容可以概括为“一个基础，一个要素，一个前提，一个保障”。

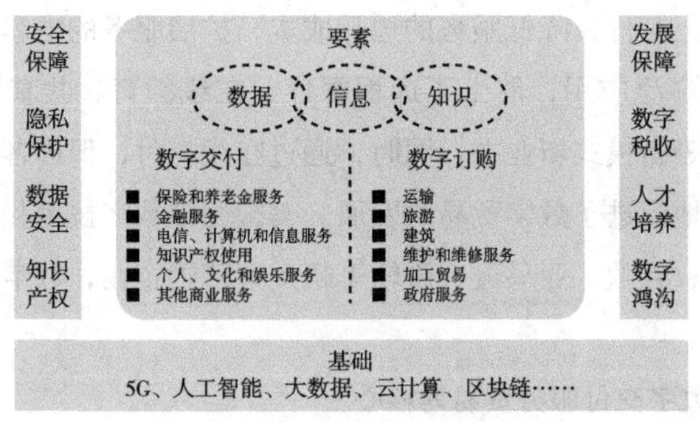

图 9-3　数字贸易发展框架

资料来源：国家工业信息安全发展研究中心。

（一）一个基础

“一个基础”指的是信息通信技术应用的连接、联结和协同。数字技术的创新和应用是数字贸易发展的内在驱动力。5G、人工智能、大数据、云计算、区块链等新一代信息通信技术的发展不仅对贸易标的、贸易对象和贸易方式产生重大影响，而且推动了跨境贸易效率的快速提高、国际分工的深化变革以及产品和服务的价值跃迁。支持数字技术创新和应用是参与全球数字贸易竞争的核心手段。

（二）一个要素

“一个要素”指的是数据、信息、知识的跨境流动和共享。按照传统经济学理论，经济全球化是资本、劳动、技术三大生产要素在全球范围内自由流动与合理配置的过程。数字贸易的发展突破这一理论框架，使数据作为新的关键生产要素，通过提高数字服务的交付效率、降低企业间的贸易成本，刺激更多商业模式的创新，迸发出巨大的经济价值。布鲁金斯学会数据显示，2009~2018 年，数据跨境流动对全球经济增长贡献了约 10.1%，预计 2025 年数据跨境流动对全球经济增长的价值贡献超过 11 万亿美元。推动数据、信息、知识的有序跨境流动和共享是融入全球数字价值链的重要前提。

（三）一个前提

“一个前提”是指安全前提，即对个人隐私、数据安全、知识产权的保护。随着数字技术和数字平台的迅猛发展，数据采集的广度和深度不断加大，信息盗用滥用、数据泄露、知识产权侵权事件频发，严重阻碍了数字贸易的安全性和可持续性。个人隐私保护成为维护公众切身利益和促进数字贸易健康发展的迫切需要。数据安全保护成为保障网络安全和国家安全、推动数字贸易有序发展的必要前提。知识产权保护是维护数字企业竞争力、激发贸易主体创新活力的重要基础。

（四）一个保障

“一个保障”是指发展保障，即对数字税收、人才培养、数字鸿沟的重视。数字贸易的发展要求传统的税费制度、教育制度、社会保障体系进行整体性、适应性改革。征收数字税对于实现税务公平、推动数字企业良性竞争具有关键意义。创新机制和人才培育为数字贸易可持续发展提供强有力的智力支持。弥合数字鸿沟对于释放数字红利、增进人类福祉具有深远意义。

第二节　我国数字贸易整体发展情况

2019 年，我国数字贸易规模和增速可观，贸易顺差创出新高，占整体服务贸易的比重也在日益提升，但未来仍有较大的数字化转型空间。

一　数字贸易整体规模增长态势可观

当前，我国数字贸易正步入高速发展新阶段。经测算，2019 年我国数字贸易整体规模达到 1.4 万亿元，同比增长 19.0%。其中，数字贸易出口总额 7869.5 亿元，同比增长 21.7%；进口总额 5995.6 亿元，同比增长 15.6%；贸易顺差为 1873.9 亿元，同比增长 46.1%，顺差增长态势十分显著。其中电信、计算机和信息服务进出口规模 5302.3 亿元，占数字贸易整体规模的 38.2%，专业和管理咨询服务次之，规模约为 2542.5 亿元，占比 18.3%。此外，电信、计算机和信息服务贸易顺差最大，达 1904.9 亿元，是我国最具海外优势的数字服务产业。贸易逆差最大的类别是知识产权使用费，进口达 1478.1 亿元，可见我国对知识产权相关服务的需求量大，对外出口仍有较大增长空间（见图 9-4）。

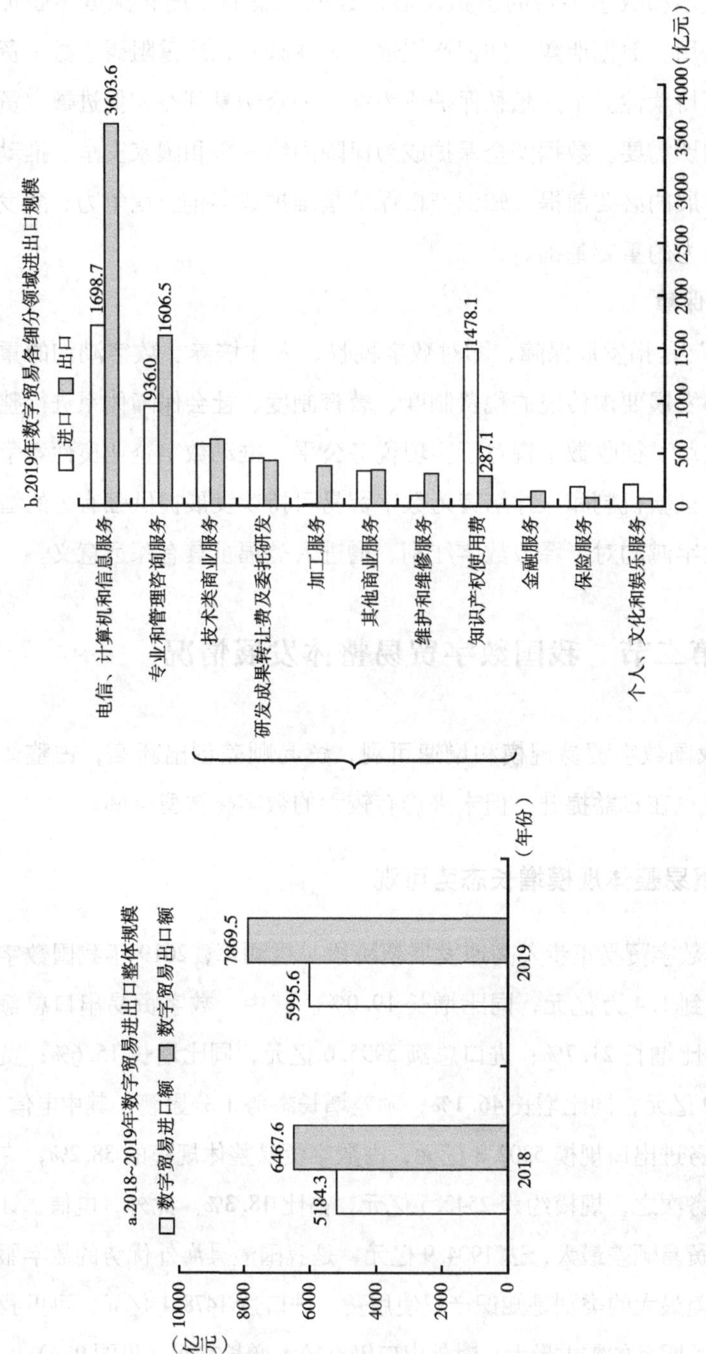

图 9-4 我国数字贸易进出口规模

资料来源：国家工业信息安全发展研究中心测算。

二　数字贸易对服务贸易贡献率攀升

数字贸易成为带动服务贸易增长的重要动力。2019 年，我国整体服务贸易规模为 5.4 万亿元，数字贸易所占比重为 25.6%，比上年同期提升 3.4 个百分点（见图 9-5）。与 2018 年相比，数字贸易规模同比增长 19.0%，是整体服务贸易增长率的 7 倍，增速十分显著。随着数字贸易在全球贸易格局的重要性不断提升，全球贸易焦点正加快沿着“货物贸易—服务贸易—数字贸易”路径演进。

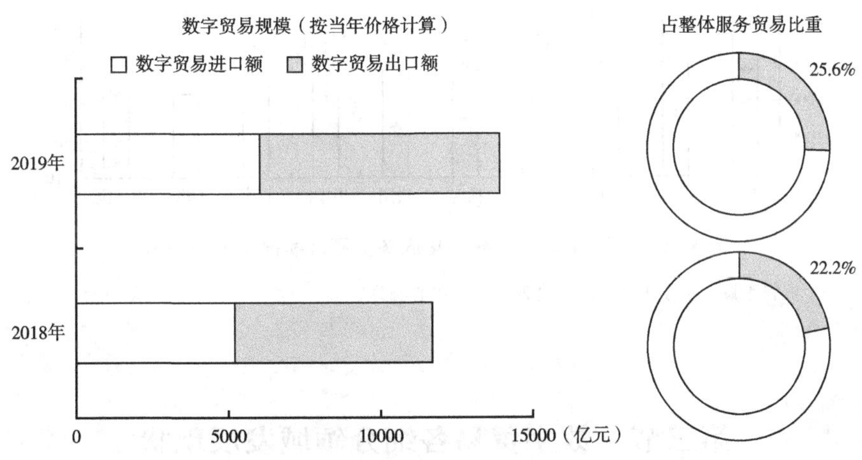

图 9-5　我国数字贸易规模及占服务贸易规模比重

资料来源：国家工业信息安全发展研究中心测算。

三　服务贸易的数字化潜力增长乐观

目前，国际上对各国数字贸易规模仍未有准确的测算结果。本书采用了联合国贸发会议发布的“可数字化服务贸易规模”指标，意在与其他经济体横向对比，了解我国在全球范围内的数字贸易发展潜力。“可数字化服务贸易”指的是具有数字化交付潜力的服务贸易，包括已经数字化和未来可能数字化的服务贸易部分。

2019 年，我国可数字化服务贸易规模约为 1.9 万亿元（2718.1 亿美元），规模排名全球第七。同比增长率为 6.1%，仅次于爱尔兰、印度和日本。可以看出，我国服务贸易的数字化潜力增长的态势较为平稳乐观，但与美国、英国等欧美经济体相比，仍有较大增长空间。

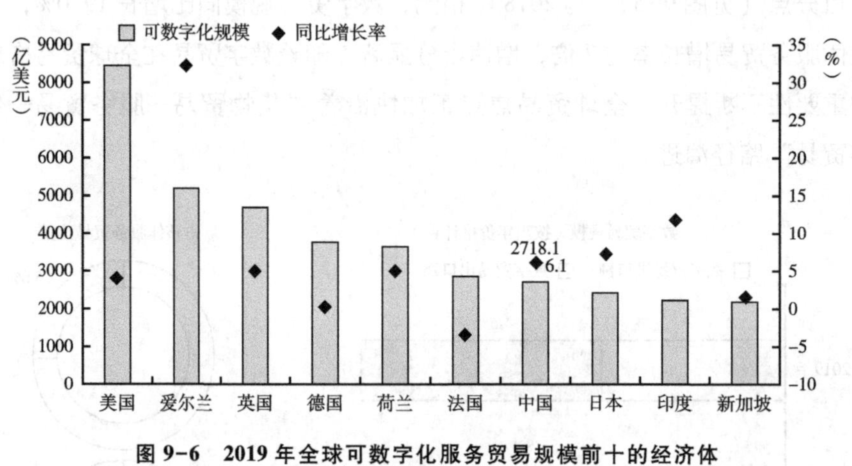

图 9-6 2019 年全球可数字化服务贸易规模前十的经济体

资料来源：国家工业信息安全发展研究中心测算。

第三节 数字贸易各细分领域发展现状

整体来看，我国数字贸易各细分领域呈现规模逐年扩大、贸易逆差不断收紧、新模式新业态不断涌现的良好发展势头。按照交易内容可划分为信息通信类、内容娱乐类、商业金融类、专业知识类。

一 信息通信类数字贸易规模排名第一

信息通信类数字贸易以电信、计算机和信息服务为主。从规模上看，2019 年数字化的电信、计算机和信息服务进出口额约为 5302.3 亿元，在数字贸易规模中占比最大，为 38.2%。其中进口 1698.7 亿元，出口 3603.6 亿元，贸易顺差为 1904.9 亿元（见表 9-1）。从可数字化程度上看，电信、计算机和信息服务的数字融合比高达94.6%，几乎全部可通过数字化手段进行交付，其中进口数字融合比为90.0%，出口数字融合比为97.0%，数字化程度远高于排名第二的个人、文化和娱乐服务业（75.8%）。从增速上看，随着服务业扩大开放、数字贸易高质量发展等政策红利进一步显现，电信、计算机和信息服务进出口总额实现较大增长，与2018年4389.2亿元相比，增长了20.8%。贸易顺差呈不断扩大趋势，与2018年1620.8亿元相比，增长了17.5%，反映出我国电信、计算机和信息服务在国际市场上的竞争力正在稳步提升。

表 9-1　信息通信类数字贸易进出口情况

单位：亿元，%

类别	年份	出口额		进口额	
		金额	融合比	金额	融合比
电信、计算机和信息服务	2018	3005.0	96.5	1384.2	88.0
	2019	3603.6	97.0	1698.7	90.0

资料来源：国家工业信息安全发展研究中心测算。

二　内容娱乐类数字贸易扩张态势明显

内容娱乐类数字贸易主要包括社交媒体、数字传媒、数字娱乐、数字学习、数字出版等个人、文化和娱乐服务。2019年，我国数字化的个人、文化和娱乐服务进出口总额约为279.6亿元（见表9-2），占数字贸易进出口总额的比重较小，约为2.0%，但数字融合比高达75.8%，仅次于排名第一的电信、计算机和信息服务。近年来，我国在数字内容娱乐类的多个细分领域已经具备了较强的国际竞争优势。社交媒体加速拓展海外市场。2019年，微信（Wechat）、QQ和Qzone等社交媒体的活跃用户量在全球社交媒体中排名前八。抖音海外版TikTok全球总下载量超过20亿次，拥有8亿活跃用户，覆盖150个国家和地区，成为全球下载量最大的移动应用。网络游戏进入快速发展期。2009~2019年，我国自主研发网络游戏海外市场销售收入从7.5亿元（1.1亿美元）迅速增长至763.4亿元（111.9亿美元），增长约100倍。国产移动游戏在海外市场已形成优势，在美、日、韩、英、德等国家的流水同比增长率均高于该国移动游戏市场的增速，出海前景明朗。网络文学出海前景乐观。根据《2018中国网络文学发展报告》，截至2018年底，中国面向海外输出的网络文学作品数量达到11168部，占我国网络文学作品总量的不到1%。但是，随着我国文学对外传播力度的加大、人工智能翻译系统的发展以及阅读媒介的更新迭代，我国网络文学出海前景乐观。2018年，阅文集团等网络文学企业已加速海外布局，逐渐打开东南亚、欧美网络文学市场。

表9-2　内容娱乐类数字贸易进出口情况

单位：亿元，%

类别	年份	出口额		进口额	
		金额	融合比	金额	融合比
个人、文化和娱乐服务	2018	58.6	73.0	168.4	75.0
	2019	79.7	78.0	199.9	75.0

资料来源：国家工业信息安全发展研究中心测算。

三　商业金融类数字贸易发展潜力巨大

商业金融类数字贸易主要包括保险服务、金融服务，以及技术、专业和管理咨询、研发等配套商业服务。其中，2019年进出口总额较高的类别依次为专业和管理咨询服务（2542.5亿元）、技术类商业服务（1199.3亿元）、研发成果转让费及委托研发（866.4亿元），占数字贸易整体规模的比重分别为18.3%、8.6%和6.2%。相比之下，保险和金融服务占比相对较小，仅为1.9%和1.5%。从数字融合程度来看，专业和管理咨询服务、技术类商业服务、研发成果转让费及委托研发的融合比均高于55%，其中，研发成果转让费及委托研发服务进口数字融合比高达81.0%，而金融服务的进口的数字融合比不足50%，保险服务进、出口的数字融合比均不足30%，提升空间巨大。随着《推进财产保险业务线上化发展的指导意见》《关于进一步扩大金融业对外开放的有关举措》等政策文件的发布实施，保险业、金融业对外开放力度不断加大，将推动商业金融类数字贸易向更高水平跃升。

表 9-3　商业金融类数字贸易进出口情况

单位：亿元，%

类别	年份	出口额		进口额	
		金额	融合比	金额	融合比
保险服务	2018	78.2	24.0	180.8	23.0
	2019	82.5	28.0	177.5	25.0
金融服务	2018	115.2	50.0	49.1	35.0
	2019	147.0	56.0	63.8	38.0
技术类商业服务	2018	530.6	46.0	579.0	69.0
	2019	624.0	49.0	575.3	67.0
专业和管理咨询服务	2018	1455.2	65.0	825.6	69.0
	2019	1606.5	65.0	936.0	73.0
研发成果转让费及委托研发	2018	356.9	58.0	331.8	71.0
	2019	421.2	62.0	445.2	81.0

资料来源：国家工业信息安全发展研究中心测算。

四　专业知识类数字贸易仍有增长空间

专业知识类数字贸易包括知识产权使用费、维护和维修服务、加工服务，以知识产权使用费为主。具体来说，2019年，数字化的知识产权使用费进出口总额为1765.2亿元，占数字贸易进出口总额的12.7%，比重仅次于电信、计算机和信息服务及专业和管理咨询服务。维护和维修服务（396.2亿元）和加工服务（381.7亿元）占数字贸易进出口总额比重相对较低，分别为2.9%和2.8%。近年来，随着我国产业转型升级，知识产权贸易在国际贸易中比重逐年上升，知识产权竞合成为我国企业“走出去”无法回避的议题。据测算，知识产权出口的数字融合比由2018年的55.0%增长至2019年的61.0%，数字交付的知识产权出口额与2018年相比增长了40%以上，侧面体现了我国对外贸易正逐步由劳动密集型向高附加值产业转型。但同时也应注意到，当前我国数字交付的知识产权出口额仍远远小于进口额，反映我国技术创新在全球的竞争力相对较弱，“进口替代”产业发展有待进一步加强。随着《2019年深入实施国家知识产权战略加快建设知识产权强国推进计划》发布，“要做好经贸领域的知识产权工作”得到明确，未来我国知识产权贸易将有较大提升空间。

表9-4　专业知识类数字贸易进出口情况

单位：亿元，%

类别	年份	出口额		进口额	
		金额	融合比	金额	融合比
知识产权使用费	2018	202.4	55.0	1578.0	67.0
	2019	287.1	61.0	1478.1	71.0
维护和维修服务	2018	285.1	60.0	82.2	49.0
	2019	306.0	41.0	90.2	48.0
加工服务	2018	380.5	33.0	5.3	30.0
	2019	370.8	33.0	10.9	54.0

资料来源：国家工业信息安全发展研究中心测算。

第四节　发展数字贸易的对策建议

为推动我国数字贸易高质量发展，提高我国数字贸易国际竞争力，应进一步明确发展定位和发展方向，提出适合我国国情的数字贸易发展战略和工作举措，积极营造有利于数字贸易发展的治理环境，抓紧形成数字贸易的中国方案。

一　加强数字贸易制度供给和法律保障

在数字经济时代，政府主导的数字经济发展战略和竞争政策将成为发展常态。我国应尽快明确数字贸易在经济发展中的战略定位、战略目标、发展路径，完善数字贸易促进政策，出台保障措施。积极探索数据贸易，建立数据资源产权、交易流通等基础制度和标准规范，逐步形成较为成熟的数据贸易模式。完善数字知识产权保护立法，严厉打击各类网络侵权假冒行为，增强全社会对网络知识产权的保护意识，搭建数字贸易企业海外知识产权交流平台。

二　进一步优化服务贸易行业结构

“十三五”时期，我国服务贸易结构显著优化，知识密集型服务进出口规模持续扩大，占服务贸易的比重不断攀升，但部分服务贸易领域国际竞争力不足的问题仍然显著，因此要加快发展数字贸易核心产业，充分发挥技术进出口在推动科技创新、促进生产要素流动、补齐产业链供应链短板和锻造长板等方面的作用，支持通信、研发、设计、认证认可、检验检测等知识密集型服务贸易发展。积极开拓服务贸易新领域，稳步提升资本技术密集型服务和特色服务等高附加值服务在服务贸易进出口中的占比。

三　提升传统产业进出口数字融合比

进入新发展阶段，服务贸易数字化、智能化、网络化水平不断提升，商务部印发《“十四五”服务贸易发展规划》提出“加快服务贸易数字化进程”，为未来一个时期我国数字贸易发展指明方向。我国应推动数字技术与传统贸易深度融合，大力发展智慧物流、线上支付、在线教育、远程医疗、数字金融与保险等新模式新业态，支持旅游、运输、建筑等服务行业开展数字化改造，开展服务贸易企业数字赋能行动。加快服务外包与制造业融合发展，加快制造业服务化进程，推动制造业数字化转型，利用5G、物联网等新技术发展数字制造外包，培育一批信息技术外包和制造业融合发展示范企业。整合数字化转型资源，为中小企业提供低价高质、获取便利的战略咨询、人才培训、技术支持等数字化转型服务。

四　积极参与数字贸易国际合作

数字贸易国际市场拓展和规则制定与数字贸易发展相互促进、相辅相成，与美国等数字经济、数字贸易发展较快的国家相比，我国在数字贸易规则制定方面也相对“弱势”。因此，我国应积极开展数字贸易国际交流合作，在平台治理、个人信息保护、数据跨境流动、数据产权保护利用等领域形成国际治理“中国方案”，推动多双边和区域数字贸易规则协调，在G20、APEC、WTO等框架下提出符合我国利益和诉求的方案，积极参与或主导数字贸易规则谈判和制定。加强对外经贸合作，提高境外投资便利化水平，支持服务业企业通过新设、并购、合作等方式，开拓“一带一路”服务贸易市场，深度参与国家“一带一路”建设。推进更高水平对外开放，全面落实外商投资准入前国民待遇加负面清单管理制度，完善外资投资促进、项目跟踪和投诉工作机制。

五　健全数字贸易统计体系与监测方法

与OECD、UNCTAD、美国BEA等国际组织及国外机构相比，我国数字贸易测度研究起步较晚，研究基础相对薄弱，目前商务部公布的数据以UNCTAD“可数字化交付的服务贸易规模”为主，尚未形成由我国统计标准编制的数字贸易统计数据。因此，我国应尽快制定数字贸易统计制度，建立数字贸易统计监测体系，开展省市级重点数字贸易企业数据直报试点，逐步实现数字贸易相关统计数据各部门间共享，建设数字贸易统计监测支撑服务平台。同时还要加强跟踪研究国内外数字贸易统计方法和模式，探索建立数字贸易高质量健康发展指标体系，为数字贸易试验区成效评估建立科学方法。

六　拓展数字贸易相关数据来源渠道

客观、稳定、可靠的数据来源是测度工作的重要保障。本书在计算我国服务贸易数字融合比时主要采用了“两化融合公共服务平台”上服务业企业的调查问卷数据，该数据未能区分企业是境内还是境外交易，也未能区分交易标的物是实物还是服务，导致计算结果具有基于其假设的局限性。此外，“数字中介平台赋能贸易”作为数字贸易宽口径测算的重要组成部分，由于数据掌握在各平台手中难以获得而导致这部分数据缺失。因此，应在保证数据质量和来源可靠的前提下，扩展数据来源渠道、提高数据质量，建议建立信息资源共享机制，将全国性行业协会商会的有关数据纳入数字贸易统计。针对平台企业数据共享基本处于“黑箱”状态这一情况，应尽快解决企业数据隐蔽、不透明的问题，搭建政企数据共享平台，规范企业数据共享。

第十章
数字营商环境的概念、评价与实证研究

近年来，全球数字经济蓬勃发展，为各国打造新的经济增长点、培育经济新动能提供了重要抓手。特别是在新冠肺炎疫情的突发、逆转和反复时，各国更是将数字经济视为恢复经济、加快发展的利器，纷纷抢抓数字经济发展机遇。与传统的营商环境相对应，数字经济时代的新型营商环境营造成为后疫情时代国内外广泛关注的改革议题。国际组织及智库已经对数字营商环境开展前瞻性布局研究，数字营商环境呼之欲出。

习近平总书记在出席二十国集团（G20）大阪峰会数字经济特别会议时指出，“我们要营造公平、公正、非歧视的市场环境，不能关起门来搞发展，更不能人为干扰市场”，“作为数字经济大国，中国愿积极参与国际合作，保持市场开放，实现互利共赢”。2020 年 11 月及 2021 年 7 月，习近平总书记两次在亚太经济合作组织（APEC）领导人非正式会议上提及数字营商环境，习近平总书记指出，“倡导优化数字营商环境，激发市场主体活力，释放数字经济潜力，为亚太经济复苏注入新动力”，“努力构建开放、公平、非歧视的数字营商环境”。

数字营商环境是一个新概念，本书初步界定了数字营商环境的概念内涵，制定了全球数字营商环境评价指标体系，并对 G20 经济体数字营商环境发展情况进行了评价，提出了优化数字营商环境的对策建议。

第一节 对数字营商环境的认识

一 数字营商环境的概念界定

从国际上看，联合国贸易和发展会议（UNCTAD）率先定义“数字营商”（digital businesses）的概念。早在2017年，其发表的《发展中的数字产业报告》就提出应从两个维度认识数字营商。一方面，着眼于数字初创企业通过数字创新在行业转型和应用中增加价值，获得竞争优势；另一方面，着眼于具有自然垄断性的数字平台或数字市场通过获取整个行业的数据，利用智能算法获得更大的价值和优势。2018年，世界银行提出“数字营商指标”（digital business indicators），立足数字平台业务快速发展的需求，从竞争、税收、数据保护、基础设施等方面提出需要适应性的政策和法规。世界银行认为，应通过构建更高效、更便捷、更透明的数字营商环境，促进各国之间的良性竞争，进一步提升数字经济发展活力。世界经济论坛和哈佛商业评论援引美国塔夫茨大学《数字营商环境便利度2019》报告，认为“数字营商环境”是指数字平台在进入、运营、繁荣和退出市场等环节中所享有的便利程度。

综合来看，国际组织和智库倾向于从数字平台和数字初创企业的维度界定数字营商环境，强调政府应着力为数字平台及数字初创企业创造一个创新发展的环境，从而提升数字经济发展活力。

从国内来看，数字营商环境是一个新的研究命题，尚未有研究机构、学者明确提出数字营商环境的概念，现有研究多集中在数字经济营商环境、数字贸易营商环境，以及从数字政府视角出发探讨传统营商环境的数字化转型，其核心是优化营商环境。马源、高太山2020年提出，数字经济遵循不同于传统产业的发展规律，数字化转型需要配套的数字经济营商环境予以保障，应从数字基础设施、市场准入便利性、公平竞争的市场秩序、网络安全与用户权益保护、政府监管与服务能力五个方面提出政策框架。王智新研究认为，数字贸易的迅猛发展，离不开数字贸易营商环境的优化与创新，从基础载体、海关环境、金融服务、技术支撑、人力资本和法律法规六个方面系统构建了共建“一带一路”国家数字贸易营商环境评价指标体系。王婧媛等研究认为，数字政府建设是推动营商环境持续优化的“先手棋”，以服务模式创新推进业务流程优化，以数据流通共享化解审批事项难题，以信息技术应用丰富商事服务形态，以创新监管方式维护营商法制环境。类似地，常敏、翁佩君基于杭州实践提出，以“最多跑一次”改革为主线，以商事制度改革为重点，以互联网法院为突破口，推动“数字政府”改革，营造国际一流的政务环境。

综合以上概念，本书认为数字营商环境是营商环境的重要组成部分，既包括利用数字技术改造提升传统营商环境，也包括面向和适应数字经济市场主体创新发展需要的新型营商环境。不能忽视的是，平台企业扮演了数字营商环境供应者和需求者的双重角色。作为供应者，平台为其上的经营者提供数字营商环境；作为需求者，平台作为数字市场主体也需要更加优化的数字营商环境不断创新发展。

二 优化数字营商环境意义重大

一是优化数字营商环境是抢抓数字经济发展机遇的必然选择。数字营商环境是伴随着数字经济的创新发展而产生的，优化与数字经济发展适配的数字营商环境，有利于激发数字经济市场主体的创新活力，调动数字经济领域创业创新热情，积蓄发展新动力新潜能。全球各国高度重视发展数字经济，围绕数字营商环境的前瞻布局才刚刚开始，各国只有抓住了这个机遇，才能持续保持和提升数字经济发展活力。

二是优化数字营商环境是更好提升我国对外开放水平的重要途径。习近平总书记多次在国际场合强调，要优化我国数字营商环境。在新冠肺炎疫情反复、“逆全球化”和民粹主义抬头等国际复杂环境背景下，我国要秉承开放合作的理念，坚持市场化导向，为各国企业提供更多市场机遇、投资机遇、增长机遇。优化数字营商环境，将有效提升后疫情时代我国对外开放水平，维护国际多边贸易体系，进一步吸引外资和技术，充分融入世界分工体系并分享全球化红利。

三是优化数字营商环境是促进数字经济包容可持续发展的有力抓手。优化数字营商环境，为更多人提供可负担得起的数字网络接入以及数字化的金融、健康、教育等服务，解决妇女和边缘化群体在普惠和平等的数字化进程中面临的障碍，有助于数字红利普惠共享，有助于全面实现数字经济包容可持续发展。

第二节　数字营商环境评价指标体系构建

一　国内外数字营商环境相关评价综述

世界主要国家、地区和国际组织已经对数字营商环境开展前瞻布局研究，数字营商环境可能成为世界经济竞争新的焦点之一。

世界银行已于 2018 年初步启动“数字经济”营商环境指标的设计工作，提出“数字营商指标”（digital business indicators），并在法国、韩国等 21 个国家开展指标应用试点。该指标体系包括互联性（connectivity）、数据隐私和安全（data privacy and security）、物流（logistics）、支付（payment）、数字市场规制（digital market regulations）五个一级指标。其中，“互联性”下设 3 个二级指标 28 个三级指标，用于衡量各国在促进宽带接入、频谱管理、域名注册等方面的实践；“数据隐私和安全”下设 3 个二级指标 13 个三级指标，用于衡量各国进行个人数据收集和传播实践，以及各国在数据跨境自由流动上的法律法规；“物流”下设 1 个二级指标 9 个三级指标，用于衡量低值货物的税费等贸易成本；“支付”下设 3 个二级指标 17 个三级指标，对影响在线支付架构的规则进行评估，包括系统的安全性、消费者保护和数据保护、在线支付的速度和质量等；“数字市场规制”下设 3 个二级指标 19 个三级指标，对促进数字交易的法律法规、透明度规则、数字市场的安全性进行评估。

2019年美国塔夫茨大学发布的“数字营商环境便利度”排名，挑选了42个主要国家和地区，对其数字营商环境便利度进行排名，主要评估了数字平台在这些市场上运作的难易程度，该研究同时被世界经济论坛和哈佛商业评论引用。该评价体系由世界银行2019营商环境报告、数字和模拟基础、数字可访问性、电子商务平台、数字媒体平台、共享经济平台和在线自由职业者平台7项一级指标以及236项子指标组成。该指标体系的特点是将平台发展作为重要的评价指标，权重高达50%。

此外，欧洲国际政治经济中心2018年发布的《数字贸易限制指数》和上海社会科学院世界经济研究所2019年5月发布的“全球数字贸易促进指数”对各经济体数字贸易的营商环境进行多指标综合评价。

二　全球数字营商环境评价指标体系构建

国家工业信息安全发展研究中心积极对标世界银行、世界经济论坛、联合国、国际电信联盟等国际组织的数字营商环境相关评价指标体系，结合我国实际情况，在国内首次推出全球数字营商环境评价指标体系。具体以数字支撑体系、数据开发利用与安全、数字市场准入、数字市场规则、数字创新环境五个方面为分析视角，坚持科学性、导向性、可比性和可操作性原则，形成一组有机关联的指标体系，包括5个一级指标13个二级指标39个三级指标，并利用逐级加权方法计算和评价数字营商环境水平（见表10-1）。

表10-1　全球数字营商环境评价指标体系

一级指标	二级指标	三级指标
1. 数字支撑体系	1.1 普遍接入	1.1.1 互联网用户渗透率
		1.1.2 国际带宽
		1.1.3 每百名居民拥有的固定宽带用户
		1.1.4 每百名居民拥有的移动电话用户
	1.2 智慧物流设施	1.2.1 国际物流竞争力
		1.2.2 邮政可靠指数
		1.2.3 海关程序负担

续表

一级指标	二级指标	三级指标
1. 数字支撑体系	1.3 电子支付	1.3.1 使用互联网支付账单
		1.3.2 使用信用卡
		1.3.3 使用借记卡
2. 数据开发利用与安全	2.1 公共数据开放	2.1.1 公共数据开放门户
		2.1.2 开放数据集
	2.2 数据安全	2.2.1 在线数据保护立法
		2.2.2 网络犯罪立法
		2.2.3 安全互联网服务器
		2.2.4 网络安全态势
3. 数字市场准入	3.1 数字经济业态市场准入	3.1.1 互联网医院
		3.1.2 互联网民宿
		3.1.3 网约车
		3.1.4 在线教育
	3.2 政务服务便利度	3.2.1 企业开办时限
		3.2.2 电子参与
		3.2.3 在线服务
4. 数字市场规则	4.1 平台企业责任	4.1.1 电子交易立法
		4.1.2 轻微违法行为容错纠错机制
		4.1.3 触发式监管
	4.2 商户权利与责任	4.2.1 灵活就业人员
	4.3 数字消费者保护	4.3.1 在线消费者保护立法
		4.3.2 在线购物体验
		4.3.3 在线消费者解决争端
5. 数字创新环境	5.1 数字创新生态	5.1.1 对 ICT 设备、计算机软件和数据库、研发和其他知识产权产品的投资
		5.1.2 商业研发支出
		5.1.3 计算机科学被引率
	5.2 数字素养与技能	5.2.1 数字技术在 B2B 中的应用
		5.2.2 数字技术在 B2C 中的应用
		5.2.3 ICT 领域高等教育毕业生
		5.2.4 工人接受数字化培训
	5.3 知识产权保护	5.3.1 授权软件使用情况
		5.3.2 ICT 国际专利申请

资料来源：国家工业信息安全发展研究中心。

第三节　G20数字营商环境发展情况

基于全球数字营商环境评价指标体系，我们对 G20 经济体数字营商环境进行了评价，得到以下基本情况（见表 10-2）。

一　总排名及 G20数字营商环境概况

表 10-2　G20 经济体数字营商环境得分情况

经济体	排名	总分	数字支撑体系	数据开发利用与安全	数字市场准入	数字市场规则	数字创新环境
美国	1	78.2	70.44	100.00	90.98	66.30	63.06
英国	2	77.3	70.89	99.77	87.70	76.14	52.00
加拿大	3	75.1	71.55	98.84	87.77	69.43	47.82
韩国	4	75.1	66.61	99.26	88.15	58.04	63.32
日本	5	75.0	56.49	98.91	84.55	68.01	67.04
德国	6	74.2	71.64	98.71	74.46	70.64	55.60
澳大利亚	7	73.1	66.44	98.74	87.34	66.63	46.32
法国	8	71.9	64.90	98.80	84.13	64.20	47.26
中国	9	67.0	57.28	96.27	88.23	54.78	38.65
欧盟	10	64.7	59.90	98.52	78.81	39.76	46.25
意大利	11	64.5	56.33	98.07	80.05	47.73	40.45
俄罗斯	12	61.1	49.50	99.03	76.07	49.97	30.81
巴西	13	59.2	37.94	98.30	79.49	46.07	33.97
土耳其	14	58.4	45.75	95.31	80.34	39.47	31.14
沙特阿拉伯	15	57.5	44.79	99.77	68.34	39.05	35.38
印度	16	57.0	32.90	98.75	77.48	49.27	26.44
墨西哥	17	55.0	34.09	90.84	76.27	47.23	26.71
印度尼西亚	18	54.6	30.21	97.44	71.84	41.84	31.72
南非	19	53.9	28.41	84.08	72.30	55.80	29.13
阿根廷	20	52.2	34.20	75.06	75.16	47.82	28.98

资料来源：国家工业信息安全发展研究中心测算。

美、英、加数字营商环境排名位列前三，发达国家整体排名靠前。美国在5项一级指标中均具有明显优势，数字营商环境得分为78.2，排名高居榜首。英国脱欧可能会导致其总分有所下降，但整体仍以77.3位列排行榜第二。发达国家经济社会发展水准较高，数字化一直处于高度发展的状态，排名前十的G20经济体发达国家（地区）占比高达90%，排名前五的经济体均为发达国家。例如，韩国、加拿大、英国、日本的互联网渗透率达到90%以上；加拿大、澳大利亚、美国、韩国、英国、德国“过去一年使用互联网支付账单的比例”（2017年统计）超过半数；美国、德国、欧盟每百万人口的安全互联网服务器数超过5万台，其中美国更是超过14万台。

日本、沙特阿拉伯、南非各有亮点，个别领域仍有提升空间。日本商业研发支出占GDP的比例高、数字技术在商业活动中应用广泛、每百万人拥有的ICT相关国际专利申请数量高，在数字创新环境方面表现最佳。但日本互联网支付账单的比例低，导致其数字支撑体系指标得分较低。沙特阿拉伯全球网络安全指数高达99.5，在数据开发利用与安全领域跻身前三，但数字市场规则和数字创新环境指标得分较低。南非移动电话渗透率高达165.6%，在G20经济体中排名第一，但固定宽带渗透率仅为2.1%，物流和电子支付排名靠后，导致其数字支撑体系得分较低。

中国数字经济发展迅速，数字市场准入排名引人瞩目。我国数字经济发展跻身世界前列，数字生态系统发展迅速且高度创新，在G20经济体数字营商环境排名中位列第九，是前十名中唯一的发展中国家。对外，我国不断扩大数字市场开放，2019年版外资准入负面清单取消了国内多方通信、存储转发、呼叫中心3项业务对外资的限制，2020年开始实施的《外商投资法》，进一步引入侵权惩罚性赔偿制度，提高知识产权保护水平。对内，我国不断规范市场竞争，美团、滴滴、拼多多、字节跳动等一批后起新秀在与互联网巨头的竞争中迅速崛起。

新兴市场数字营商环境提升空间巨大，土耳其、印度、印度尼西亚发展机遇与挑战并存。土耳其互联网用户渗透率为77.7%，67%的土耳其人会选择网上购物，2019年电商规模为124亿美元，是增长最快的电子商务市场之一，与其他新兴国家相比，数字经济发展迅速，但在数据开发利用与安全和数字市场规则方面仍面临较大挑战。印度ICT领域高等教育毕业生占所有毕业生的比例较高，全球约40%的软件技术与开发领域的自由职业者在印度，但受到数字基础设施落后和数字经济政策逆转反复的影响，印度数字营商环境得分排名靠后。印度尼西亚拥有领先的共享乘车服务平台Go-Jek，说明数字营商者机会犹在，但该国数字基础设施落后，数据本地化法律严格，并且受到国内以工业集团为主的根深蒂固的利益集团阻碍，其制度改革止步不前，这些都为数字营商环境带来挑战。

二　德国数字支撑体系以微弱优势位列第一，美国进展未如预期

一级指标数字支撑体系中包含普遍接入、智慧物流设施和电子支付3个二级指标。在数字支撑体系指标得分排名中，德国、加拿大、英国位列前三（见图10-1）。

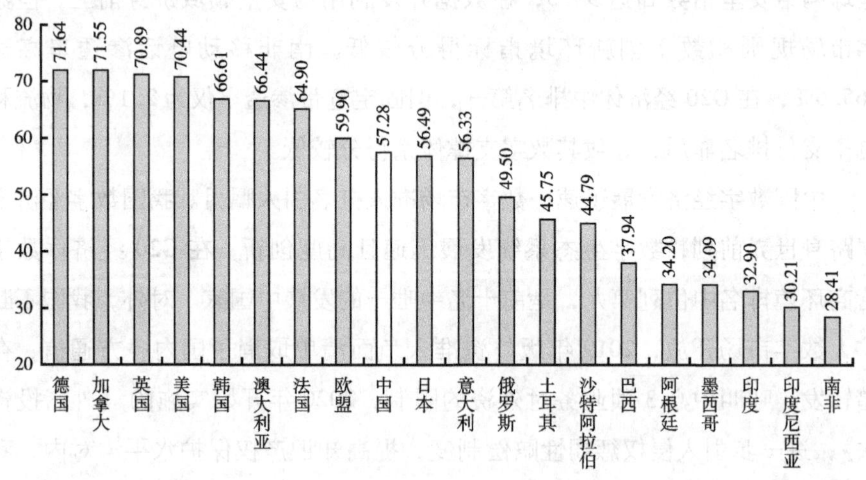

图10-1　G20经济体“数字支撑体系”指标排名

资料来源：国家工业信息安全发展研究中心。

德国数字支撑体系指标得分最高，源于近年来德国出台了数字基础设施建设的一系列相关政策。2016年3月，德国政府发布《数字化战略2025》

提出打造千兆光纤网络，拓宽“数据高速公路”；2018 年 11 月，德国政府发布了“建设数字化”战略，提出全面加强德国的数字基础设施建设。另外，智慧物流是德国的传统强项。智慧物流是德国“工业 4.0”的重要组成部分，在物流标准建设方面，德国对托盘尺寸、承运车辆、搬运机械、物品编码规范、射频识别技术、数据采集与处理标准等都有统一规定。加拿大、英国在数字支撑体系得分排名中位列第二、三位，主要得益于其早期发展过程中的积累。加拿大在 1995~2005 年就耗资 7.5 亿加元来建设信息高速公路，信息高速公路遍布全国。2017 年，英国在《英国数字战略》中提出建设世界一流的数字基础设施；2018 年，英国政府发布了《未来电信基础设施评估》（FTIR）建议立法，以保障全光纤接入，此方案促进光纤宽带部署的规划。

值得关注的是，作为信息高速公路的最早建设者，美国在数字支撑体系指标得分排名中未进入前三，仅位列第四。究其原因，美国近年来在 5G 方面的发展情况不尽如人意，数字支付市场规模被中国超越。美国早在 1993 年提出“国家信息基础设施”（National Information Infrastructure，NII）计划，为其数字经济发展奠定了坚实基础。但美国在数字基础设施的重点领域之一——5G 建设方面的阻碍较多。为此，美国政府 2018 年 9 月颁布的《国家网络战略》提到要“促进 5G 安全技术的发展，研究基于技术和频谱的解决方案，并为下一代先进技术之外的创新奠定基础”。2019 年，美国政府加大对 5G 基础设施投入，计划今后 10 年将面向新一代通信标准“5G”的基础设施建设投入 204 亿美元。在电子支付方面，美国优势也逐渐被中国取代。美国最早涌现出支付方式的创新，第三方支付最早源于美国的独立销售组织制度（Independent Sales Organization，ISO）。1996 年，全球第一家第三方支付公司在美国诞生，随后全球逐渐涌现出 Amazon Payments、Yahoo! PayDirect、PayPal 等一批第三方支付公司。但是中国数字支付规模后来居上，据 Statista 发布的 FinTech Report 2021-Digital Payments 报告，2020 年中国成为全球最大的数字支付市场，数字支付规模达 24965 亿美元，占比 45.6%；其次为美国，数字支付市场规模为 10354 亿美元。

三　美、英、沙特数据开发利用与安全位列前三，发展中国家频频发力数据安全

一级指标数据开发利用与安全包含公共数据开放和数据安全两个二级指标。从排名上看，美国、英国、沙特阿拉伯位列前三，各国在该项指标中差异较小，除了南非和阿根廷以外，所有经济体得分均在 90 以上（见图10-2）。

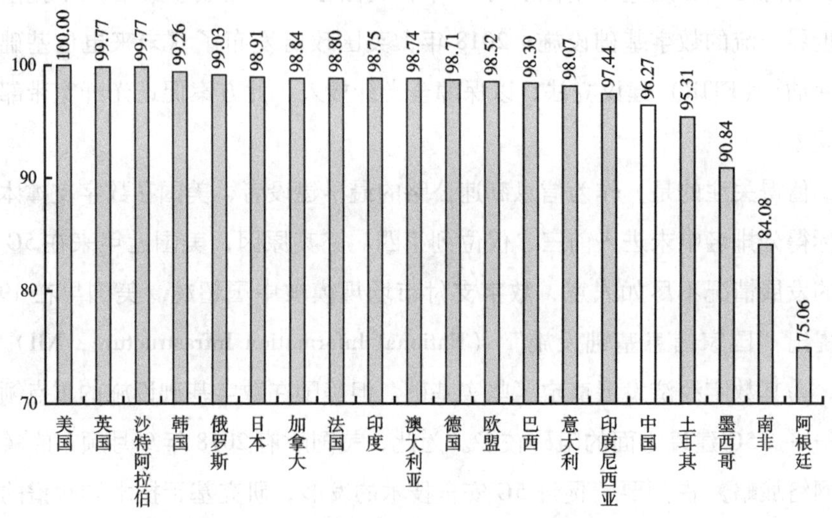

图 10-2　G20 经济体“数据开发利用与安全”指标排名

资料来源：国家工业信息安全发展研究中心。

美国 2020 年每百万人口的安全互联网服务器数为 14. 2 万台，遥遥领先于其他经济体。英国是政府数据开放的先行者，自 2011 年创立开放政府合作伙伴组织（OGP）以来，英国致力于制定体系化、完整的政府数据开放政策，向公众提供越来越多的数据集。2020 年英国发布《国家数据战略》，强调要变革政府数据使用，构建政府首席数据官与组织合作的整体政府方法，创建联合和可互操作的数据基础架构。2021 年 8 月，英国政府颁布了一揽子数据措施，希望抓住数据产业机遇，促进经济与贸易增长，完善医疗

保健等公共服务。具体举措包括构建国际数据伙伴关系，新增信息专员岗位，就数据保护制度展开意见征询等。在万维网基金会发布的“开放数据晴雨表”全球报告中，加拿大与英国并列第一，其次是澳大利亚。随着海量数据的采集、存储、传输和分析利用，数据安全问题成为 G20 经济体关注的重点。几乎所有经济体都发布了在线数据保护立法，特别是发展中国家后来居上，在数据安全保护立法上动作频频。中国政府将数据提升到与土地、劳动力、资本等其他生产要素并列的高度进行开发利用，并高度重视数据保护。其中，《数据安全法》于 2021 年 9 月 1 日正式施行，分别从数据安全与发展、数据安全制度、数据安全保护义务、政务数据安全与开放的角度对数据安全保护的义务和相应法律责任进行规定。此外，《个人信息保护法》也于 2021 年 11 月 1 日起正式施行。俄罗斯联邦法律规定，运营商有义务获得公民同意才能在互联网上传播其个人数据。经用户同意后，运营商必须说明数据处理的目的、清单、同意的有效期以及用户禁止向第三方传输的信息类别和清单。该法加强了公民对其个人数据流通的控制，如果内容是非法的，还授予用户要求在三天内从任何资源中删除其数据的权利。巴西、印度也分别发布了各自的个人数据保护法案。

四　各国积极为新模式新业态的数字市场准入铺路，在线政务极大提升了服务便利度

一级指标数字市场准入（见图 10-3）包含数字经济业态市场准入、政务服务便利度两个二级指标。

总体来看，G20 经济体普遍采取了“一业一证”等简化新模式新业态市场准入的措施，为创业创新、增加就业等提供了有力支撑，同时更注重安全和服务。比如，日本民宿只需要一个宿泊证，欧美网约车大多只要一个平台证。美国大部分州承认网约车服务的合法性，并引入交通网络公司（Transportation Network Company，TNC）的概念来区分网约车和巡游车。大部分州对网约车数量和价格不做强制性管制，也允许私家车接入运营，但在涉及运营安全和服务等方面都出台了严格的行业管理规定和准入条件。如加

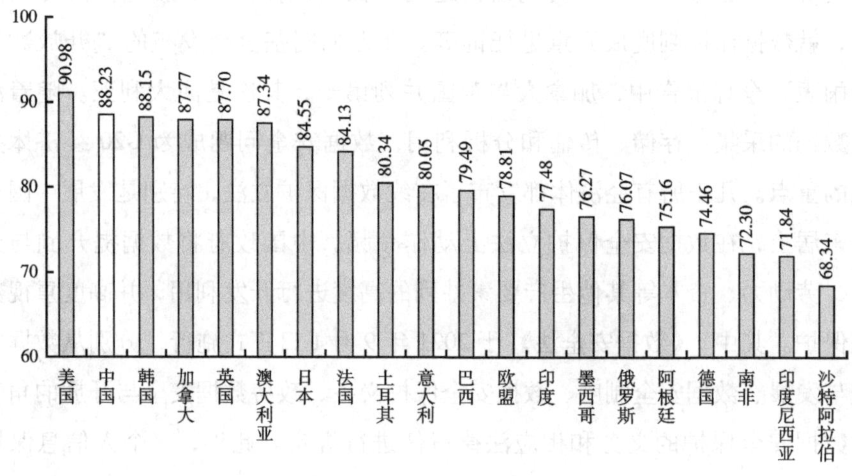

图 10-3　G20 经济体“数字市场准入”指标排名

资料来源：国家工业信息安全发展研究中心。

州要求所有平台公司要对驾驶员犯罪背景进行调查，并完成相关培训；驾驶员和车辆信息必须全部接入政府管理系统；平台每年要提交年度报告，且必须包含运营记录、财务记录、培训记录等 20 项标准数据内容。此外，加州、华盛顿州等各州还要求平台执行严格的保险和保证金制度，确保公共交通服务的安全可靠。中国由国家发改委等 13 个部门发布了《关于支持新业态新模式健康发展激活消费市场带动扩大就业的意见》，明确提出要“加强制度供给”“探索触发式监管机制，建立包容审慎的新业态新模式治理规则”“完善在线教育知识产权保护、内容监管、市场准入等制度规范”“要继续推进简政放权、放管结合，优化服务改革，优化营商环境”等。截至 2021 年 6 月，中国网约车用户规模达 3. 97 亿，在线教育用户规模达 3. 25 亿，在线旅行预订用户规模达 3. 67 亿，在线医疗用户规模达 2. 39 亿。

除了积极营造数字经济新模式新业态的创新发展环境，G20 各经济体还致力于运用数字技术改造提升传统政务服务水平和效率，进一步优化营商环境。比如，加拿大开办企业的天数仅需 2 天，其次是澳大利亚（3 天）、法国和韩国（均为 4 天）。中国积极推行“互联网+政务服务”，全国一体化政务服务平台初步建成，已经成为企业和群众办事的主要渠道。疫情期间，“健康码”“通信大数据行程卡”等创新性应用有力地支撑了疫情防控和复工复产。

五 英国通过“市场调查”创新数字市场竞争规则，我国平台治理政策体系持续优化

一级指标数字市场规则包括平台企业责任、商户权利与责任、数字消费者保护 3 个二级指标，从平台、商家和消费者三个数字市场主体的角度衡量数字市场是否规范有序运行。

英国、德国、加拿大在该项指标中得分较高。其中，英国创新监管方式，以 76.14 位列“数字市场规则”指标排名第一。“市场调查”是英国实施市场竞争监管的一种重要方式，例如，2017 年 12 月发布的《数字比较工具市场研究》，2019 年 2 月发布的《在线平台和数字广告：市场研究中期报告》，2019 年 3 月发布的《解锁数字竞争：数字竞争专家小组报告》均是通过市场调查为竞争执法提供理论支撑。德国正在成为世界上对数字业务监管最严格的国家之一，“数字市场规则”指标在 G20 经济体中排名第二。过去几年中，德国将自己视为数字市场反托拉斯法监管的先驱，联邦卡特尔局在数字平台反竞争领域发布《大数据与竞争》《在线广告》《消费者权益和比较网站：需要采取行动》等多份研究报告及法律规制。加拿大“数字市场规则”分指标得分 69.43，排名第三，加拿大以《数字宪章》确立数字未来的原则性基础，主要原则之一是保障线上市场的公平竞争环境，以促进加拿大企业的发展，同时确认加拿大在数字和创新型经济中的领导地位。中国数字市场规则指标得分 54.78，在 G20 经济体中排名第 10。近年来，我国不断完善新模式新业态的政策监管，数字市场环境持续优化。在平台治理方面，《电子商务法》《关于促进平台经济规范健康发展的指导意见》等颁布实施，保障了消费者、商家和平台经营者的合法权益。在商家权利与责任方面，2020 年 7 月国务院办公厅发布《关于进一步优化营商环境更好服务市场主体的实施意见》，明确提出“鼓励引导平台企业适当降低向小微商户收取的

平台佣金等服务费用和条码支付、互联网支付等手续费，严禁平台企业滥用市场支配地位收取不公平的高价服务费”。在保护数字消费者权益方面，2021 年 8 月通过的《个人信息保护法》，明确了个人信息处理活动应遵循的原则，构建以“告知一同意”为核心的个人信息处理规则，保障个人在个人信息处理活动中的各项权利。

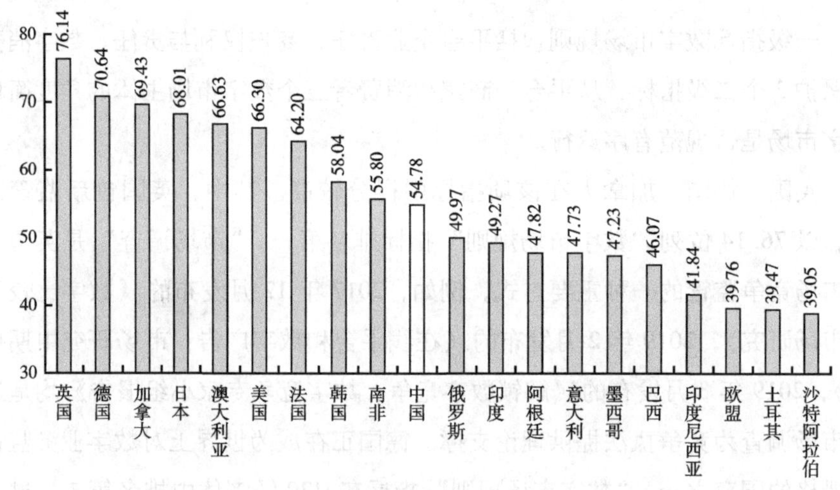

图 10-4　G20 经济体“数字市场规则”指标排名

资料来源：国家工业信息安全发展研究中心。

六　日、韩、美位列数字创新环境前三，欧盟较为注重民众数字素养

一级指标数字创新环境包含了数字创新生态、数字素养与技能、知识产权保护 3 个二级指标。日本、韩国、美国领跑数字创新环境指标，分别位列得分排名一、二、三位（见图 10-5）。

日本数字创新环境得分最高，主要得益于其对数字创新生态和知识产权保护的重视。早在 2016 年，在推动数字创新方面，日本制定了《第五期科学技术基本计划（2016—2020）》，指出日本未来科学技术领域的创新需要集中于机器人、传感器、生物技术、材料科技、物联网系统、人工

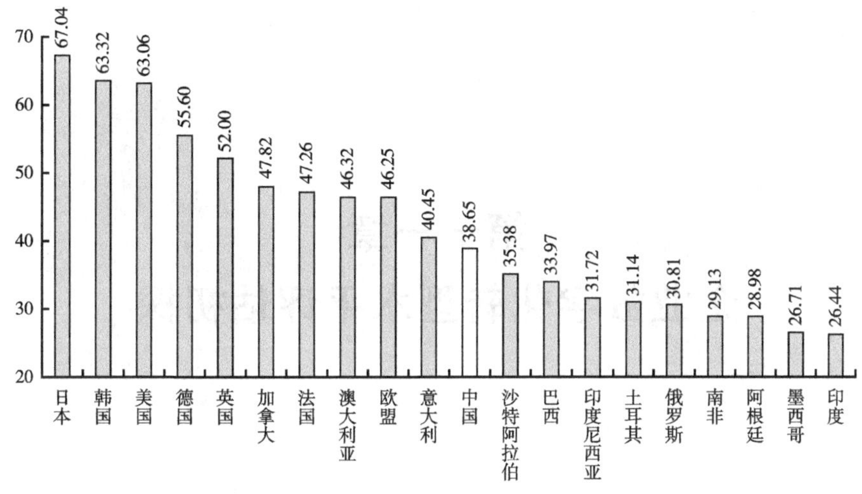

图 10-5　G20 经济体“数字创新环境”指标排名

资料来源：国家工业信息安全发展研究中心。

智能等方面。在知识产权保护方面，日本紧随时代发展，其知识产权战略总部 2021 年 7 月发布了《知识产权推进计划 2021（方案）》，提出未来日本要实现以“绿色”“数字”为主轴的面向社会的创新创造，并在国际竞争中占据优势。

值得一提的是，欧盟较早关注提升全民数字素养。实际上，早在 2006 年，欧盟就制定了一个核心素养框架，提出 21 世纪欧洲公民必备的 8 项核心素养，其中包括数字素养。2013 年，欧盟出台数字素养框架 1.0 版，并在 2015 年、2017 年进行修订升级。其中，2017 年出台的欧盟公民数字素养框架 2.1 版指出，数字素养包括 5 类素养领域，即信息和数据素养、交流与合作素养、数字内容创作素养、信息安全素养、问题解决素养等，这就为欧盟全体公民提供了一个基本的数字素养框架，能够促进欧盟公民更好地理解数字素养的内涵，检测、评估和提升自身数字素养。但是，欧盟作为区域性组织，其内部差异较大。欧盟整体要赶上数字创新的步伐以及亚太和北美地区国家的数字应用水平，需要在欧盟范围内实施协调一致、创新友好的数字政策和法规。

第十一章
企业数字化转型水平评估初探

2021 年 3 月发布的《中华人民共和国国民经济和社会发展第十四个五年规划和 2035 年远景目标纲要》明确指出，要打造数字经济新优势，推进数字产业化和产业数字化。推进产业数字化，需要依靠企业来实现，企业数字化转型是产业数字化发展的基石，将在产业数字化进程中发挥关键性作用。企业数字化转型是指企业利用新一代信息技术对其生产经营体系进行全方位的改造升级，以实现降本提质增效的过程，即通过深化新一代信息技术在企业研发设计、生产管理、营销服务等环节的融合应用，推动企业组织管理变革、数据开发利用、商业模式创新，从而提高企业的市场竞争力和经济社会效益。

第一节　我国企业数字化转型总体进展情况

近年来，在党中央、国务院的领导下，各部门各地方加快推进产业数字化，我国企业数字化转型稳步发展。2020 年，受疫情影响，数字化转型由“可选项”变成“必选项”，各类企业加速推进数字化转型，我国企业数字化转型迎来全面提速发展期。

一　企业数字化转型对经济产出的贡献份额稳步提升

当前，我国企业数字化转型加速推进，各类企业向数字化、网络化、智能化方向发展的势头不断增强，对企业增加值的贡献程度逐年提升。经测算，我国企业数字化转型对企业增加值的贡献份额由 2018 年的 11.08%提升至 2020 年的 13.31%，上升了 2.23 个百分点（见图 11-1），对经济产出的拉动作用愈加凸显。即企业增加值每增长 100 元，其中 13.31 元是企业数字化转型带来的。假定企业样本能够代表总体情况，2020 年企业数字化转型带来的 GDP 增量为 3040.31 亿元，预计未来十年内企业数字化转型带来的 GDP 增量将达到 13.88 万亿元。

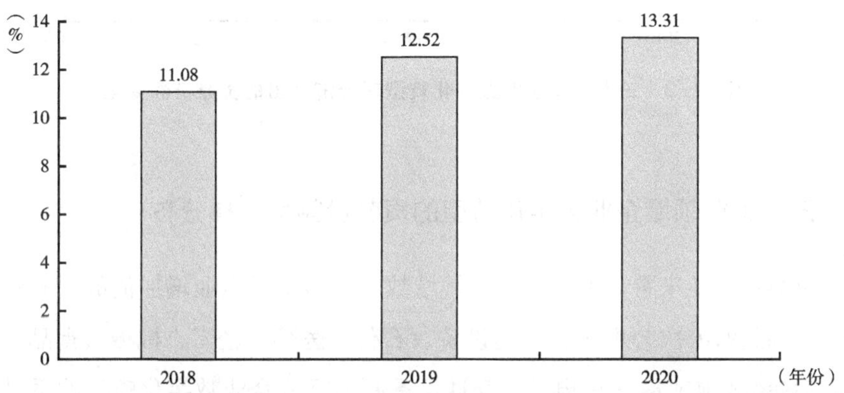

图 11-1　2018~2020 年我国企业数字化转型对企业增加值的贡献份额

二　三大产业企业数字化转型贡献份额差距有所拉大

近年来，新一代信息技术持续创新并加速与农业、工业、服务业等行业融合发展，有力地加速各大产业企业数字化转型。从发展水平与均衡性来看，由于农业数字化基础较差、工业领域数字化水平参差不齐、服务业数字化普及较快，三大产业企业数字化转型对企业增加值的贡献份额呈“服务业>工业>农业”趋势，2020 年的贡献份额分别为 15.47%、12.89%、4.69%。服务业与工业、农业的差距在逐步拉大，2018 年服务业的贡献份额分别比工业、农业高出 0.33 个、9.66 个百分点，2020 年则分别高出 2.58 个、10.78 个百分点。从发展增速看，伴随近年来数字化转型推进力度的持续加大，农业领域贡献份额加速提升，以 2020 年较 2019 年的发展增速为例，农业领域增速达 59.5%，分别是服务业的 3.6 倍、工业的 4.5 倍（见图 11-2）。

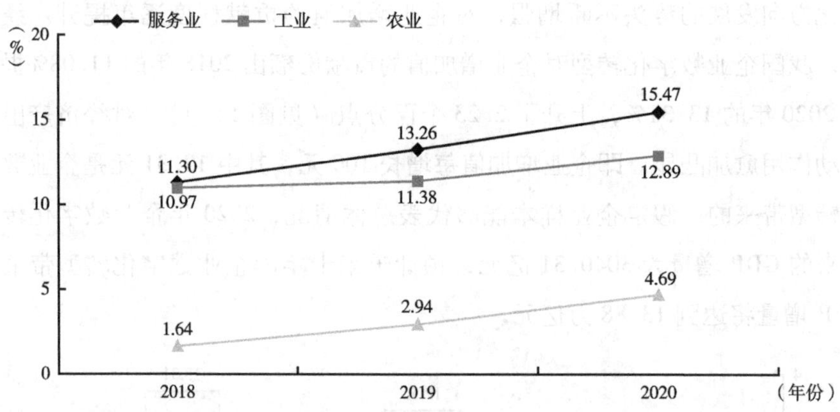

图 11-2 三大产业企业数字化转型对经济产出的贡献份额变化

三 工业领域企业数字化转型的贡献份额呈阶梯分布

从具体行业来看，2020 年工业领域数字化转型对企业增加值的贡献份额排名由高到低依次为电子、交通设备、石化、医药、轻工、机械、食品、纺织、冶金、采矿业，其中电子、交通设备两大行业企业数字化转型的贡献份额明显高于全国平均水平，成为数字化转型领先行业，石化、医药、轻工、机械、食品数字化的贡献份额与全国平均水平基本持平，纺织、冶金、采矿业低于全国平均水平 1 个百分点左右（见图 11-3）。工业领域各企业由于数字

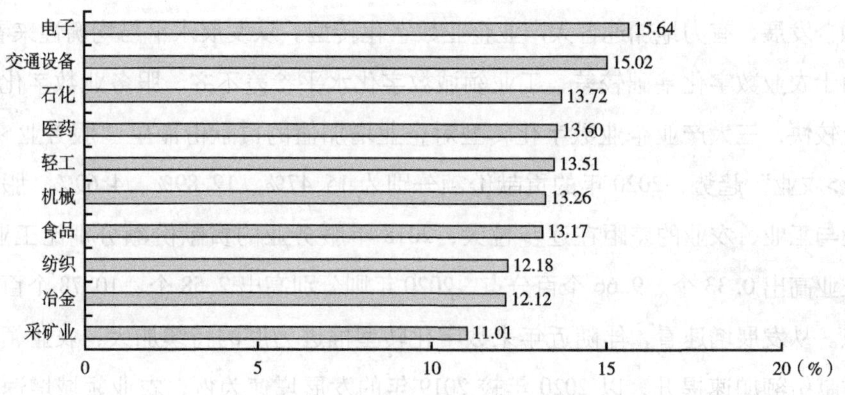

图 11-3 2020 年工业领域企业数字化转型的贡献份额

化基础不同、行业结构特征差异等因素，行业间企业数字化转型的贡献份额差距相对较大，其中电子与采矿业企业数字化转型的贡献份额差距最大，达 4.63 个百分点。

第二节 制造业企业数字化转型进展情况

制造业是实体经济的主体，推进新一代信息技术与制造业融合发展，加速制造业全角度、全链条数字化改造，提升制造业数字化、网络化、智能化水平，是推动制造业高质量发展的战略选择。在数字化转型的过程中，虽然行业特征一定程度上影响了企业数字化转型起点，但行业本身并不会限制企业的数字化未来，企业可以拓宽视野，从其他行业寻找数字化方面的最佳实践，汲取领先行业适用的数字化转型经验，加快提升自身的数字化水平。

一 高层领导和战略规划是数字化转型的第一要务

数字化转型是一项长期的复杂的系统工程，涉及企业发展理念、组织管理、业务流程等全方位的转变，没有高层领导的参与和全面的战略规划，数字化转型将难以有效实施。领先行业（电子和交通设备）企业非常重视高层领导在企业数字转型中的作用，46.21%的领先行业企业表示其数字化转型由高层管理者推动，而其他制造业企业中只有 44.46%做到这一点。数字化转型的顶层设计十分重要，做好总体的战略规划是整体有效协同的必要基础。46.45%的领先行业企业将数字化转型置于企业战略和发展规划的核心，比其他制造业企业高出 4.73 个百分点（见图 11-4）。因此，成功的数字化转型需要有十分清晰、系统的战略规划，将数字化转型贯彻到整个组织中，并由企业高层直接推动，确保战略落地实施。

二 设备改造与采销线上化是数字化转型的切入点

数字化转型可以从易于取得成效的环节入手，这样能够增强企业信心，激励企业加大持续开展数字化转型的投入。仪器设备数字化改造正是这样的

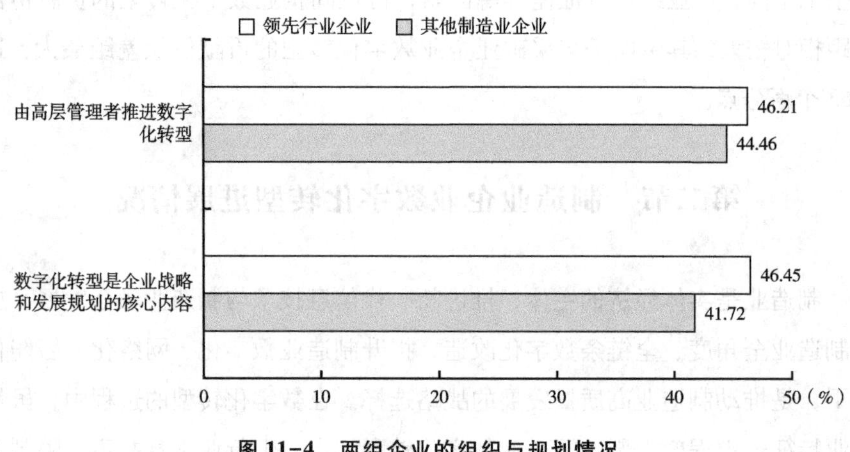

图 11-4　两组企业的组织与规划情况

环节，领先行业企业早已加快生产设备的数字化改造，生产设备数字化率达52.16%，比其他制造业企业高出5.45个百分点。相对来说，数字化生产设备的联网情况相差不大，领先行业企业联网的数字化生产设备占数字化生产设备总数的42.07%，其他制造业企业为40.60%。即领先行业企业的联网数字化生产设备比重为21.94%，其他制造业企业的比重为18.96%。此外，采用机器人也是推进数字化转型的重要手段，领先行业企业平均拥有的机器人约为27台，是其他制造业企业的3倍以上。

销售作为企业实现盈利的最后一环，数字化营销可以在短期内快速展现数字化转型的结果，成为大多数企业数字化转型的优先项。2020年受疫情影响，企业纷纷使用线上销售模式，加大线上营销投入，利用电商、平台等互联网渠道拓展目标客户。无论是领先行业企业，还是其他制造业企业，均加大销售环节的数字化投入，网上销售率分别为29.65%、28.70%。采购涉及企业的成本支出，是企业数字化转型的又一核心关注点。线上采购不仅能够节省时间和成本，而且助力企业由单一厂商采购转向多渠道采购，降低供应链断裂的风险。领先行业企业网上采购率为37.70%，高出其他制造业企业4.03个百分点（见图11-5）。

比如，中车四方搭建“制造+协同+服务”工业互联网平台，将轨道交通高端装备领域的机理模型、行业经验等沉淀为平台应用，加速全流程数字化改造，使产品研发周期缩短了 22.3%，生产效率提高了 20%，运营成本降低了 2.4%。

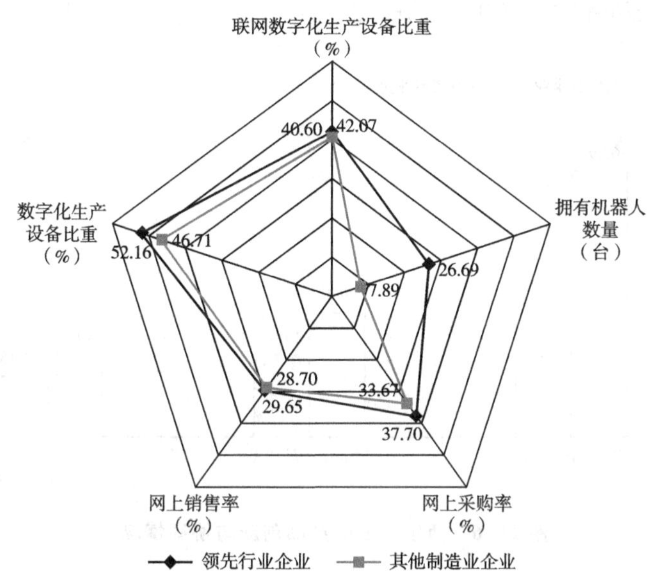

图 11-5　两组企业的设备改造与采销线上化情况

三　产品创新与协同是数字化转型的重要牵引力量

降本增效是企业数字化转型的阶段性目标，更大的追求是提升产品价值、增强竞争力。相较于其他制造业企业，领先行业企业逐渐实现了数字化在企业内部的全面渗透，新产品产值率高达 62.90%，而其他制造业企业仅有 38.12%。说明领先行业企业已经将数字化技术直接服务于产品的研发和改进，直接提高产品性能和质量，通过提升产品价值来塑造差异化的竞争优势。同样，领先行业企业的数字化产品比重为 29.42%，比其他制造业企业高出近 10 个百分点。

疫情凸显了供应链安全和稳定的重要性，加深了企业通过数字化转型优化供应链的迫切需求。对于领先行业企业来说，其数字化转型加快了供应链的协同，其跨企业网络化协同设计与制造的产品比重为20.07%，比其他制造业高出5.61个百分点（见图11-6），说明领先行业企业通过数字化转型强化了与生态伙伴企业的业务协同和融合共享，扩大了数字化价值网络，具备更强的价值共创和应对危机的能力。

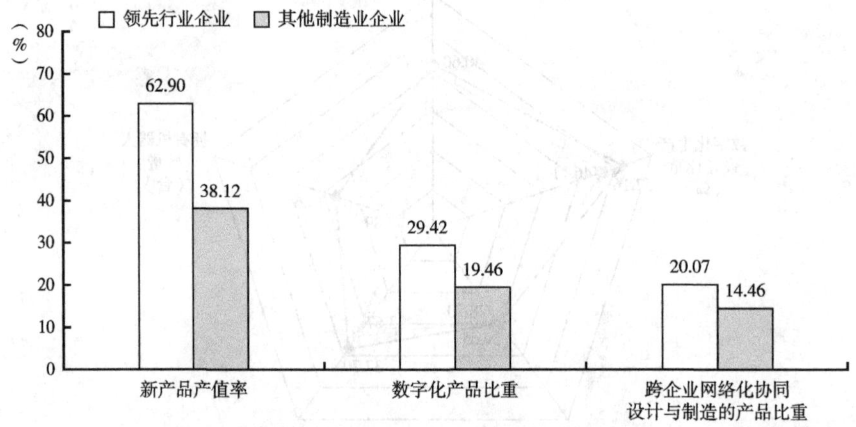

图11-6 两组企业的产品创新与协同情况

目前，网络化协同在电子、纺织、交通设备制造等行业普遍推广，2020年开展网络化协同的企业比例已达到36.50%，较2016年提高了6.5个百分点。比如，上海外高桥造船有限公司在豪华邮轮设计方面建立了全球大型协同设计平台，与国际知名设计公司开展跨时区、跨专业协同设计，使设计效率提高近30%。

参考文献

[1] Negroponte, N. , *Being Digital*, New York. 1995.

[2] Machlup, F. , *The Production and Distribution of Know ledge in the United States*. NJ: Princeton University Press, 1962.

[3] 叶莎莎、张旭:《马克卢普信息经济论的创新与局限》,《中国科技信息》2007年第1期。

[4] 汤志华:《OECD关于数字经济下消费者通胀测度研究的经验与启示》,《调研世界》2020年第1期。

[5] U. S. Bureau of Economic Analysis (BEA), Value of Data: There's No Such Thing as a Free Lunch in the Digital Economy, www. bea. gov/research/papers/2018/value - data - theres - no - such - thing - free - lunch - digital-economy, 最后检索时间: 2019年2月21日。

[6] Brookings Institution, How Should We Measure the Digital Economy?, https: //hbr. org/2019/11/how - should - we - measure - the - digital - economy, 最后检索时间: 2019年11月。

[7] International Telecommunications Union (ITU), Measuring digital development: Facts and figures 2019, https: //www. itu. int/en/ITU - D/Statistics/Documents/facts/FactsFigures2019. pdf, 最后检索时间: 2019年11月。

[8] Organization for Economic Co-operation and Development (OECD),

Measuring consumer Inflation in A Digital Economy，https：//www. oecd-ilibrary. org/economics/measuring-consumer-inflation-in-a-digital-economy_ 1d002364-en，最后检索时间：2019 年 2 月 27 日。

[9] Organization for Economic Co-operation and Development（OECD），Measuring Platform Mediated Workers，https：//www. oecd-ilibrary. org/science-and-technology/measuring-platform-mediated-workers_170a14d9-en，最后检索时间：2019 年 4 月 23 日。

[10] Organization for Economic Co-operation and Development（OECD），Measuring Digital Security Risk Management Practices in Businesses，https：//www. oecd-ilibrary. org/science-and-technology/measuring-digital-security-risk-management-practices-in-businesses_ 7b93c1f1-en，最后检索时间：2019 年 6 月 21 日。

[11] Organization for Economic Co-operation and Development（OECD），Measuring Indirect Investment in ICT，https：//www. oecd-ilibrary. org/science-and-technology/measuring-indirect-investments-in-ict_e115e2ea-en，最后检索时间：2019 年 2 月 19 日。

[12] Organization for Economic Co-operation and Development（OECD）、World Trade Organization（WTO）、International Monetary Fund（IMF），Handbook on Measuring Digital Trade，https：//www. oecd. org/sdd/its/Handbook-on-Measuring-Digital-Trade. htm，最后检索时间：2020 年 3 月。

[13] United Nations Conference on Trade and Development（UNCTAD），Digital Economy Report 2019，https：//unctad. org/webflyer/digital-economy-report-2019，最后检索时间：2019 年 9 月。

[14] United Nations Conference on Trade and Development（UNCTAD），Measuring ICT-enabled Services Exports project background and motivation，https：//unctad. org/system/files/non-official-document/DKorka_ UNCTAD_ kolkata_ july2017_ en. pdf，最后检索时间：2017

年7月13日。

[15] Christian Ketels, Arindam Bhattacharya, Liyana Satar, "Global Trade Goes Digital," *Boston Consulting Group* (2019).

[16] 国家统计局：《中国统计年鉴》(1999~2019), http://www.stats.gov.cn/tjsj/ndsj/。

[17] 贾怀勤、刘楠：《数字贸易及其测度研究的回顾与建议——基于国内外文献资料的综述》,《经济统计学》2018年第1期。

[18] 国家工业信息安全发展研究中心：《2019年我国大型互联网企业发展》, http://www.cics-cert.org.cn/web_root/webpage/articlecontent_103001_2867.html, 最后检索时间：2019年12月10日。

[19] 沈玉良：《上海率先构建全球数字贸易平台研究》,《科学发展》2019年第7期。

[20] 高晓雨、贾怀勤、方元欣、王梦梓：《数字贸易测度的融合比法：从构念到实测》,《今日科苑》2021年第10期。

[21] 贾怀勤：《建议开展数字贸易尝试性测度》,《第一财经》, https://baijiahao.baidu.com/s?id=1593379968614014048&wfr=spider&for=pc, 最后检索时间：2018年2月25日。

[22] 贾怀勤、高晓雨、许晓娟、方元欣：《数字贸易测度的概念架构、指标体系和测度方法初探》,《统计研究》2021年第12期。

[23] 岳云嵩、张春飞：《数字贸易统计测度分析》,《国际贸易》2021年第8期。

[24] 张莉：《数字贸易成为驱动全球经济增长新引擎》,《中国对外贸易》2021年第9期。

[25]《旅游业加速数字化转型应对疫情影响》, 中国金融信息网, https://thinktank.cnfin.com/thinktank-xh08/a/20201014/1958959.shtml, 最后检索时间：2020年10月14日。

[26] 中国信息通信研究院：《数字贸易发展白皮书（2020年）》, http://www.caict.ac.cn/kxyj/qwfb/bps/202012/t20201216_366251.htm, 最

后检索时间：2020 年 12 月。

[27]《坚持不懈推动高质量发展，金融业对外开放更宽更深》，中国银行保险报网，http：//xw. sinoins. com/2021－07/20/content_ 402502. htm，最后检索时间：2021 年 7 月 20 日。

[28] 中华人民共和国商务部：《中国服务贸易发展报告 2020》，http：//www. mofcom. gov. cn/article/jiguanzx/202109/20210903196417. shtml，最后检索时间：2021 年 9 月 9 日。

[29] 中华人民共和国商务部：《中国电子商务报告（2020）》，http：//dzsws. mofcom. gov. cn/article/ztxx/ndbg/202109/20210903199156. shtml，最后检索时间：2021 年 9 月 15 日。

[30]《2020 年我国跨境电商进出口额同比增长超三成》，中华人民共和国中央人民政府网站，http：//www. gov. cn/xinwen/2021 － 07/13/content _ 5624482. htm，最后检索时间：2021 年 7 月 13 日。

[31] Alexandra M. A.，Rigoberto T M. Costa Rica，Exports of Services Over Information and Communication Technology Networks（ICT），http：//unctad. org/meetings/en/Presentation/dtl_ eWeek2018p03_ Rigoberto TorresMora_ en. pdf，最后检索时间：2018 年 4 月 16 日。

[32] Antonella L.，OECD-WTO-IMF Handbook on Measuring Digital Trade，https：//unstats. un. org/unsd/trade/events/2021/Beijing _ workshop/default. asp，最后检索时间：2021 年 11 月 24 日。

[33] Jia H.，Methods and Measurement Results of Digital Trade Measurement and Forward Thinking，https：//unstats. un. org/unsd/trade/events/2021/Beijing_ workshop/default. asp，最后检索时间：2021 年 11 月 24 日。

[34] Organization for Economic Co-operation and Development（OECD）、World Trade Organization（WTO）、International Monetary Fund（IMF），Handbook on Measuring Digital Trade，Version 1，https：//www. oecd. org/fr/sdd/stats-echanges/handbook-on-measuring-digital-trade. htm，最后检索时间：2020 年 3 月。

[35] United Nations Conference on Trade and Development (UNCTAD), International trade in ICT services and ICT-enabled services. UNTCAD Technical Notes on ICT for Development No. 3, Geneva, http://untcad.org/en/Pages/DTL/STI_and_ICTs/ICT4D-Technical-Notes.aspx，最后检索时间：2020年11月24日。

[36] United Nations Conference on Trade and Development (UNCTAD), Implementing a survey on exports of ICT-enabled services. UNTCAD Technical Notes on ICT for Development No. 11, https://unctad.org/system/files/official-document/tn_unctad_ict4d11_en.pdf，最后检索时间：2018年6月。

[37] United States International Trade Commission (USITC), Digital Trade in the U.S. and Global Economies, Part1, https://www.usitc.gov/publications/332/pub4415.pdf，最后检索时间：2013年7月。

[38] United States International Trade Commission (USITC), Digital Trade in the U.S. and Global Economies, Part2, www.usitc.gov/publications/332/pub4485.pdf，最后检索时间：2014年8月。

[39] United States International Trade Commission (USITC), Global Digital Trade 1: Market Opportunities and Key Foreign Trade Restrictions, https://www.usitc.gov/publications/industry_econ_analysis_332/2017/global_digital_trade_1_market_opportunities_and.htm，最后检索时间：2017年8月。

[40] 徐清源、单广志、马潮江：《国内外数字经济测度指标体系研究综述》，《调研世界》2018年第11期。

[41] 贾怀勤：《数字贸易的概念、营商环境评估与规则》，《国际贸易》2019年第9期。

[42] 马源、高太山：《数字经济营商环境：国际指标框架及政策指向》，《发展研究》2020年第11期。

[43] 王智新：《“一带一路”沿线国家数字贸易营商环境的统计测度》，

《统计与决策》2020 年第 9 期。

[44] 王婧媛、张佳宁、陈才、崔颖：《数字政府建设助推营商环境优化》，《中国信息化》2020 年第 7 期。

[45] 常敏、俞佩君：《营造国际一流营商环境 驱动数字经济发展——基于杭州的实践探索》，《行政与法》2019 年第 5 期。

[46] European Commission，The 2021 EU Industrial Research and Development Scoreboard， https：//www. covalence. ch/index. php/2021/01/13/the - 2020-eu-industrial-rd-investment-scoreboard/，最后检索时间：2021 年 1 月 13 日。

[47] Rong Chen，“Policy and Regulatory Issues with Digital Businesses”，*World Bank Group*，07（2019）.

[48] Bhaskar Chakravorti，Ravi Shankar Chaturvedi，Christina Filipovic，Ease of Doing Digital Business，https：//hbr. org/2019/09/ranking - 42 - countries-by-ease-of-doing-digital-business，最后检索时间：2019 年 9 月 5 日。

[49] Martina Francesca Ferracane，Hosuk Lee-Makiyama，Erik van der Marel，Digital Trade Restrictiveness Index，https：//ecipe. org/dte/，最后检索时间：2018 年 4 月。

[50] Dale W Jorgenson，Kevin J Stiroh，“Information technology and growth”，*American Economic Review.* 02（1999）.

[51] 蔡跃洲：《数字经济的增加值及贡献度测算：历史沿革、理论基础和方法框架》，《求是学刊》2018 年第 5 期。

[52] 埃森哲、国家工业信息安全发展研究中心：《2020 中国企业数字转型指数研究》，https：//www. accenture. com/cn - zh/insights/artificial - intelligence/digital-transformation - index - 2021，最后检索时间：2021 年 9 月 23 日。

[53] McKinsey，Company，COVID - 19：An inflection point for Industry 4. 0，https：//www. mckinsey. com/business-functions/operations/our-insights/

covid-19-an-inflection-point-for-industry-40，最后检索时间：2021 年 1 月。

[54] 国家工业信息安全发展研究中心：《中国两化融合发展数据地图（2020）》，http：//www. cics - cert. org. cn/web _ root/webpage/articlecontent_ 101001_ 3275. html，最后检索时间：2020 年 10 月 28 日。

[55] 国家统计局：《数字经济及其核心产业统计分类（2021）》，http：//www. stats. gov. cn/xxgk/tjbz/gjtjbz/202106/t20210603 _ 1818135. html，最后检索时间：2021 年 6 月 3 日。

[56] 《二十国集团数字经济发展与合作倡议》，http：//www. cac. gov. cn/2016 - 09/29/c _ 1119648520. htm，最后检索时间：2016 年 9 月 29 日。

[57] 鲜祖德、王天琪：《中国数字经济核心产业规模测算与预测》，《统计研究》2022 年第 1 期。

[58] 国家知识产权局：《6G 通信技术专利发展状况报告》，http：//www. cnipa-ipdrc. org. cn/article. aspx？ id = 644，最后检索时间：2021 年 4 月 27 日。

[59] 中国 IMT-2030（6G）推进组：《6G 总体愿景与潜在关键技术白皮书》，http：//tradeinservices. mofcom. gov. cn/article/lingyu/jsmyi/2021 06/116982. html，最后检索时间：2021 年 6 月 6 日。

[60] 中国信息通信研究院信息化与工业化融合研究所：《2021 年电子行业运行监测报告》，http：//www. caict. ac. cn/kxyj/qwfb/qwsj/202203/t20220315_ 397966. htm，最后检索时间：2022 年 3 月 15 日 .

[61] 华为技术有限公司：《联网农场—智慧农业市场评估》，https：//www. huawei. com/cn/technology - insights/industry - insights/outlook/mobile - broadband/insights - reports/smart - agriculture，最后检索时间：2021 年 5 月。

[62] 中国信息通信研究院产业规划研究所、美团研究院：《中国生活服务业数字化发展报告（2020 年）》，http：//www. caict. ac. cn/kxyj/

qwfb/ztbg/202005/t20200515_ 281857. htm，最后检索时间：2020 年 5 月 15 日。

[63] 联合国经济和社会事务部：《2020 年联合国电子政务调查报告》，https：//publicadministration. un. org/zh/research/un - e - government - surveys，最后检索时间：2020 年 7 月。

[64] 复旦大学数字与移动治理实验室、国家信息中心数字中国研究院：《中国地方政府数据开放报告》，https：//fddi. fudan. edu. cn/_ upload/article/files/ba/ea/110958f44c9b97fd6027449a4c5d/c314875a - 172b-4253-984a-ca94617d7b6a. pdf，最后检索时间：2022 年 1 月。

[65] Rowley Jennifer，"The wisdom hierarchy：representations of the DIKW hierarchy"，*Journal of Information Science*，(2) 2007：163-180.

[66] 李洁、张天顶：《投入产出分析与中国数字经济规模的测量》，《当代经济管理》2021 年第 10 期。

[67] 高晓雨：《2020 年二十国集团沙特会议关于数字经济测度议题的讨论》，《中国信息化》2020 年第 12 期。

[68] 国家工业信息安全发展研究中心：《2020 年我国数字经济发展报告》，http：//www. cics - cert. org. cn/web _ root/webpage/articlecontent _ 103001_ 1349544784636678146. html，最后检索时间：2021 年 1 月 14 日。

[69] 国家工业信息安全发展研究中心：《2019 长三角数字经济发展报告》，http：//www. cics - cert. org. cn/web _ root/webpage/articlecontent _ 103001_ 2862. html，最后检索时间：2019 年 12 月 6 日。

[70] 国家工业信息安全发展研究中心：《2020 长三角数字经济发展报告》，http：//www. cics - cert. org. cn/web _ root/webpage/articlecontent _ 103001_ 1321702697488879617. html，最后检索时间：2020 年 10 月 29 日。

[71] 中国信息通信研究院：《长三角数字经济发展报告（2021）》，http：//www. caict. ac. cn/kxyj/qwfb/ztbg/202110/t20211008_ 390771. htm，最

后检索时间：2021 年 9 月。

[72] 国家工业信息安全发展研究中心：《2019 京津冀数字经济发展报告》，http：//m. xinhuanet. com/2019-10/13/c_ 1125097879. htm，最后检索时间：2019 年 10 月 13 日。

[73] Organization for Economic Co-operation and Development（OECD），Measuring the Digital Transformation：A Roadmap for the Future，https：//www. oecd. org/fr/publications/measuring-the-digital-transformation-9789264311992-en. htm，最后检索时间：2019 年 3 月 11 日。

[74] Group of Twenty（G20），Toolkit for Measuring the Digital Economy，http：//www. g20. utoronto. ca/2018/2018-08-24-digital. html，最后检索时间：2018 年 11 月。

[75] U. S. Bureau of Economic Analysis（BEA），Updated Digital Economy Estimates，https：//www. bea. gov/system/files/2021-06/DE%20June%202021%20update%20for%20web%20v3. pdf，最后检索时间：2021 年 6 月。

[76] 刘伟、许宪春、熊泽良：《数字经济分类的国际进展与中国探索》，《财贸经济》2021 年第 7 期。

[77] 许宪春、张美慧：《中国数字经济规模测算研究——基于国际比较的视角》，《中国工业经济》2020 年第 5 期。

[78] 清华大学金融科技研究院：《数据解读——2015~2018 年美国数字经济的发展现状》，https：//thuifr. pbcsf. tsinghua. edu. cn/index/research，最后检索时间：2020 年 12 月。

[79] 陈程：《数字人才的发展现状与应对策略——基于德国和加拿大等 6 国的比较》，《中国科技人才》2021 年第 4 期。

[80] 腾讯研究院（闫德利）：《数字经济的内涵、界定和规模测算》，https：//www. tisi. org/22992，最后检索时间：2022 年 1 月 10 日。

[81]《澳大利亚数字经济建设路径及启示》，中国社会科学网，https：//baijiahao. baidu. com/s? id = 1651500829494656022&wfr = spider&for =

pc，最后检索时间：2019年11月29日。
[82] 赛迪顾问：《2017中国数字经济指数（DEDI）》，http：//ctsc.chinareports.org.cn/plus/view.php？aid=1559，最后检索时间：2017年11月10日。
[83] 赛迪顾问：《2020中国数字经济发展指数（DEDI）》，https：//baijiahao.baidu.com/s？id=1680310009332161143&wfr=spider&for=pc，最后检索时间：2020年10月20日。
[84] 赛迪顾问：《2021中国数字经济发展指数（德阳指数）》，https：//www.ccidgroup.com/info/1096/32958.htm，最后检索时间：2021年4月24日。
[85] 腾讯研究院：《中国"互联网+"指数（2016）》，https：//www.tisi.org/4660，最后检索时间：2016年6月23日。
[86] 腾讯研究院：《中国"互联网+"数字经济指数（2017）》，https：//www.tisi.org/4868，最后检索时间：2017年4月19日。
[87] 腾讯研究院：《中国"互联网+"指数报告（2018）》，https：//www.tisi.org/5025，最后检索时间：2018年4月11日。
[88] 腾讯研究院：《数字中国指数报告（2019）》，https：//www.tisi.org/15098，最后检索时间：2019年5月28日。
[89] 腾讯研究院：《数字中国指数报告（2020）》，https：//new.qq.com/omn/20200926/20200926A058HF00.html，最后检索时间：2020年9月26日。
[90] 腾讯研究院：《数字化转型指数报告2021》，https：//new.qq.com/omn/20211103/20211103A05FMV00.html，最后检索时间：2021年11月3日。
[91] 王振、惠志斌、徐丽梅、王滢波：《数字经济蓝皮书：全球数字经济竞争力发展报告（2020）》，社会科学文献出版社，2020。
[92] 王振、王滢波、赵付春、惠志斌：《数字经济蓝皮书：全球数字经济竞争力发展报告（2017）》，社会科学文献出版社，2017。

[93] 王振、王滢波、赵付春、惠志斌：《数字经济蓝皮书：全球数字经济竞争力发展报告（2018）》，社会科学文献出版社，2018。

[94] 中国信息通信研究院：《2015 中国信息经济研究报告》，http://www.caict.ac.cn/kxyj/qwfb/bps/201804/t20180426_158204.htm，最后检索时间：2015 年 9 月 30 日。

[95] 中国信息通信研究院：《中国信息经济发展白皮书（2016）》，http://www.caict.ac.cn/kxyj/qwfb/bps/201804/t20180426_158344.htm，最后检索时间：2016 年 9 月 18 日。

[96] 中国信息通信研究院：《中国数字经济发展白皮书（2017 年）》，http://www.caict.ac.cn/kxyj/qwfb/bps/201804/t20180426_158452.htm，最后检索时间：2017 年 7 月 11 日。

[97] 中国信息通信研究院：《中国数字经济发展与就业白皮书（2018 年）》，http://www.caict.ac.cn/kxyj/qwfb/bps/201904/t20190416_197842.htm，最后检索时间：2019 年 4 月 16 日。

[98] 中国信息通信研究院：《中国数字经济发展与就业白皮书（2019 年）》，http://www.caict.ac.cn/kxyj/qwfb/bps/201904/t20190417_197904.htm，最后检索时间：2019 年 4 月 17 日。

[99] 中国信息通信研究院：《中国数字经济发展白皮书（2020 年）》，http://www.caict.ac.cn/kxyj/qwfb/bps/202007/t20200702_285535.htm，最后检索时间：2020 年 7 月 2 日。

[100] 中国信息通信研究院：《全球数字经济白皮书——疫情冲击下的复苏新曙光》，http://www.caict.ac.cn/kxyj/qwfb/bps/202108/t20210802_381484.htm，最后检索时间：2021 年 8 月 2 日。

图书在版编目(CIP)数据

数字经济：统计与测度 / 高晓雨主编；王梦梓，陈耿宇副主编. --北京：社会科学文献出版社，2022.7（2025.6 重印）

ISBN 978-7-5228-0276-3

Ⅰ.①数… Ⅱ.①高… ②王… ③陈… Ⅲ.①信息经济-研究 Ⅳ.①F49

中国版本图书馆 CIP 数据核字（2022）第 100564 号

数字经济：统计与测度

主　　编 / 高晓雨
副 主 编 / 王梦梓　陈耿宇

出 版 人 / 冀祥德
组稿编辑 / 邓泳红
责任编辑 / 宋　静
责任印制 / 岳　阳

出　　版 / 社会科学文献出版社 · 皮书出版分社（010）59367127
地址：北京市北三环中路甲 29 号院华龙大厦　邮编：100029
网址：www.ssap.com.cn
发　　行 / 社会科学文献出版社（010）59367028
印　　装 / 唐山玺诚印务有限公司

规　　格 / 开 本：787mm × 1092mm　1/16
印 张：17.5　字 数：263 千字

版　　次 / 2022 年 7 月第 1 版　2025 年 6 月第 2 次印刷

书　　号 / ISBN 978-7-5228-0276-3

定　　价 / 98.00 元

读者服务电话：4008918866